| 中国当代研学丛书 |

文化

企业管理范式转型研究

肖海林 | 著

图书在版编目（CIP）数据

企业管理范式转型研究／肖海林著. —北京：中央编译出版社，2020.3
ISBN 978-7-5117-3849-3

Ⅰ．①企…
Ⅱ．①肖…
Ⅲ．①企业管理—研究
Ⅳ．① F272

中国版本图书馆 CIP 数据核字（2020）第 012501 号

企业管理范式转型研究

出 版 人	葛海彦
责任编辑	郑永杰
责任印制	刘　慧
出版发行	中央编译出版社
地　　址	北京西城区车公庄大街乙 5 号鸿儒大厦 B 座（100044）
电　　话	（010）52612345（总编室）　　（010）52612365（编辑室） （010）52612316（发行部）　　（010）52612346（馆配部）
传　　真	（010）66515838
经　　销	全国新华书店
印　　刷	三河市华东印刷有限公司
开　　本	710 毫米 ×1000 毫米　1/16
字　　数	261 千字
印　　张	16.5
版　　次	2020 年 3 月第 1 版
印　　次	2020 年 3 月第 1 次印刷
定　　价	88.00 元
网　　址	www.cctphome.com　　邮　箱：cctp@cctphome.com
新浪微博	@中央编译出版社　　微　信：中央编译出版社（ID: cctphome）
淘宝店铺	中央编译出版社直销店（http://shop108367160.taobao.com）（010）55626985

本社常年法律顾问：北京市吴栾赵阎律师事务所律师　闫军　梁勤
凡有印装质量问题，本社负责调换，电话：（010）55626985

序一　走出管理学尴尬

王方华

在经历了西方企业管理知识在我国快速传播并极大地提升了中国企业界的整体管理水平之后,20世纪90年代中期以来,伴随市场竞争向超级竞争的快速转型,中国企业面临的管理挑战性剧增,随之,一种日益普遍的现象就产生了,那就是管理学尴尬的发生。所谓管理学尴尬,在我国有多种表现,这里列举较为典型的四种:

第一,管理日益呈现时尚化趋势,新理论、新概念、新观点不断地大量产生,又不断地迅速消亡,而且管理的热点问题和主流观点像"流行色"一样年年变换。

第二,对一些在新的市场环境条件下本来是伪命题的管理问题争论得异常激烈,比如,关于多元化与专业化孰优孰劣之争、关于战略与细节谁决定企业成败之争、关于最优企业所有权安排是资本雇佣劳动还是劳动雇佣资本之争,等等。

第三,在管理咨询界活跃得越来越多的是那些相对缺乏管理学系统训练的人员,而真正对管理学有较深造诣的管理学者们反倒不一定受到社会欢迎,管理专家被区分为"学院派"和"实战派",社会越来越相信后者。

第四,很多观点既很容易证实又很容易证伪。比如,那些迅速成功的企业往往是创新型企业,那些迅速失败的企业也往往是创新型企业,那些被社会誉为推动企业成功的所谓创新举措可能几年后又被社会斥为造成同一企业失败的根源,变成了"伪创新",等等。

管理学尴尬产生的原因固然是多方面的,但无疑与以下三点密切相关:首先是管理学研究的方法论缺陷,目前比较流行的仍然是"盲人摸象"式研究,这种以局部问题为着眼点的以偏概全的研究最终带来的必然是管理学尴尬,因为影响企业成败和绩效的因素其实是错综复杂的，企业的成功本来只有必要条件，没有充分条件。其次是缺乏一个明确的能反映现代市场特征和现代企业管理一般目标的主题规范以指导和规范企业管理的研究。长期以来，效率是管理学的主题。但是当市场竞争变成了超级竞争后，效率主题已经不能反映企业管理的全貌，不能将超级竞争条件下企业管理的主要矛盾直接地展示出来。在今天，效率作为经济学的主题是可行的，但作为企业管理学的主题正日益显示其不可行性。再次是在今天的社会大背景的浸染下，学界、管理咨询界和财经媒体业比较浮躁，对于管理学的基础问题关注不够。

要想促进这种现状的改变，我认为，第一，要更多地关注对企业整体管理的研究。比如，我们都知道创新对企业的成功极端重要，但是那些迅速失败的著名企业大多是创新型企业。当人家成功了就说是创新的成功，将其树为创新的标杆；当人家成功后又失败了，又说原来所指的创新其实是"伪创新"，这是典型的管理学尴尬。要解决这种尴尬，就需要学界不仅要研究创新管理甚至全面创新管理的问题，更要研究全面创新管理与全面风险管理以及其他全面管理的统一与共生的问题；不仅要研究如何提升创新力的问题，更要研究如何实现创新力与控制力的统一与共生的问题。这样，所得出的理论与方法才更具可靠性，也有利于企业界建立健康的管理思维，而不是追赶时尚、剑走偏锋。第二，要明确地确立企业持续发展为现代企业管理的主题，以此来规范企业管理的学术研究，最终形成专门的以企业持续发展为主题的企业管理理论体系、方法体系和工具体系。企业持续发展较之效率具有更加丰富和明确的管理内涵，更能体现企业存在的根本目的和反映现代企业管理的全貌，在企业管理学中还没有其他概念能像企业持续发展概念那样将超级竞争条件下企业管理的主要矛盾直接地展示出来。在以超级竞争为背景条件、以企业持续发展为主题的交叉约束下所形成的企业管理知识体系、方法体系和工具体系，将更加符合现代企业管理的一般情形，满足现代企业管理的一般要求，从而具有更广泛的理论与实践价值，其生命力才会更强。第三，要更多地关注管理的基础问题，特别是管理主题从效率转变为持续发展后企业管理逻辑与范式的变化，因为它们将决定最后形成怎样的企业管理理论体系、方法体系和工具体系。

值得欣喜的是，肖海林教授即将出版的这本专著，在这些方面进行了非常有益且富有成效的探索。作者通过对近百年经典管理文献的研究和对近年来管理文献的统计分析以及理论上的逻辑推演，揭示了企业持续发展是现代企业管理的主题，现代企业管理正在形成以持续发展为主题的新的理论综合与范式特征。作者进一步以超级竞争为背景，以企业持续发展为轴线，以企业整体管理为研究对象，采取文献研究、规范研究和案例研究的研究方法，对属于关乎企业管理知识体系如何演变的企业管理逻辑与范式的转型范畴的一些基础性问题展开了深度研究，提出了一系列具有独创性的观点、方法和工具。

企业持续发展虽然不是一个新概念，但它为现代企业管理提供了一个最合适的规范性研究视角，在这一视角下，许多管理上激烈争论的问题可以迎刃而解，许多管理学尴尬就可以避免。本书所介绍的主要成果正是在这一视角下取得的。如果一个企业按照本书提出的三叶草型企业模型、三叶草型管理模型及三叶草型文化模型、创新力与控制力的动态效率统一论、三个基本维度统一与共生的全面管理论、四面体成长管理论、三只眼型企业家论、归核化、专业化和多元化的统一与共生论等理论与方法进行管理，那么一般就是非常健康的管理，实施这种管理的企业就更有可能实现持续发展，管理学尴尬的出现自然就会大为减少，纯粹的管理炒作的领地和空间就会缩小。

我认为，本书最大的贡献在于：第一，明确地提出并系统地阐述了企业持续发展是现代企业管理的主题，因而企业持续发展自然成为现代企业管理研究的主题规范，有利于推动企业管理学科的健康发展；第二，对企业管理的逻辑与范式的转型问题进行了较为系统的研究，提出了一系列原创性或者是独创性的理论观点，一些观点将会被实践逐步证明，具有比现有相关的理论更强的生命力，有利于构建以企业持续发展为主题的企业管理学。

序二　企业管理的现代逻辑与范式

林汉川

随着超级竞争变成现代市场竞争的一般形态，现代企业管理呈现出明显的时尚化趋势，管理的新理论、新概念、新观点不断大量涌现而又快速消失，声称具有重要价值的，或独特发现的，或重要创新的，甚至重大突破的工商管理方面的图书和文章铺天盖地，而与之相伴的是管理学尴尬出现的频率越来越高、管理学的声誉越来越低。

面对企业管理的混沌，企业管理学的健康发展迫切需要管理学者们思考一个根本性的问题，即现代企业管理是否存在和存在一个怎样的牵引管理学发展的主题？在这一主题的约束下，现代企业管理存在怎样的范式特征？进一步，如果企业管理的主题及范式特征发生了变化，它会对人们的哪些重要的管理心智和管理思维产生重要影响？这些管理心智和管理思维又应该如何转变？

看了肖海林教授的这部书稿后，我认为，他所从事的正是这种探索，而且已经取得了丰硕成果。书中的成果表明，企业管理的主题与范式特征已经发生或正在发生变化，很多在传统的市场竞争条件和传统的管理主题的交叉约束下形成的已成为人们心智和思维模式的管理理论与观点应当发生变化。全书比较系统地揭示了企业管理逻辑与范式的转型，大体上形成了一个以超级竞争为背景、以企业持续发展为主题的规范性理论框架体系。

本书各章重点研究的问题基本是争论激烈的，或存在于热点问题背后、不被人关注但恰恰是导致激烈争论产生的管理基础问题，也基本是超级竞争条件下以持续发展为目标的企业管理所必须涉及的、需要突破现有管理心智的管理难题，本书在这些问题上取得了具有创造性的研究成果。

第一章探讨了市场转型导致的企业管理主题与管理范式的转型问题,提出随着超级竞争的出现,企业管理的主题已从成本导向的效率主题演变为持续发展主题,实现企业持续发展的挑战性正是企业管理呈现时尚化趋势、管理学尴尬高频率发生的根本原因。伴随外部环境和管理主题的转变,企业管理的范式发生了三个基本转变:第一,管理的基本维度从单一成本导向的效率维度转变为创新维度、效率维度与风险规避维度的复合,持续发展的企业不再是单一的创新型企业,或者效率型企业,或者风险规避型企业,而是它们统一与共生的企业;第二,管理的要素路径不再是单点式管理,而是全序列式和集群式管理,持续发展型管理是全面创新管理、全面效率管理与全面风险管理的统一与共生;第三,管理的方式从总体上的刚性转变为总体上的粘性,粘性管理已成为现代企业管理一个十分显著的趋势。企业管理学正在形成以超级竞争为背景、以持续发展为主题的新的理论综合与范式特征。

第二章探讨了经受市场转型洗礼而获得持续发展的企业——长青企业的性质问题,揭示了长青企业不同于一般企业的特殊性质、三种资本构成和与市场的关系,以及使长青企业得以生成的货币资本、人力资本和市场资本缪尔达尔循环模型,并认为市场资本使企业发展获得动态粘性,长青企业具有不同于一般企业的公司治理结构与方式。

第三章针对学界对企业发展问题的研究已形成流派纷呈、观点紊杂的格局,对企业持续发展的生成机理问题进行了研究,揭示了企业持续发展生成机理LCT模型,即通过实现分属于内含层、中间层和外显层的企业学习能力(L)、创新力与控制力效率统一(C)和竞争优势四面体(T)的动态演进使企业实现持续发展。四面体成长管理、创新力与控制力动态效率统一、构建学习型组织,是企业建立持续竞争优势、获得发展的动态性和基本安全,进而持续发展的基本思维和现代路径。

第四章针对超级竞争的特征和现有企业发展理论中最具影响力的创新论范式的缺陷,建立同时体现企业发展诉求与发展持续性诉求的管理新思维与理论范式,指出了创新对宏观经济整体发展与微观企业个体成长具有显著不同的影响,因此,单一的创新论范式对宏观经济整体的持续发展而言基本上是有效和可靠的,而对微观企业个体的持续发展来讲,其有效性是不确定的,从而不能简单地认为企业持续发展决定于创新,在超级竞争条件下,企业持续发展的管理思维是创新力与控制力的动态效率统一,而不是单一的创新或创新力。两力统一论是对企业发展理论与企业失败理论的高度概括,是一个超越现有理论范式的、难以证伪的、可以同时解释企业成功与失败、彰显超级竞争特征和企业发展诉求与发展持续性诉求的理论新范式。

第五章专门研究了超级竞争条件下企业持续发展的整体管理的基本维度及其实现问题,提出企业整体管理的基本维度是创新推进、效率提升和风险规避,持续发展的企业是创新型企业、效率型企业和风险规避型企业相统一的企业,即三叶草型管理的企业;针对存在于创新推进、效率提升和风险规避之间的"跷跷板"效应,揭示了同时实现它们的管理路径,即通过关键控制要素,特别是功能复杂性控制要素的组合管理,建立以创新导向的控制系统、效率导向的控制系统与风险规避导向的控制系统相耦合的三叶草型控制,认为三叶草型管理是超级竞争条件下以持续发展为目标的现代企业整体管理的基本范式。

第六章研究了企业业务组合管理的逻辑的转型问题,明确地提出不能抽象地和静态地谈专业化和多元化孰优孰劣的问题,提出了企业最优的业务组合取决于具体企业的原有战略、市场环境和企业能力三者具体状态的组合的分析模型,专业化与多元化孰优孰劣之争其实是一个伪命题;多元化经营企业业务之间的影响关系已从卖方市场加或减的关系转变为买方市场相乘或相除的关系,多元化与专业化就不应是对立而应是统一的关系,成功的多元化经营必定是归核化、专业化和多元化的统一与共生,成功的多元化是专业化经营到一定程度后的必然结果和一般趋势;从市场竞争的发展趋势来看,归核化和专业化是业务组合战略的一般趋势;从统计与宏观经济的角度讲,专业化经营的绩效要好于多元化,但从微观企业持续发展的角度,适度的多元化是必需的,专业化经营的绩效与多元化经营的绩效孰优孰劣是不确定的,要视市场环境条件和企业资源与能力条件来定;专业化和多元化都必须建立在归核化的基础之上;理想的业务组合是归核化、专业化和适度相关多元化的共生与统一,即集成型多元化。

第七章研究了企业持续发展的直接支撑——持续竞争优势的来源和管理问题,建立了一个能整合各种主要流派同时又能与超级竞争环境和具体的管理实践有效对接的理论工具和管理工具。该章突破传统的分析范式,从企业的两个基本属性,即生产属性和规制属性并重,以及从动态性、层次性和复杂性的结合上,提出了基于企业持续竞争优势的产业平台、制度平台和市场权力概念,构建了以产业平台、制度平台、核心能力和市场权力为核心要素的企业持续竞争优势四面体结构模型和管理架构。四面体反映和包含了超级竞争条件下持续竞争优势来源的构成、层次关系和使竞争优势得以持续的动态机制，它是持续竞争优势管理的轴心和抓手。

第八章对企业持续发展最基本的制度安排，同时又是经济学界激烈争论问题的企业最优所有权安排问题进行了研究，构建和发现了与企业持续发展诉求相适应的企业所有权"最优"安排的逻辑与形态，提出：（1）超级竞争条件下，最优企业所有权安排的逻辑起点是竞争力，而非风险承担。现代企业的逻辑是，以竞争力为导向的产权安排能导致风险的降低，以风险承担为导向的产权安排反而会导致风险的增加。（2）市场中的企业并不存在也不应该存在恒定不变的和统一的最优企业所有权安排，竞争力决定因素的动态变化导致了最优企业所有权安排的动态变化，公司治理生态系统的不同导致了最优企业所有权安排的多样性，资本雇佣劳动、劳动雇佣资本和利益相关者共同治理均是特定条件下的最优企业所有权安排。（3）在超级竞争条件下，对于追求持续发展的企业来讲，只要是最优企业所有权安排就一般是以竞争力为导向的安排，适应于特定条件的资本雇佣劳动、劳动雇佣资本和利益相关者共同治理及他们的边际修正等最优企业所有权安排，均属于或统一于以竞争力为导向的企业所有权安排，亦即，以竞争力为导向的企业所有权安排通常是最优企业所有权安排。（4）公司治理结构是一个生态系统，最优企业所有权安排并不能孤立地存在，两者的状态互为依存。

第九章和第十章分别对企业文化和企业家行为的转型问题进行了研究，提出在超级竞争条件下，追求持续发展的企业，其企业文化必须同时产生创新推进、效率提升和风险规避的功能，是创新型文化、效率型文化和风险规避型文化的复合，即三叶草型企业文化；其企业家不是单一的创新家，而必须既是极度创新家，又是强力执行者，还是高度风险规避者，即三只眼型企业家。

第十一章探讨在超级竞争条件下，为了获取企业发展的持续性，哪些管理定则应该坚守，哪些管理心智应该改变和如何改变的问题，提炼出八个要避免"低级"失败就必须坚守的管理定则以及必须转变和建立的十个管理心智。

应特别指出的是，书中所提出的企业管理的主题是企业持续发展而不再是成本导向的效率问题的观点、三个基本维度全面管理的统一与共生的观点以及由此衍生出的三叶草型企业、三叶草型管理、三叶草型企业文化、三只眼型企业家等观点、长青企业的特殊性质论与三种资本构成及其缪尔达尔循环论、粘性管理的观点、产权安排应以竞争力为导向而不能以风险承担为导向以及最优产权安排是动态变化的观点、超级竞争下多元化经营企业的业务之间具有相乘或相除的影响以及专业化集成型多元化的观点、持续竞争优势四面体成长管理的观点、要发展思维不要生存思维的观点等,均系学界首次提出,且都具有重要的理论与实践价值,对于改变我们长期形成的管理心智和思维定式能产生深刻影响。比如,三叶草型管理模型和三叶草型企业模型,具有类似哈佛商学院卡普兰教授提出的平衡计分卡的理论创新、实践价值以及对传统观念与思维的影响,三个基本维度的全面管理的统一与共生论,是对单一的、近年来很热的全面创新管理论、执行管理论和全面风险管理论的升华与超越,更具可靠性和操作性。

  本书是一本极具思想性的、能够对传统的管理心智形成冲击力的高水平管理学著作。

前言　我的欣慰

肖海林

本书初版于2009年，获得教育部全额资助（全国申请资助的书稿约一千本，仅30本获全额资助），列入首批高校社科文库，由人民出版社出版，书中的大部分内容以学术论文的形式更早面世，2012年获北京市第十二届哲学社会科学优秀成果二等奖。

从2003年我开始在学术期刊上陆续发表本书的系列成果算起，刚过去的这17年，以互联网、大数据、人工智能等为代表的新科技突飞猛进，极大地改变了企业的经营环境，市场竞争更加凸显为超级竞争，势必对企业管理的逻辑与范式产生深刻影响。王方华教授在给本书所作的序一《走出管理学尴尬》中，列举了四种典型的管理学尴尬。那么，缘起于解决管理学尴尬而出版的本书，系统性地揭示了企业管理的现代逻辑与范式，提出了一系列新的理论观点，会不会因为环境的巨变，也陷入王方华教授所列举的那些管理学尴尬中的一种或几种情形，从而也使本书陷入尴尬的境地呢？作为本书的作者，我自然特别关注这一点。令我倍感欣慰的是，本书的理论成果不仅没有被证伪，而且日益显示其生命力，期待书中的理论成果能够指导更多中国企业，使他们在波诡云谲的市场竞争中实现持续发展。

最能彰显本书生命力的是华为和乐视网。

华为创办于1987年，现已届33岁，在中国，寿命达到30岁的民营企业可谓凤毛麟角。华为现已成为全球领先的信息与通信技术解决方案供应商，在2019年《财富》世界500强企业中排名第61位。关键是，华为所处的行业环境一直是超级竞争的环境，其成长的步伐一直不仅快速而且稳健，尽管现在受到美国政府的无理打压,但华为的成长依然十分顽强,没有停滞的迹象。因此,系统地检视本书的系列观点是否正确的典型案例当属华为。不过,我希望这种检视由读者完成,看看本书的理论成果是否能系统有力地回答华为的成功之道。需要特别指出的是,华为之所以能够将 2003 年美国思科起诉华为知识产权侵权诉讼的巨大危机转化为成长的机会,能够抗住美国政府 2018 年开始的无理打压产生的巨大危机并有可能将这一危机转化为机会,在本书中能够很容易地找到答案。

华为成功了,自然介绍华为管理的文章和书籍铺天盖地。但是,管理是情景依赖的,对华为有效的管理对其他企业未必管用,也可能没法学。那么,华为怎样的管理之道对其他企业是有效的而且是必须采用的呢?我认为应该是持续处于超级竞争环境中,导致其实现持续发展的整体管理持续把握了哪些基本维度以及持续实现这些基本维度统一与共生的管理路径,因为这反映的是超级竞争中追求持续发展这一管理情景下的一切企业应该共同遵循的管理逻辑与范式,而超级竞争是现代市场竞争的一般形态,实现持续发展是现代企业普遍面临的管理主题。因此,需要对华为的管理进行严谨和严肃的学术研究,努力避免幸存者偏差和盲人摸象的现象,从而避免陷入管理学尴尬。在中国,最早从学术角度研究华为的管理并在中国顶尖管理学期刊发表学术论文的,可能是我和闻学教授合作在 2006 年第 12 期《管理世界》上发表的长篇论文《超级竞争条件下企业整体管理的基本维度与共生型控制模式——一个描述性案例研究》。这篇论文以华为为案例,系统揭示了超级竞争下追求持续发展的企业的管理基本维度,以及实现这些基本维度统一与共生的管理形态、组织形态、企业文化形态、企业家职能形态、控制模式等。这篇论文成了本书的第五章。

可以说,本书的理论成果提供了华为这样的卓越企业的管理画像,未来的市场环境下实现持续发展的企业只会继续呈现而不会偏离这个画像。

而乐视网呢?

乐视网在创业板一上市就长期是很光鲜的企业,它的发展理念、商业模式、公司战略等一直受到中国股票分析师们一致推崇,被业界称为乐视模式,乐视网的股价也因此一路飙升,成为中国创业板市值最大股票和影响整个创业板走势的风向标。但是,就在乐视网处于鼎盛时期、被社会各界高度看好的 2016 年,我在中央财经大学工商管理专业和市场营销专业本科生战略管理课程的讲台上,和同学们预测,乐视网迟早是要出大问题的。当时,有的同学还不以为然。没想到,一语成谶，时间刚刚过去一年，盈利逐年增长的乐视网突然曝出财务巨亏的新闻，从此，虽然有白衣骑士孙宏斌出手相救，乐视网依然再也没有缓过气来，在商场叱咤风云的孙宏斌和贾跃亭都回天无力、拂袖而去，现在乐视网正面临从创业板退市的结局。

乐视网的结局是悲催的，它也使一致高度推崇的中国股票分析师们集体失陷。这不是典型的管理学尴尬吗？但是，它却为本书提供了一个反面佐证的鲜活案例。为何这样说呢？还是请读者抽出宝贵的时光一读本书，答案就明了了。

乐视网的管理其实是很有魅力的，特别吻合管理时尚的观点，它是创新型企业、执行型企业，实施了全面创新管理、全面执行管理。但是，少有人注意到，管理时尚大多是基于对幸存者的观察得出的，因而常常伴随幸存者偏差。而华为的高明在于，它不仅重视管理时尚所代表的新的管理理论、工具和方法，还重视避免与管理时尚相伴的幸存者偏差，从而造就了卓越的管理。坦率地讲，学术界做的大多是制造和传播管理时尚的工作，比如，鼓吹创新、执行、风险管理很重要，于是提出全面创新管理、全面执行管理、全面风险管理。但现实是，单纯的全面创新管理、全面执行管理、全面风险管理不会带来企业持续发展，而真正的管理难题是如何实现它们的统一和共生，因为它们之间在管理路径上存在冲突，实现了它们统一和共生的管理才是卓越的管理，企业才能持续发展。这类问题却不受学术界重视，鲜有研究。但是华为做到了，本书做的正是这方面的研究。

Contents

目 录

第一章 企业管理:主题演进与范式流变 ... 1
- 第一节 从效率主题转为持续发展主题 ... 2
- 第二节 现代企业为什么以持续发展为主题 ... 7
- 第三节 企业增长、企业发展和企业持续发展 ... 10
- 第四节 管理范式的三大变化 ... 16

第二章 长青企业:一类特殊性质的企业 ... 24
- 第一节 经营力要素的求证 ... 26
- 第二节 长青企业的生产函数 ... 28
- 第三节 长青企业的异质性、边界与资本构成 ... 31

第三章 企业持续发展的生成机理:LCT 模型 ... 37
- 第一节 企业发展的理论丛林与管理时尚 ... 38
- 第二节 企业持续发展的生成机理:以海尔为案例 ... 39
- 第三节 LCT 模型的理论与实践价值 ... 50

第四章 企业持续发展的管理思维:从创新转为创新力与控制力的统一 ... 54
- 第一节 创新论范式的缺陷 ... 56

第二节　市场形态的转变与企业管理的新命题 …………………… 56
　第三节　被误读的创新与管理学尴尬 ………………………………… 64
　第四节　创新力、控制力及其统一与共生 …………………………… 69
　第五节　两力统一论的理论含义与实践价值 ………………………… 83

第五章　企业持续发展的整体管理：三个基本维度与共生型控制系统 …… 88
　第一节　三叶草型企业模型与三维控制 ……………………………… 90
　第二节　全面创新管理、全面效率管理与全面风险管理的统一与共生：
　　　　　华为的控制系统 ……………………………………………… 106
　第三节　结论与讨论 …………………………………………………… 115

第六章　企业持续发展的最优业务组合：从加减关系转为乘除关系 …… 117
　第一节　业务组合战略研究的误区与现实需求 ……………………… 118
　第二节　长青企业业务组合战略的演变：以 GE 和格兰仕为案例 … 120
　第三节　结论：现代的观点——一个一般理论框架 ………………… 134

第七章　企业持续发展的持续竞争优势：从单一来源转为四面体成长 …… 141
　第一节　竞争优势来源的理论及其批判与整合 ……………………… 142
　第二节　持续竞争优势的第四个基础性来源——企业的市场权力 … 144
　第三节　持续竞争优势四面体结构模型及其内涵和意义 …………… 146
　第四节　四面体成长管理的实证性检验 ……………………………… 148
　第五节　四面体模型与超级竞争的契合性 …………………………… 152
　第六节　从四面体结构模型到竞争优势构成要素模型 ……………… 154

**第八章　企业持续发展的最优所有权安排：从风险承担导向转为
　　　　　竞争力导向** ……………………………………………………… 156
　第一节　企业所有权安排最优的逻辑起点是竞争力而非风险承担 … 158
　第二节　以竞争力为导向的最优企业所有权安排是怎样的安排 …… 162
　第三节　企业所有权安排的最优状态不能独立地存在 ……………… 165
　第四节　最优所有权安排是动态变化的 ……………………………… 166

第五节　来自公司法修改的逻辑证据 …………………………………… 167
　　第六节　结论与意义 …………………………………………………… 168

第九章　企业持续发展的企业文化：从一维文化转为三维文化 ……………… 170
　　第一节　企业文化研究的盲区与华为的启示 ………………………… 170
　　第二节　企业文化的新模型：三叶草型企业文化的提出 …………… 172
　　第三节　三叶草型企业文化的验证：以海尔为案例 ………………… 174
　　第四节　三叶草型企业文化的缺失：德隆的败因解析 ……………… 178

第十章　企业持续发展的企业家行为：从独眼龙型转为三只眼型 ………… 188
　　第一节　企业家行为：经济持续发展与企业持续发展的不同诉求 … 189
　　第二节　企业持续发展视角下的企业家职能模型——三只眼型企业家 … 190
　　第三节　三只眼型企业家的经典案例——华为总裁任正非 ………… 194
　　第四节　创新家的溃败——科利华董事长宋朝弟 …………………… 200

**第十一章　企业持续发展的逻辑前提：管理定则的回归与管理
　　　　　　心智的转变** ………………………………………………… 214
　　第一节　避免"低级"失败的八个管理定则 ………………………… 215
　　第二节　瞄准"持续性"诉求的十个心智转变 ……………………… 221

参考文献 ………………………………………………………………… 231

再版后记 ………………………………………………………………… 239

第一章 企业管理：主题演进与范式流变

本章要探讨的问题是，在市场转型后，面对超级竞争，现代企业具有怎样的管理主题和怎样特征的管理范式。这是把握管理为什么及如何转型的基础和前提，也是转型研究的基本内容。

市场形态从卖方市场向买方市场的演变，导致市场竞争从无竞争变成了超级竞争，从而导致企业管理的主题从成本导向的效率主题演变为持续发展主题。企业持续发展不同于企业增长和企业发展，它具有时间性、空间性和动态性三维特征，不仅要解决发展的问题，而且要解决发展持续性问题。在缺乏竞争的条件下，依靠单一的成本导向的效率型管理、单点式管理和刚性管理，企业通常就能获得持续发展。而在超级竞争条件下，企业只有既解决了竞争力问题，又解决了成长安全问题，才能获得持续发展，由此导致管理的三个基本转变：(1) 管理的基本维度从单一成本导向的效率维度转变为创新维度、效率维度与风险规避维度的复合，持续发展的企业不再是单一的创新型企业，或者效率型企业，或者风险规避型企业，而是它们统一与共生的企业；(2) 管理的要素路径不再是单点式管理，而是全序列式和集群式管理，持续发展型管理是全面创新管理、全面效率管理与全面风险管理的统一与共生；(3) 管理的方式从总体上的刚性转变为总体上的黏性，黏性管理已成为现代企业管理一个十分显著的趋势。企业管理学正在形成以超级竞争为背景、以持续发展为主题的新的理论综合与范式特征。

自泰勒（F. W. Taylor）把管理作为专门对象予以研究以来，现代意义上的管理学①走过了近百年的历史，今天的企业管理学可谓既"丰满"又"时尚"又"迷茫"。企业管理学已形成多级学科群，各学科已形成流派纷呈的格局，关键性的管理问题基本都已形成理论丛林，企业管理学已成参天大树和现代显学。然而，企业管理学也已沦为追赶时尚的学科，"几乎每个月都有被一些作者、出版商和评论家赋予具有重大突破意义的新管理思想产生"②，管理问题每年都有"流行色"。与管理时尚相伴的是，企业管理的新名词、新理论通常昙花一现，类似于同一个企业在崩盘前受到学界热捧而崩盘后又迅速受到学界全面质疑（如2004年新疆德隆和中航油新加坡公司事件）、经学界长期研究形成的共识瞬间变成社会争论风暴（如2004年由郎咸平挑起的关于国企改革的产权导向问题的争论）的管理学尴尬时有发生。企业管理学的这些特征，使管理在社会中的声望持续下滑，尽管企业在社会中的声望不断提升。③

因此，对于作为一门科学的企业管理学来讲，我们亟须回答下列基本问题：今天的企业管理学到底在关注什么？企业管理是否存在以及存在怎样的主题？④推动现代企业管理主题形成的内在原因是什么？伴随管理主题的转变，企业管理的范式发生了怎样的整体性变化？管理时尚与管理学尴尬产生的根源是什么？

第一节　从效率主题转为持续发展主题

管理实践牵引着管理学的发展。通过对近百年来的管理学名著的研究，可以发现企业管理主题演进的情形（见表1-1）。

---

① 泰勒最早把管理作为专门对象予以研究，其研究成果集中体现在1911年出版的《科学管理原理》一书，该书一般被认为是现代意义上的管理学的开山之作。
② [美]琼·玛格丽塔、南·斯通：《什么是管理》，李钊平译，电子工业出版社2003年版，作者序第1页。
③ 泰勒最早把管理作为专门对象予以研究，其研究成果集中体现在1911年出版的《科学管理原理》一书，第5页。
④ 如果把管理学比作一棵大树，企业管理的主题就是大树的躯干。

表1-1　100年来具有持续重要影响的代表性管理学著作及其研究的问题

时间	代表人物	代表作	研究的问题
1900—1920年	泰勒（Taylor）	《科学管理原理》（1911年）	效率
	吉尔布雷斯（Gilbreth）	《疲劳研究》（1916年）	效率
	格兰特（Grant）	《工业的领导》（1916年）	效率
		《工作组织》（1919年）	
1921—1930年	韦伯（Weber）	《社会和经济组织理论》（1924年）	组织模式与效率
	法约尔（Fayor）	《一般管理与工业管理》（1925年）	组织管理
1931—1940年	梅奥（Mayo）	《工业文明中的人类问题》（1933年）	人的行为
1941—1950年	德鲁克（Drucker）	《公司的概念》（1946年）	公司内部的工作关系
	西蒙（Simon）	《管理行为》（1947年）	组织决策
1951—1960年	德鲁克（Drucker）	《管理的实践》（1954年）	管理原则
	马斯洛（Maslow）	《激励与人性》（1954年）	工作激励
	怀特（Whyte）	《组织人》（1956年）	公司人的生活
	赫茨伯格（Herzberg）	《激励因素》（1959年）	工作激励
	麦格雷戈（McGregor）	《企业的人事方面》（1960年）	工作激励
1961—1970年	钱德勒（Chandler）	《战略与结构》（1962年）	战略
	沃森（Watson）	《一个企业和它的信念》（1963年）	持续发展
	德鲁克（Drucker）	《结果管理》（1964年）	战略
	安索夫（Ansoff）	《公司战略》（1965年）	战略制定
	科特勒（Kotler）	《营销管理》（1967年）	营销管理
	德鲁克（Drucker）	《不连贯的年代》（1969年）	知识工作
1971—1980年	明茨伯格（Mintzberg）	《管理工作的实质》（1973年）	管理者如何工作，战略、结构和管理有效性之间的关系性质，效率
	德鲁克（Drucker）	《管理：任务、责任和实践》（1973年）	组织管理
	奥玛（Onmae）	《战略家的思想》（1975年）	战略制定，持续发展
	贾奎斯（Jaques）	《官僚主义通论》（1976年）	工作价值
	阿吉里斯（Argyris）	《组织学习》（1978年）	组织学习
	雷瓦斯（Revans）	《行动学习法》（1979年）	学习
	波特（Porter）	《竞争战略》（1980年）	竞争优势

续表

时间	代表人物	代表作	研究的问题
1981—1990年	帕斯卡尔（Pascale）	《日本企业管理的艺术》（1981年）	持续发展的原因
	奎奇（Ouchi）	《Z理论》（1981年）	管理模式
	彼得斯（Peters）	《追求卓越》（1982年）	持续发展的原因
	戴明（Deming）	《走出危机》（1982年）	质量管理
	坎特（Kanter）	《变革大师》（1983年）	变革与创新
	贝尔宾（Belbin）	《团队管理》（1984年）	团队管理
	沙因（Schein）	《组织文化与领导》（1985年）	企业文化
	朱兰（Juran）	《质量计划》（1988年）	质量管理
	汉迪（Handy）	《非理性时代》（1989年）	组织结构
	圣吉（Senge）	《第五项修炼》（1990年）	组织学习
1991—2000年	钱皮（Champy）	《企业再造》（1993年）	效率
	彼得斯（Peters）	《管理的解放》（1992年）	组织结构
	德鲁克（Drucker）	《未来管理》（1992年）	竞争优势的新途径
	阿吉里斯（Argyris）	《关于组织学习》（1993年）	组织学习
	哈梅尔（Hamel）	《竞争大未来》（1994年）	持续发展
	科林斯（Collins）	《基业长青》（1994年）	持续发展的原因
	利夫（Leif）	《知识资本》（1997年）	竞争优势的根源
	克莱因（Klein）	《知识资本的战略管理》（1997年）	竞争优势的根源
	斯图尔特（Stewart）	《知识资本》（1997年）	竞争优势的根源
	罗斯（Roos）	《知识资本》（1998年）	竞争优势的根源
	杭贝（Horibe）	《管理知识工人》（1999年）	竞争优势的根源

资料来源：Stuart Crainer, "The Management Century: a Critical review of 20th Century Thought and Practice", San Francisco: Jossey-Bass, 2000. 笔者进行了挖掘整理。

表1-1显示，从20世纪初到70年代末，管理学基本上是围绕着效率问题展开研究的。对效率的研究沿着两条路径进行：一是以泰勒（Taylor）、法约尔（Fayor）、韦伯（Weber）为代表，主要从生产和组织管理的角度进行研究；二是以梅奥（Mayo）、马斯洛（Maslow）、赫茨伯格（Herzberg）、麦格雷格（McGregor）、安索夫（Ansoff）、明茨伯格（Mintzberg）、德鲁克（Drucker）、阿吉里斯（Argyris）为代表，主要从行为①的角度进行研究。

然而，到了20世纪50年代中期和60年代初期，随着市场营销观念和战略

---

① 这里的行为包括人与组织的激励行为、战略行为和学习行为。

概念的建立①，企业管理研究的主题开始发生变化。管理学研究的主题不再是效率问题，而是企业持续发展，尽管管理学依然十分关注效率问题。这个转折的标志是一系列具有广泛影响的研究企业持续发展和持续竞争优势的文献的问世。1975年，大前研一（Kenichi Ohmae）出版了《战略家的思想》，该书于1982年被引进到美国，引起轰动。大前研一认为，在制定任何企业战略时，都必须考虑三个主要因素，即企业自身、顾客和竞争，战略家的职责就是在企业成功的关键因素方面取得与竞争对手相比更优秀的经营业绩，同时，战略家还必须保证他的战略使企业实力很好地适应确定的市场需求。为了保持持久的良好关系，就要实现双方需求和目标的完全匹配，否则，企业的长期生存就可能成为问题。1980年，波特（Porter）出版了《竞争战略》，该书表面上是研究竞争战略的，但实际上研究如何获得持续竞争优势。该书提出了著名的获取持续竞争优势的五力分析模型和三种基本竞争战略，被公认为企业持续竞争优势外生论的代表作。1981年，帕斯卡尔（Pascale）和阿索斯（Athos）出版了《日本企业管理的艺术》，该书研究的重点是日本企业崛起的管理原因，揭示了远见和战略思考艺术的重要性，明确提出了使企业长盛不衰的7S管理框架。所谓7S框架，是指最高目标、战略、结构、体制、作风、人员和技巧，当所有这些要素都合为一体时，企业内部就会团结一致，使企业长盛不衰。1982年，彼得斯（Peters）和沃特曼（Waterman）出版了迄今世界上最畅销的管理学著作《追求卓越》，该书揭示了美国43家优秀企业取得持续发展的共同品质。

  这些对当时和后来的管理学与管理实践产生深远影响的著作，研究的都是企业持续发展或持续竞争优势问题。此后，企业家、核心能力、品牌、战略、企业资源、企业文化、创新、制度、公司治理、风险控制、危机管理、学习、

---

① 20世纪50年代中期，市场营销哲学从传统的生产观念、产品观念和推销观念转变为市场营销观念，前三者注重的是卖方需要，基本属于成本概念的范畴，而市场营销观念注重的是买方的需要，属于同时包含成本、创新和竞争等概念的范畴，显然突破了企业管理层面上的效率概念的边界。20世纪60年代初期，钱德勒（Chandler）出版了《战略与结构》（1962年）、德鲁克出版了关于战略问题的《结果管理》（1964年），唤醒了企业界和学术界对战略问题的关注，而企业的战略管理关注的并不仅仅是成本意义上的效率问题。

知识、素质、活力、智力资本、企业伦理与道德、供应链、社会资本等，纷纷成为管理学研究的主要热点，相关的文献构成了管理学文献的主体。研究涉及这些热点的文献后发现，它们的研究诉求均是企业持续发展，只是术语的表达、侧重点以及研究的角度、层次和路径不同而已，构成了以持续发展为共同诉求、迥异于法约尔范式的现代企业管理理论综合。

企业管理主题的演变在企业测评的国际趋势上也得到了反映。企业测评过去采纳的基本上是产值、利润、规模等数量型、静态性指标，现在则日益注重顾客满意度、竞争力、活力、品牌价值、公司治理等质量型、具有动态黏性的指标，表明企业管理的逻辑发生了改变，从卖方市场条件下追求增长的数量型成长范式转变为买方市场条件下追求持续发展的质量与数量并重型成长范式。比如，在全球具有广泛影响的平衡计分卡理论与方法，强调不仅要通过财务指标来评价企业，还要通过流程、学习创新和顾客指标来评价企业，因为只有后者的改进和持续改进，才能带来前者的改善和持续改善。平衡计分卡理论与方法实际上表明，现代企业的管理应当是持续发展型管理，这种管理要求财务指标与非财务指标的持续平衡。

但是，不同国家企业管理主题转变的进程是不同的。从20世纪90年代中期开始，企业持续发展进入我国管理学界的研究视野，相关的文献日益增多，现在已成为文献中和人们的口语中出现频率最高的词汇之一，这可从中国期刊网上的文献检索得到验证（见表1-2）。到了21世纪，与企业整体成长有关的、介绍世界500强企业成长经验与教训的，以及研究海尔、华为、联想等国内优秀企业持续发展和一些由大成功转为大失败的"流星"企业经验教训的论著井喷式地产生。李占祥（2000年）、刘力刚（2001年）、肖海林（2003年）、芮明杰（2004年）等学者专门研究企业持续发展的专著陆续问世，分别提出了直接针对企业持续发展的合力模型、矛盾管理论、LCT模型等。从2004年新疆德隆和中航油新加坡公司崩盘所带来的反应来看，我国社会各界对这类企业失败事件的关注已大大超越效率层面的管理问题。这说明，企业持续发展也已成为我国企业管理的主题。

表1-2 企业可持续发展及有关的几个概念不同年份在中文论文篇名中出现的次数

概念	时间												
	1994年	1995年	1996年	1997年	1998年	1999年	2000年	2001年	2002年	2003年	2004年	2005年	2006年
企业持续发展	0	0	4	14	27	51	70	80	103	117	73	76	89
持续竞争优势	0	0	0	0	0	4	6	6	11	26	28	36	43
企业品牌	1	1	2	8	7	23	33	53	101	108	189	258	343
企业能力	0	3	4	2	1	4	5	10	15	16	25	20	27

资料来源：笔者在中国期刊网上以上述概念的精确匹配进行检索获得。

第二节 现代企业为什么以持续发展为主题

在人们的心智模式里，企业管理似乎天然地以企业持续发展为主题，但实际并非如此。企业持续发展也并非仅仅是一个管理理念、一种抽象的管理诉求，而是有独特的管理内涵、理论体系和管理体系，而且随着企业内外环境条件的变化而变化。由于管理主题就是管理学研究的主题，决定管理学的逻辑体系、范式与风貌，因此，清晰认识持续发展主题形成的原因有利于把握管理学的流变趋势和进行有价值的理论创新。

企业管理的主题转变为企业持续发展，是社会、经济、科技、人文等进步与交互影响的结果。本书从经济与管理的角度，从宏观与微观的结合上，从企业的目的与实现目的的路径的结合上，从现代市场竞争的内核与企业所能采取的策略的结合上，从企业目标的选择机制上，就管理主题转变为企业持续发展最直接的原因阐述如下：

第一，企业持续发展天然地是与竞争概念联系在一起的，或者说是市场经济制度的必然产物，因为只有竞争才会使企业发生资源短缺进而出现发展不能持续的情形。但是发展的持续性问题只有当所在产业的市场形态由卖方市场转变为买方市场，经济权力从厂商转移到顾客，从而市场竞争非常激烈之后，才得以凸显，企业发展范式和管理范式才会发生显著的变化，对企业持续发展问题的研究才会凸显其日益重要和普遍的理论意义与实践价值。亦即，当企业处于卖方市场时，尽管企业仍是以持续发展为目标，但是因为容易实现，不直接地表现为管理的主题。从西方市场和中国市场形态的演变与管理主题的转变的对比可看出，两者之间是后者追随前者，说明现代买方市场的出现是管理主题转变为企业持续发展的根本原因。

第二，以企业持续发展为管理主题是以现代企业有发展无持续这一普遍现象为基本问题意识的。在产品、技术、知识等方面创新的速度日益加快的今天，企业内外环境更加动荡，发展的持续性已经成为几乎所有现代企业而不是少数企业所面临的一个比效率更为突出的管理问题，一个比效率更难把握和实现的目标，一个比效率层次更高、牵涉更广的目标。企业持续发展要求企业不仅解决能否发展和如何发展的问题，还要解决能否和如何实现发展的持续性问题，这要求企业必须正确地把握和解决企业发展的基本矛盾和不同时期的主要矛盾。在企业持续发展的总诉求之下，效率问题变成了相对局部的从属问题。企业持续发展展现给企业的是系统复杂性课题，理应要求管理学把它作为枢纽性的管理问题予以系统的研究。

第三，与企业的进化发展阶段有着密切联系，企业持续发展是现代企业而不是所有企业追求的核心目标，管理主题自然应该围绕企业目标要求的变化而变化。这里，现代企业是指买方市场中按现代公司制建立的企业，因为卖方市场中的企业容易获得产品价值的市场实现，缺乏足够的动力考虑员工、顾客、社会等利益相关者的利益需求，从而一方面发展的持续性问题对这类企业还不会构成现实而严峻的管理问题，另一方面缺乏因员工、顾客、社会等的参与使企业目标收敛于企业持续发展的博弈机制；而对于业主制和合伙制企业来讲，即使存在突出的发展持续性问题，同样缺乏企业的各种目标最终收敛于企业持续发展的有效制度机制，而现代公司制则能提供股东、员工、顾客等利益相关者表达利益需求、参与管理的可能，从而提供了使企业各种目标收敛于持续发展目标的可能性。从发展趋势看，在市场竞争日趋激烈的压力之下，现代企业越来越被逼向于实行利益相关者共同治理，而利益相关者之间的持续博弈决定了企业最终选择一种为利益相关者都能接受的企业成长范式。比较而言，只有持续发展符合要求，或者说，持续发展是现代企业利益相关者谈判的一个均衡解，从而企业持续发展通常会成为现代企业的一个长远性的、统领各种短期目标的枢纽性目标。

第四,企业持续发展是一种可以实现企业、社会和国家三赢,有利于实现三者良性互动,从而使企业最终获得最大机会收益的企业成长范式,它是企业的一种占优战略。就企业主体来讲,持续发展是企业所有者,通常也是企业利益相关者特别是经营者和员工追寻的目标。就全社会来讲,持续发展的企业能对社会财富的增长产生边际贡献,企业持续发展意味着破产失业不会高程度高频率地发生,这将有利于国民生活质量的提高和社会的稳定。就一个国家来讲,如果一个国家拥有更多的持续发展的企业,那么这个国家一般就拥有了更强的竞争优势,在全球化进程中,能从全球总财富蛋糕中切割到更大比例的份额。企业作为功利性组织,它首先考虑的一般是自己的利益,但理性的企业深知,在现代社会经济条件下,从长远看,企业只有与国家、社会的利益协调一致时,才能持续地获得发展的良好环境和资源,其自身的发展才能得以持续。

第五,从现代市场竞争的变化趋势来看,基于现实的可能性,一般来讲,持续发展是现代企业唯一可行的选择。因为,现代企业所面临的市场是一个开放度日益增长、竞争日益激烈、经济权力日益为买方所控制和资本报酬率日益降低的市场,企业通常只有通过稳扎稳打的方式,采取长期发展的战略,才更有可能实现持续盈利,才能收回投资。

第六,从竞争的策略上讲,现代市场竞争的特点也决定现代企业势必选择可持续的企业成长范式,"东方亮了"才能"亮西方"。因为现代企业能否赢得竞争,日益取决于核心能力的强弱,而核心能力来源于长期的积累与学习。如果一个企业不是基于长期发展的战略,核心能力就难以形成,企业就无法在产业里立足;如果企业的经营领域变动频繁,最终可能哪个领域都做不好,这样的企业连生存权都日益难以获得。

第七,快速转型的中国市场决定了企业持续发展是中国企业的理性选择。随着中国快速融入经济全球化进程,中国的市场一直在快速转型,竞争的生态、内核和范式急剧变化,在这种转型与动态竞争叠加的环境里,发展的持续性问题更加凸显,这造成了中国企业成长范式转型的时间约束,因此,对中国的追求持续发展的企业来讲,理性的选择是一开始就采取持续发展的成长范式,尽早塑造核心能力、独特资源、品牌、企业文化等影响企业持续发展的优良基因,以免日后的被迫转型给企业发展带来巨大冲击或者根本没有时间来转型而就此死去。因而，研究企业持续发展对中国的企业更具现实意义。

第三节　企业增长、企业发展和企业持续发展

企业增长（Growth）、企业发展（Development）与企业持续发展（Sustainable Development）是三个常见的、时常被互换使用的概念，而严格地讲，它们是既有密切联系，又有明显区别的三个概念，代表着三种不同的企业成长范式。由于现代市场竞争的激烈程度造成了企业成长范式转型的时间约束，不同的企业成长范式就常常大致决定了企业的不同命运。从市场的发展趋势来看，企业成长范式的路径依赖性更趋明显，中国企业的现实选择应是把握超级竞争的特征和发展趋势，一开始就采取持续发展型成长范式。

一、企业增长与企业发展是不同的概念

1. 增长与发展在经济学中的含义

在发展经济学中，经济增长与经济发展是两个既有密切联系，又有明显区别的概念。经济增长是指社会财富的增长、生产的增长或产出的增长。用会计术语说，经济增长是指工农业生产总值的增长，或社会总产值的增长，或国民生产总值的增长，或国民收入的增长。经济发展是指随着经济的增长而发生的社会经济多方面的变化，包括投入结构的变化（生产中投入要素比例的变化）、产出的变化（主要表现为产业结构的变化）、一般生活水平和分配状况的变化、卫生健康状况的变化、文化教育状况的变化、自然环境和生态的变化等。

经济增长与经济发展的联系与区别表现在：经济增长内涵较窄，经济发展内涵较广；经济增长是一个数量概念，经济发展既是一个数量概念，又是一个质量概念；经济增长是经济发展的动因和手段，经济发展是经济增长的结果和目的。没有经济增长，不可能有经济发展。如果出现有经济发展而无经济增长的现象，那一定是个别的、短暂的、反常的现象，而绝不是一般的、长期的、正常的现象。值得注意的是，尽管经济增长是经济发展的必要的、先决的条件，但经济增长并不必然带来经济发展。

2. 企业增长与企业发展的比较

在企业经济学与企业管理学中,同样存在增长与发展的问题,但很少有对这两个概念进行界定和比较的,在现实中,两者经常混用。但从理论与中国企业管理实践的需求上来看,有必要对它们进行界定和区分。

企业增长与企业发展同样是两个既有联系又有明显区别的概念,但是企业增长与企业发展之间的关系同经济增长与经济发展之间的关系存在明显差异,不能够把经济增长与经济发展的关系简单地套用在企业增长与企业发展之上。

一般地讲,企业增长是指企业利润的增长。在新古典经济学中,企业被定义为追求利润最大化目标的生产函数,利润最大化本身就是一个增长概念。按新古典经济学的观点,企业的一切经济活动只有最终表现为利润的增长才是有意义的,至于企业产值的增长、资产规模的增长、销售收入的增长、市场占有率的增长,等等,它们本身不过是实现利润增长的途径和手段,只有它们能对企业利润的增长或避免企业利润的减少做出贡献时才具有价值;如果它们不能做出贡献,甚至是起相反作用,它们对企业来讲就是没有意义甚至是有害的。

如何判断企业增长?可以用两个指标来衡量,第一个是纵向指标,即企业同过去相比,如果有更大比例的潜在利润变成了企业账面上的利润,则认为企业利润是增长的,因为企业在不同的发展时期,其投入规模、市场结构、产业生命周期阶段等均会发生变化,这使企业的潜在利润会发生变化,因而仅凭账面利润无法判断利润增长是否是真实的增长。第二个是横向指标,即企业与社会和行业相比,如果企业利润的变化使企业资本报酬率与社会平均资本报酬率和行业平均资本报酬率相比的比率是扩大的,那么企业实现了增长。之所以有横向指标,是因为平均资本报酬率并不是固定不变的,它要受宏观经济周期等多方面因素的影响,比如,通货膨胀时,资本报酬率会增高;通缩时,资本报酬率会缩小。

企业发展是指企业盈利能力,或配置资源的能力(包括配置质量与规模),或竞争力的增强,主要表现为企业素质、活力或效率的提升。比如,如果企业资产规模增长的同时,资产结构和资产质量得到了改善,企业盈利能力相应增强了,就认为企业得到了发展。相反,如果资产规模增长的同时,资产结构和资产质量出现了恶化,企业盈利能力减弱了,那么就不能认为企业发展了。人们通常认为企业生产规模扩大了,产值增加了,就是企业发展了,这实际上是一种粗浅的理解。企业发展的标志是企业素质、活力和能力的增强,否则,任何规模的扩大都是没有意义的。比如,郑州亚细亚在取得初步成功后就进行超级扩张,表面上看公司"发展"了,但实际上公司的净利润从来没有超过1000万元,所有连锁分店均在开业之时就出现亏损,终因资金流量枯竭而惨败。

企业增长与企业发展的关系表现在:企业增长是一个数量概念,企业发展既是数量概念,又是质量概念;企业增长是企业发展的目的、前提和结果,企业发展是企业增长的动因和手段。一般说来,没有企业增长就难以实现企业发展;同样,没有企业发展,就难以实现企业增长。如果出现有企业增长而无企业发展的现象,那一定是个别的、短暂的现象,而绝不是一般的、长期的现象。增长与发展的关系从企业战略管理的过程就可以清晰地看出,企业通常是首先确定财务上的增长目标,再确定实现增长目标的一系列战略性措施,比如,培育核心能力、打造强势品牌,这些措施的综合所反映的就是企业的发展,著名的平衡计分卡就是基于增长与发展的这种关系而提出的。

企业增长与企业发展在长期是一致的,在短期则有时是冲突的。在长期,不存在没有增长的发展,因为如果企业在长期没有增长的话,企业发展是没有意义的,股东不会容忍,股东会采取以手投票或以脚踢票的方式迫使企业实现增长,股东容忍的最低企业增长必须是该增长能使企业资本报酬率不低于资本市场平均利率。但是,在短期,企业会出现有增长而无发展或者有发展而无增长,甚至既无增长又无发展的情形。比如,企业在并购当年的盈利水平可能不会增加,甚至减少,但是并购使企业的资产结构或产品结构或企业能力得到了优化,即企业素质得到了增强,只要素质的边际增强大于当年盈利水平的边际减少,企业仍是发展的,短期的盈利损失会在后期得到快速的补偿。

企业在其存续期的不同阶段,增长与发展并不总是同步的,经常是交替间断式发生。存在四种情形:(1)有增长的发展,即增长与发展同时实现;(2)短期没有而长期有增长的发展,即企业为了实现长期的增长,有时要容忍短期没有增长的发展,但这种没有增长的情形必须是短期的,长期必须有增长;(3)没有发展的增长,这又要分两种情形,一种情形是短期增长并不损害长期增长,这种短期增长就是一种净收益,对企业是有利的;一种情形是短期增长损害了长期增长,如果对长期增长的损害大于短期增长的收益,企业会出现净损失,企业应当努力避免;(4)既无增长,又无发展,这有可能是企业同时到了发展和增长的极限,或增长与发展中的一个到了极限而另一个开始衰退,或者两者都开始了衰退,这时企业就要进行重大战略调整。

在弄清了企业增长与企业发展这两个概念的联系与区别后,还有必要简单地讨论一下企业成长的概念问题。在企业文献中,企业成长也是一个使用频率极高的概念,而且由于企业成长是一个拟人化的表述,因而,较之企业增长和企业发展,企业成长更具诉求力。

对于企业成长与企业增长和企业发展的关系,学术界存在两种截然相反的观点:一种观点认为,成长就是发展;另一种观点则认为成长就是增长。之所以产生这种不同,源于对成长内涵的理解存在差异。持前一种观点的人认为,成长既是一个数量概念又是一种质量概念;持后一种观点的人则认为,成长只是数量概念。本书持前一种观点,理由有三:第一,企业成长只是一个拟人化的表述,人的成长显然不仅仅是身高、体重方面的增加,还包括心理、生理、知识、行为、能力等的相应发展和成熟。因此,人的成长不仅仅是一个量的概念,还是一个质的概念。第二,尽管汉语中的增长和发展均可对应于英文中的一个词汇——growth,但是在英文中,当 growth 所指的对象不同时,其含义是不同的。当单指企业的利润、规模或产值等纯数量上的变化时,growth 实际指的是增长;当指企业整体上包括数量、活力、能力等综合因素的变化时,growth 实际指的是发展。当论及企业成长时,肯定是指企业这个有机体由小到大、由弱到强、由稚嫩到成熟的变化。很显然,我们只能说产值增长,而不能说产值成长,即使要说产值成长,也一定是包含着质量含义在内的。只能说规模增长,而不能说规模成长,即使要说规模成长,那也意指资产质量随着资产数量的增加而提高了。第三,在西方企业成长理论的丛林中,成长大多数是与生产率、最优规模、竞争力、能力等质量内涵联系在一起的。

二、企业持续发展的含义与三维特征

什么是企业持续发展,目前在理论界尚未形成公论。国外通常叫 Sustainable Growth,但译成中文有三种译法:可持续增长、可持续成长和可持续发展。国内也有多种提法,如可持续成长、可持续发展、持续发展、长期发展、永续经营、基业长青。从中国期刊网全文数据库中的论文统计来看,以持续发展这一提法最为普遍。但是在国内外提及企业持续发展的文献中,有相当一些是以生态环境保护、社会经济资源持续利用为其概念特征的,与发展经济学中的可持

续发展内涵相同。显然，这与本书中的持续发展是不同的概念。本书中的企业持续发展在内涵上并不包括生态环境这一因素在内，只是在逻辑上与生态环境有关，即企业要持续发展，就不能在国家法律、法规、社会公德允许的范围之外破坏生态环境，否则将遭受惩罚，从而影响自身的发展。

虽然增长、成长和发展是三个有区别的概念，但是在它们前面加上"可持续"或"持续"后，深层含义趋于一致。比如，要想实现增长的持续，就必须通过发展即素质、能力的持续改进才有可能，这与持续发展的内涵基本相同。不过，从中国企业管理现实和企业管理的发展趋势来看，有必要特别强调发展与增长的区别，企业持续发展的提法更具现实意义。持续成长则是一个拟人化的表述，成长这一概念应主要是针对企业的组织属性而言的，因为只有组织才具有生命的某些特征。成长的提法容易产生一个问题，即企业组织变大是成长，变小就不是成长吗？况且现实中的企业毕竟与生命体有着本质的不同。此外，当企业成长到一个很大的规模时，就可能出现一个企业生命体必须拆分成多个生命体才有可能使所从事的创造财富的事业继续延续下去。这时就出现了成长停止而发展犹在的情形。真正说来，持续发展（成长或增长）是指企业从事的经营事业或创造财富的事业的发展，在发展过程中，企业名称、经营范围、经营人员、股东构成、规模大小等均是可变的，有些甚至是可以缩小的。所以，持续成长不如持续发展恰当，尽管成长用得非常普遍。

本书认为，企业持续发展是指企业作为盈利性组织和创造财富的组织，其所从事的创造财富的事业在一个较长期的时间内不断地实现自我超越，由小变大，由弱变强，持续地取得不低于市场平均利润率的收益，持续地满足企业利益相关者的合理利益需求。这一定义的含义是：

第一，所谓企业持续发展实际上是指企业所从事的经营事业或者说创造财富的事业而不是指企业组织的持续发展，是企业的经营事业的总体社会经济价值即盈利能力、创造财富的能力或者说配置资源的能力的不断增长，在事业发展中，企业作为契约集合、生产函数或创造财富的机器，其名称、法定代表人、经营范围、管理系统、所有者和经营者等均是可以变化的，有些甚至是可以缩小的，这些变化往往是经营事业实现发展的途径，不能因为有这些变化就说企业不发展了或死亡了。比如，广东格兰仕集团的名称就出现多次变化，起初叫顺德桂洲羽绒厂，后更名为桂洲畜产品公司，再更名为今天的广东格兰仕企业

（集团）公司；其经营范围从羽绒服装业转为家电业，在家电业，先进入微波炉，再进入空调；公司股东构成也发生了很大变化。显然，这些变化都是为创造财富的事业服务的，是手段和机制，不是目标。由小变大是指经营事业变大而不是指单纯的规模变大，因为在超级竞争条件下，有时规模变小可能对经营事业的发展更为有利；由弱变强是指企业的社会经济价值的提升能力、企业盈利能力或创造财富的能力变强。

第二，企业持续发展具有三个维度的显著特征。一是时间性特征。从投资者角度讲，企业创造财富的事业至少应持续到超过能使投资者收回不低于货币时间价值的全部收益所需要的时间跨度；从全社会角度讲，企业创造财富的事业至少应持续到超过市场中的企业的平均寿命长度。这两条标准应视为持续发展的时间下限，低于这个下限的，就不能说企业实现了持续发展。通俗地讲，企业持续发展意味着企业首先要做"长"。二是空间性特征。企业仅仅长寿是不够的，因为市场中的"小老树"式企业大量存在，尽管"小老树"式企业也有存在的理由，但不是企业持续发展管理的诉求。所谓空间性特征是指，一方面，企业在其存续的时间内，其资本报酬率不低于市场平均利润率（常以资本市场平均利率为准），否则，企业没有获得机会收益，说明企业的资源配置效率低于市场平均资源配置效率，对社会财富的增长造成了帕累托损失；另一方面，企业对资源的配置规模呈相对增大、配置效率呈相对增强的趋势。因此，本书中的企业持续发展不同于单纯的企业长寿。"小老树"式企业固然长寿，却一直很小，故不属于持续发展型企业，这也正是企业持续发展管理要着力解决的一个重要难题。

第三，动态性特征。所谓动态性特征，是指企业的发展具有时间和空间上的延展性，突出地表现为不断地突破发展上限，超越自我，不以牺牲未来更大的发展来谋取现在短期的发展，今天的发展蕴藏着明天的更大发展。

三、企业发展与企业持续发展的区别

企业发展与企业持续发展的区别主要表现在：

（1）比较而言，企业发展是一个相对短期、以当前为基准的概念，而企业持续发展是一个长短期结合的、以从当前开始算起的未来的时间序列为基准的概念。

（2）发展强调的是质和量的变化，而持续发展强调的是发展的继起性和存续性，强调的是从发展的过程与目的的结合上确定企业如何能不断地继起和连续地发展。

（3）发展强调的是通过质与量的变化实现绝对利润量的增长，偏重于会计利润的概念，而持续发展强调的是长期的机会收益的增长，侧重于经济利润。

（4）发展强调的是企业纵向上的改善，即企业与过去相比有改进，而持续发展不仅强调纵向改善，还强调横向改善，即同竞争者相比，所处竞争地位、对市场环境的适应能力等获得了提高。

（5）持续发展强调的是既有发展，又有持续性。

（6）研究的内容有所不同：发展研究的内容主要是企业由小变大、由弱变强、由稚嫩变成熟的问题，而持续发展除了研究发展的这些内容外，还要重点研究发展的持续性，比如，如何突破发展的极限、如何建立动态能力、如何规避企业的风险与陷阱、如何防止企业的崩盘等。

第四节　管理范式的三大变化

企业在不同的市场条件下呈现不同的管理主题，在不同的管理主题约束下，管理范式呈现不同的特征。当管理的主题从效率主题转为持续发展主题后，管理范式出现了三大变化。

一、管理的基本维度：从一维到三维复合

在卖方市场条件下，到处都是盈利机会，企业"稍不留神就会赚钱"，因而，企业所从事的基本上都是正确的事，战略管理与营销观念并不重要，企业通常只关心效率——"把正确的事做好"。尽管创新理论认为，创新是企业发展的不竭动力，但在卖方市场，对微观企业个体来讲，模仿比创新通常更有效，创新一般只具有宏观经济发展上的意义，微观企业个体只需关注成本问题即效率问题，就可以实现持续发展。因此，效率，而不是创新，成为卖方市场条件下企业管理唯一的基本维度。

随着市场形态从卖方转向买方，市场竞争从无竞争变成了超级竞争，企业

只有在特定价值链上的特定战略环节上才能创造价值,实现盈利,因此,企业首先要解决的是如何才能"做正确的事"的问题,即效力问题。由于在买方市场,顾客是市场竞争的最终裁决者,顾客的裁决标准(顾客需求)是不断变化的,因此,企业就必须持续追求"做正确的事"。这意味着企业必须持续地进行顾客价值的创造,从而必须持续创新。因而,创新推进就成为买方市场条件下企业必须持续高度关注的一个基本维度,企业都要致力于成为创新型企业。否则,企业就无法实现差异化,建立竞争优势,摆脱现有竞争,实现成长突破。

从理论上讲,在效力的基础上加上效率,竞争力才得以产生;企业只有具备了竞争力才能在买方市场获得生存和发展。同卖方市场相比,买方市场条件下的企业面临的一个基本而突出的问题是盈利空间日益缩小,微利乃至亏损成为常态,因而直接决定盈利能力的效率问题尽管不再是企业管理的主题,但其重要性不是减弱而是增强了。近年来,品牌、核心能力、专业化、归核化、知识产权、执行、细节等受到学术界和企业家高度追捧,而它们都是以效率为基本诉求的。尽管抽象地讲,创新也是效率提升的重要途径,但微观企业管理层面上的效率所关注的领域、实现方式和管理系统与创新存在很大差异,因此,两者不能相互替代。而且,在买方市场上,效率提升的关键成功因素和实现方式,同卖方市场相比发生了很大变化(比如,品牌、核心能力、顾客资产是买方市场而不是卖方市场的效率实现的基本方式),因此,在管理上,创新推进与效率提升成为同等重要的基本管理诉求,因而效率提升成为买方市场条件下企业管理的第二个基本维度,企业应成为效率型企业。否则,企业无法实现成本的降低。

但是,在买方市场,仅有竞争力,企业依然难以获得持续发展。因为买方市场是超级竞争日益凸显的市场,超级竞争的基本特征是永恒存在和日益增强的高不确定性,这直接导致企业还需持续关注成长安全问题。竞争力与成长安全并非总是一致的关系,竞争力与成长安全的管理范畴存在显著差异,竞争力的提升反而常常导致成长安全的降低。中国近十余年来不断上演著名企业(如新疆德隆、中航油新加坡公司、济南三株、珠海巨人等)的崩盘事件,都是缘于非竞争力范畴或竞争力提升而引致的企业内外部风险与危机的生成。风险问题是伴随着超级竞争而来的、日益凸显的、现代企业管理的基本问题。而且,按照超级竞争理论和委托代理理论,在未来,风险问题对所有企业来说将更加重要，风险的生成空间、生成逻辑、表现形式与管理方式将不断发生新的变化。因此，风险规避，包括风险与危机的识别、驾驭、防范与化解，成为现代企业管理的第三个基本管理维度。企业应成为风险规避型企业，否则，企业将无法获得成长基本安全。

创新推进（Innovation Promotion，IP）、效率提升（Efficiency Promotion，EP）和风险规避（Risk Prevention，RP）共同构成了现代企业持续发展的基本管理诉求，从而使现代企业管理表现出三维的特征（见表1-3）。只有当企业同时实现了这三个基本管理诉求时，企业持续发展才是可以预期的结果，即持续发展的企业必定同时是创新型企业、效率型企业和风险规避型企业，而不是管理时尚制造者们所鼓吹的单一类型的企业。否则，只会产生"流星"式企业、"小老树"企业或"过山车"式企业。

表1-3 买方市场与卖方市场条件下企业管理基本维度的差异

市场形态	基本特征	管理内容	管理目标	管理维度
卖方市场	缺乏竞争 厂商主导 利润丰厚 确定性高	把正确的事做好	效率——企业持续发展	效率提升
买方市场	超级竞争 客户主导 利润稀薄 确定性低	做正确的事 把正确的事做好	效力 效率 竞争力 成长基本安全 企业持续发展	创新推进 效率提升 风险规避

说明：在买方市场，效率只是一个从属于企业持续发展主题的、比持续发展简单得多的管理课题，至少从微观企业管理的层面上讲，效率不再是现代企业管理的主题，尽管它仍是企业的基本管理诉求之一。

二、管理的要素路径：从单点式到全序列式与集群式

在现代市场，所有权结构、治理结构、资本结构、组织结构、企业文化、企业家、组织模式、绩效体系、运营系统、信息系统、战略、流程、惯例、品牌、专利权、渠道、供应链、战略联盟、核心能力、战略资源、战略市场、顾客资产等，无一不对企业的持续发展产生深刻影响，这些要素从功能的维度上无非是解决企业的创新、效率与风险规避问题，它们分别对创新、效率与风险

规避产生不同的边际影响（或强或弱，或正或负），形成了管理要素与三维功能产出的高阶关系矩阵（见表1-4）。现代企业只有对这些要素进行全序列的优化与挖潜，才能同时产生超越竞争对手的创新力、效率提升力和风险规避力，避免成为"小老树"式企业"过山车"式企业或者"流星"式企业。

表1-4 管理要素与三维功能的关系矩阵

优化前的管理要素	功能维度						优化后的管理要素
	创新推进（IP）		效率提升（EP）		风险规避（RP）		
	优化前	优化后	优化前	优化后	优化前	优化后	
产权安排	+/-★	+★	+/-★	+★	+/-★	+★	按竞争力导向的产权安排
治理结构	+/-★	+★	+★	+★	+★	+★	现代公司制的治理结构
绩效体系	+/-★	+★	+★	+★	+★	+★	平衡记分卡绩效体系
企业文化☆	+/-★	+★	+★	+★	+★	+★	企业文化——海尔、华为模式
发展战略	+/-★	+★	+★	+★	+★	+★	发展战略——华为模式
会计系统	-		+★	+★	+★	+★	会计系统——华为模式
审计系统	-		+★	+★	+★	+★	审计系统——华为模式
战略中心型组织	+/-		+★	+★	+/-		基于卓越洞察力的战略中心型组织
流程	+/-		+★	+★	+/-		IPD、ISC、TOM 等
预算	+/-		+★	+★	+/-		全面预算体系
道德系统	+/-			+/-	+/-★	+★	道德系统
企业家	+/-★	+★	+★	+★	+★	+★	三只眼型企业家——任正非、张瑞敏等
运营系统	+/-	+	+★	+★	+/-★	+★	运营系统——GE、海尔模式
市场驱动型组织	+★	+★					市场驱动型组织
学习型组织	+★	+★	+★	+★	+★	+★	学习型组织
信息系统	+	+	+★	+★			IT信息系统
洞察力☆	+★	+★	+	+	+★	+★	洞察力
能力☆	+★	+★	+★	+★	+★	+★	核心能力
现金流					+★	+★	稳定的现金流
资源			+★	+★	+/-★		战略资源
供应链			+★	+★			集成供应链
品牌☆			+/-★	+★	+/-★	+★	强势企业品牌

续表

优化前的管理要素	功能维度						优化后的管理要素
	创新推进（IP）		效率提升（EP）		风险规避（RP）		
	优化前	优化后	优化前	优化后	优化前	优化后	
知识产权			+★	+★	+★	+★	基本专利与核心专利
营销渠道	+/-		+/-★	+★		+/-	营销渠道网络
战略联盟	+/-★	+★	+/-★	+★	+/-★	+★	基于学习、核心能力与声誉的战略联盟
战略顾客☆			+/-★	+★	+★	+★	战略顾客
战略市场			+/-★	+★	+★	+★	战略市场
负债率	+/-		+/-		+/-★	+★	低负债率
法律系统	-		+/-		+★	+★	法律系统
危机系统	-		+/-		+★	+★	危机系统

说明：+：促进；-：抑制；+/-：或促进，或抑制，具体产生何种作用，取决于要素的形态结构；空格：不产生此项功能，或者不是此管理要素所要产生的功能，或者难以通过此管理要素产生此项功能，或者处于中性状态；★：对功能的实现具有强作用，是实现相应功能目标的管理重点；☆：黏性要素，即具有慢变量特征和对企业发展具有激活与链接功能的要素；IPD：集成产品开发；ISC：集成供应链；TQM：全面质量管理；GE：美国通用电气公司；华为：华为技术有限公司；海尔：海尔集团；任正非：华为技术有限公司总裁；张瑞敏：海尔集团CEO。

以风险规避为例，表1-4显示，企业至少有24个管理要素（表1-4最右边一列中标"★"者）能强烈地影响企业的风险状况。由于市场竞争日趋激烈，危机生成的环节和渠道很多，客观上要求企业优化更多的管理要素来抵消风险的增量。为了对付某个潜在的风险问题，企业必须同时启动和优化多个管理要素。如果某一风险环节的管理不到位，就可能成为企业崩盘的导火线，2004年新疆德隆的崩盘即典型案例。因此，现代市场条件下的企业管理是一种要素全序列式管理和要素集群式管理，而不是管理时尚的制造者们以盲人摸象的逻辑所鼓吹的剑走偏锋式管理。

将表1-4的管理要素依据承担的功能定位于如图1-1所示的三维管理图中，我们可以发现，尽管要素众多、形态与功能各异，但必须通过各要素的组合管理从整体上最终使企业同时获得持续发展所需的创新力、效率提升力与风险规避力。因此，现代企业基于持续发展的管理系统呈现多维度、网络型、链条型和板块型特征,其复杂性远非基于卖方市场的企业管理所能比拟。

由于现代企业管理存在三个基本维度,每一个维度的管理都是全序列式的或集群式的管理,因而,现代企业的整体管理必须是全面创新管理(Total Innovation Management, TIM)、全面效率管理(Total Efficiency Management, TEM)和全面风险管理(Total Risk Management, TRM)的共生与统一,即现代企业的持续发展管理是三个维度的全面管理。

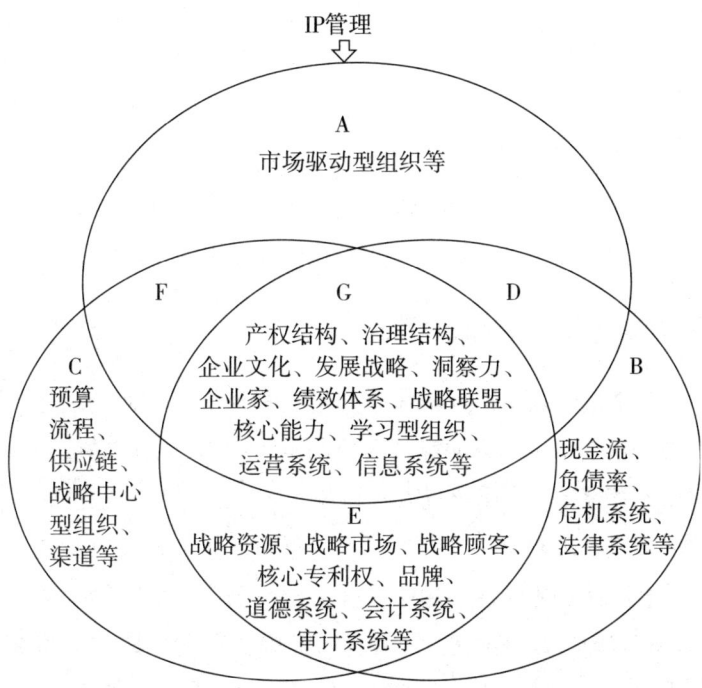

图 1-1 现代企业的三维管理与全序列式和集群式管理

说明:A 区、B 区和 C 区的管理要素承担单一的 IP、EP 或 RP 功能,基本都是容易改变的刚性要素,在管理上容易实现;G 区和 E 区的要素承担二维或三维的 IP、EP 和 RP 功能,其中一些要素是黏性要素,起着耦合 IP、EP 和 RP 的特殊功能,是管理的难点与路径所在。

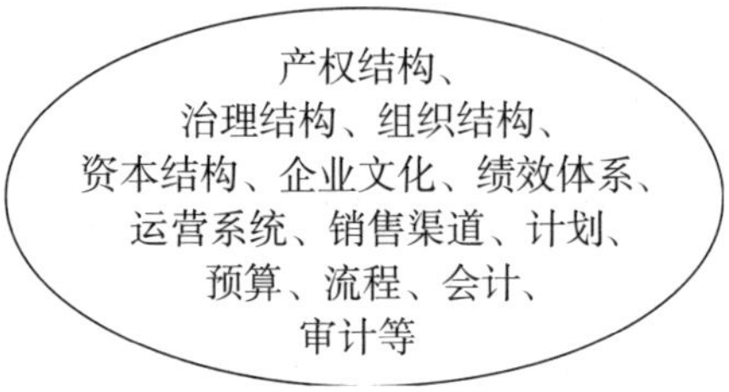

产权结构、
治理结构、组织结构、
资本结构、企业文化、绩效体系、
运营系统、销售渠道、计划、
预算、流程、会计、
审计等

图 1-2　卖方市场条件下的企业管理

与图 1-1 相比，图 1-2 中少了学习型组织、洞察力、企业家、核心能力、核心专利权、发展战略、战略中心型组织、供应链、品牌、危机系统等管理要素，因为在卖方市场条件下，这些管理要素一般不会对企业的发展产生重要影响。如果一个企业把图 1-2 中的管理要素管理好了，那么该企业就表现出了很高的管理水平，该企业就能持续发展。而图 1-2 中所留下的管理要素基本上都是以效率为导向的，故企业的整体管理属于效率导向的一维管理。

三、管理的方式：从刚性到黏性

但是，创新推进、效率提升与风险规避在管理上存在冲突。这是企业持续发展管理的难点所在，而化解冲突、实现共生的关键是实施黏性管理。黏性化已成为现代企业管理的一个十分显著的趋势。

在众多的企业管理要素中，存在这样一类要素，它们具有慢变量特征，对企业的发展具有激活功能和连接功能，因而是使企业发展获得持续性的关键性要素。比如，品牌即这种典型要素。首先，品牌要通过长期的市场洗礼才能形成。品牌形成后品牌声誉一般不会迅速消失，因而品牌具有慢变量特征。其次，当一个企业建立了企业品牌后，该企业的新产品、新业务就拥有了竞争力，甚至一个处于"休克"状态的企业一旦与著名品牌联姻，就可能焕发生机，如海尔的"吃休克鱼"并购，因而品牌对企业的发展具有激活的功能。再次，当一个企业建立了企业品牌后，在企业出现危机或需要战略转型时，品牌声誉能提供企业度过危机、进行变革与转型的时间差，如果缺乏时间差，企业就可能在危机还没有度过、转型还没有完成之时就死去，因而品牌对企业的发展具有连接的功能。这类要素可称之为黏性要素（表 1-3 中打"☆"者），其他的要素则被称为刚性要素。除品牌外，典型的黏性要素还有洞察力、核心能力、企文化和顾客资产等，它们均分布在三维管理图的 G 区或 E 区（见图 1-1），因为它们均能同时影响企业的创新、效率和风险状况，起着耦合创新推进、效率提升与风险规避的功能。黏性要素的特征和功能决定了它们是企业持续发展管理的重点和难点。文献统计表明，正是这些要素自 20 世纪 80 年代初以来开始受到管理学的重视，现在均成为企业管理研究的热点，成为文献分布日益密集的管理问题。一些文献甚至认为企业管理的发展趋势是品牌化管理、文化管理、能力管理、顾客导向型管理等，这实际上反映了企业管理的黏性化趋势。

黏性管理是指有意识地将黏性要素的培育与日常经营管理有机结合，形成良性互动的经营管理。如果在企业日常经营管理活动中，没有黏性要素的培育与成长，这种经营管理就是刚性管理。按黏性程度，可以将企业的管理大体分为三种类型。(1) 黏性管理：各种刚性要素和黏性要素都获得了充分重视，这类企业无论在什么市场状态下通常都会持续发展，典型案例有海尔、华为、万科、联想等企业的管理。正是由于它们在创业之初就一直重视品牌、能力、文化等的培育，所以它们才能从缺乏市场竞争的卖方市场伴随市场的快速转型一直走到今天，依然"笑傲江湖"。(2) 刚性管理：只重视刚性要素，各种黏性要素的建设都处于缺位状态，这是一种基于卖方市场条件和泰勒范式的管理模式。这类企业在卖方市场有持续发展的可能，在买方市场通常会短命或者突然崩盘，或者成为"小老树"企业，典型案例有新疆德隆、济南三株、沈阳飞龙等①。(3) 中性管理：黏性要素的数量和黏性强度处于刚性模式和黏性模式之间，这类企业在卖方市场能获得持续发展，在买方市场通常发展不稳定。显然，追求持续发展的现代企业只能采取黏性管理模式。

---

① 这三个企业均是快速崛起、迅速失败的企业，究其败因，与没有形成强势品牌、健康文化、核心能力密切相关。

第二章 长青企业：一类特殊性质的企业

长青企业是一类经历了市场转型的洗礼获得持续发展的企业，理应是管理转型研究的重要对象。本章要回答的问题是，长青企业是否属于特殊性质的企业以及具有怎样的特殊性质。回答这一问题，一方面是构建超级竞争下持续发展型企业管理理论基础的必需；另一方面又是经济学和管理学的一个盲点，要求必须突破经济学主流范式的禁锢。

主流经济学认为，企业是同质的、静态的生产函数，企业是对市场的替代，企业与市场之间存在一个边界，企业基本的资本要素由人力资本与货币资本两种资本构成。但是，如果真实世界中的企业都是如此的话，就不可能出现长青企业，不可能出现企业的丰富多样性和生老病死、长命与短寿并存的现实。显然，这是一个重大的悖论，本章为解决这一悖论提供了一个经济学分析框架。

本章所获得的结论是，长青企业是一类特殊性质的企业。长青企业所以能跨越不同经济形态而持续发展，原因在于它们获得并不断强化了不同于一般企业的特殊异质性，表现在：（1）长青企业能随市场环境和经济条件的变化而动态地进行生产函数的适应性调整并产生异质的生产函数；（2）长青企业基本的资本要素不仅有人力资本和货币资本，而且有市场资本，这三种资本在长青企业形成了缪尔达尔向上循环积累因果关系；（3）长青企业与市场的关系不是科斯式的单一替代关系，科斯替代部分地被合作和声誉所取代；（4）随着市场形态的演变，长青企业通过形成并不断强化市场资本，使科斯企业边界缩小并在科斯企业边界外生成虚拟边界，两个边界之间构成了对企业发展起保护作用的虚拟企业地带，虚拟企业地带是科斯企业和科斯市场的中间形态，这是长青企业与短命企业的一个重要差异；（5）推动长青企业持续发展的关键要素是组织要素、科技要素、知识要素和市场资本要素，其中市场资本使企业发展获得动态黏性；(6) 长青企业具有不同于一般企业的公司治理结构与方式。动态性、异质性和市场资本是理解长青企业为何得以产生的理论基点。

之所以探讨长青企业的性质问题，基于以下两点发现：

第一，迄今，企业管理学已对企业持续发展问题展开了多角度研究，形成了企业持续发展的理论丛林，尽管在古典经济学中的劳动分工论、新古典经济学中的生产函数论及最优生产规模决定论、新制度经济学中的企业存在及边界决定论、制度变迁理论中的企业成长论、演化经济学中的创新论等理论中，可以找到相关思想的影子，但经济学上的分析还相当缺乏。事实上，现有的经济学理论只能抽象地解释一般企业的一般行为，由于一般企业大多寿命不长、很快从市场消失，而实现了持续发展的企业已经不属于一般企业，因此，用现有的经济学理论还无法有效解释企业持续发展现象。

第二，在一般企业寿命只有7—8岁的情况下[1]，那些百年长青的企业（如美国通用电气公司、可口可乐公司、英荷壳牌石油公司等）经受了不同的经济形态和市场形态的冲击而不表现出企业生命周期规律，因而它们是经济学和管理学难得的研究企业持续发展问题的"活化石"[2]。对于企业持续发展，几个基本理论问题需要唤起经济学至少是主流经济学的重视：长青企业是如何产生的？它们是否是一种不同于一般企业的特殊性质的企业？它们与市场的关系如何？它们的资本构成与一般企业有何不同？长青企业为何通常十分重视品牌、关系、网络等市场资产的建设，十分重视产业和竞争地位的选择？这些问题实际上均涉及经济学的基本理论范式，既有的企业理论还不能予以有效解释。

本章以新古典经济学为基础，结合运用新制度经济学和演化经济学原理，首先简单介绍我国学者唐丰义和房汉廷关于经营力要素的求证[3]，然后，在他

---

[1] [美]阿里·德赫斯：《长寿公司：商业"竞争风暴"中的生存方式》，王晓霞、刘昊译，经济日报出版社1998年版。

[2] 这些企业都经历了经济形态从农业经济到工业经济再到知识经济的转变，经历了市场形态从高度的卖方市场到高度的买方市场的转变，在不同的经济形态和市场形态下，企业的成长逻辑、关键成功因素、企业经营的理念、模式、路径等都是不同的，所以，要想获得对现代企业持续发展管理有价值的理论成果，就必须首先对它们展开研究。

[3] 唐丰义、房汉廷：《经营力：一个新的理论假说》，载《经济研究》，1999年第2期。

们研究的基础上展开进一步的分析，尝试对这些基本理论问题进行合乎逻辑与现实的解释，为持续发展型企业管理提供理论基础。

第一节　经营力要素的求证

唐丰义和房汉廷认为，决定企业经营失败的原因很难从制度缺陷、资源缺陷或技术缺陷这些已被证明和证伪的要素中找到答案。现代经济学虽然比较好地解释了政府失败和市场失败的问题，但它远没有解释清楚经营失败的问题，以至于经济学的分析框架在越来越完善的同时，也迷失了自己作为实用科学的基本方向。为此，两位学者提出了经营力理论假说，以解释企业的失败原因。他们对经营力的求证过程如下。

一、经营力范畴的萌芽

古典经济学（萨伊）的范式：

唐丰义和房汉廷认为，经营力问题早在微观经济学体系构建即将完成的时候就已经引起了一些经济学家的注意。马歇尔之前的古典经济学家通常把生产力要素分为劳动力要素（L）、资本力要素（C）、资源禀赋力要素（R），企业对这三种要素力进行交换和配置，产出相应的物质流量和服务流量，企业的生产函数为：$F(X_1) = f(L、C、R)$。

马歇尔的组织力要素：

马歇尔在研究古典经济学范式时发现，同样的要素投入在不同的组织里，产出能力会出现很大的差异，这种产出增加或产出漏损在古典经济学中并没有得到应有的解释，究竟是一种什么样的要素参与产生的呢？马歇尔发现，劳动力、资本力和资源禀赋力相互之间具有一定的替代性，但决定这种替代性能否在企业中实现，并不取决于劳动力、资本力和资源禀赋力本身，而是决定于一种决定这些"力要素"替代率的组织力。于是马歇尔把组织力（O）作为第四种生产要素纳入经济学理论分析中，相应的生产函数调整为：$F(X_2) = f(L、C、R、O)$，其中 O 是劳动力、资本力和资源力之间的替代率，代表企业的组织力。

二、生产力要素的构成的泛化

在马歇尔之后,经济学对生产力要素的构成进行了更为泛化的研究。经济学家们发现,在同等要素力 L、C、R、O 投入的情况下,由于各要素所包含的科技含量不同,同样产生了漏损,这部分漏损表现在产品或服务中附加价值的多少上,因此,科技力要素(T)被纳入分析的范畴,企业的生产函数相应地调整为:$F(X_3) = f(L、C、R、O、T)$。

到了20世纪90年代以后,世界经济增长的动力源泉又出现了新的变化,原来倚仗的 L、C、R、O、T 资源对经济增长的贡献出现下降的趋势,特别是 T 资源对经济增长的强劲支持作用也开始下降,即拥有科技力要素多的国家或企业并不一定就能取得产出上的优势。比如,在1970年到1980年间,拥有最强科技力储备的美国,在经济发展和经济增长中却输给了日本和欧洲,一个重要的原因就是美国的 L、C、R、O、T 资源特别是 T 资源的转化能力出现了下降。于是,美国率先提出了知识经济新概念。这样,第六种"力"要素——知识(K)开始进入经济学的分析范畴,企业的生产函数调整为:$F(X_4) = f(L、C、R、O、T、K)$。

在六个要素中,L、C、R 属硬性要素(P),O、T、K 属软性要素(I),于是企业生产函数又可表述为 $F(X) = f(P、I)$,即 $F(X) = f(P) + f(I)$。这一生产函数表明,企业在一定时期的产出能力和产出量大小,不仅取决于该期投入的硬性要素的多少,而且还取决于软性要素的多少;企业的边际收益同时取决于 P 和 I 的边际增量。在早期的经济结构中,软性要素所占比重比较少,企业的生产能力基本取决于 P 要素,但在现代企业中,依靠软性要素投入制胜的越来越多,组织力、科技力和知识力的重要性正在不断增强,由此形成的企业形态先后出现了组织集约型、科技集约型和知识集约型企业。

三、经营力的存在

在现实的经济生活中,仍然可以看到,在同样的 L、C、R、O、K 要素投入条件下,企业最后的产出结果依然存在很大差异。显然,这里还有某种"力"要素被遗漏了。这种"力"要素就是"经营力"(M)。唐丰义和房汉廷认为,经营力要素是通过对其他要素的合成过程,进而达到对每种"力"要素的提升或降低的一种综合生产力要素，它有三个特点：（1）贯穿在企业的整个经营过程，使企业的运作表现为一种经营意识和经营行为。（2）经营力是企业对自身未来发展的一种设计力。经营力强的企业，通常会表现为一种卓越的风格。（3）经营力是企业内部与环境相互交换物质、能量、信息的动力。可见，经营力对企业的发展既是一种现实提升力，又是一种未来发展力，是保障企业短期效率和长期效率的核心。因此，在某种意义上也可以这样说：企业之间的竞争实际上是经营力的竞争，好的企业其经营力会在实际运作中不断得到提升，差的企业会在实践过程中不断损失或者丧失经营力。为此，一个完整的企业生产函数应该表述为：$F(X) = f(P, I, M)$。经营力要素对企业产出函数的贡献分散在对每个"力"要素的提升或降低上，而不是一个单独的个量贡献。

在经过了上述求证分析之后，唐丰义和房汉廷得出结论：经营力是企业配置"力"要素中的提升力，是企业综合素质、核心竞争力的反映，是经营者群体对企业结构优化和决策优化产生的生产力。经营力是一种存在于各要素之间的组合力和创造力，它表现出来的是各个生产力块的合力向量。强的经营力是各个生产力块合力的倍加，弱的经营力则可能是各个生产力块合力的倍减。企业的一时成功可能会有各种各样的偶然因素起作用，但企业长盛不衰必然是企业经营力不断提升的结果。同样，企业的一时失败可能会有一些不可抗力发生了作用，但企业的连续失败或失误，究其根源都是经营力不强的结果。

第二节 长青企业的生产函数

唐丰义和房汉廷基本上符合逻辑与事实地对企业生产函数进行了扩展。但是，他们提出的经营力要素与普拉哈拉德（Prahalad, C. K.）和哈默尔（Hamel, G.）提出的核心能力基本是相同的东西[①]，而后者实际上已基本蕴含于 O、T、K 要素中了，因而经营力是否可作为独立的生产要素进入生产函数是

[①] 普拉哈拉德和哈默尔认为，核心能力是组织的一种积累性学识，特别是如何协调多种多样生产技能和如何整合多重技术源流的积累性学识。它至少满足三个标准：第一，提供进入多样化市场的潜能；第二，为最终产品的顾客提供明显的使用价值；第三，竞争者难以模仿。

值得商榷的。本章不把经营力要素视为独立的生产要素，本章要做的扩展是仍然被主流经济学遗漏的重要生产要素。

一、市场资本力要素

随着市场形态的转变和竞争的加剧，企业的经营经历了从生产观念到推销观念再到营销观念的转变，为了实现持续生产，企业的投入结构却被迫越来越偏离生产环节，更多地投向了促销、售后服务、市场网络建设等非生产环节，这是现代企业不同于传统经济时代企业的一个重大转变。随着市场竞争的日益加剧，企业在非生产环节上的投入日益增多，以至于今天许多企业在非生产环节上的投入不仅在全部投入中占据相当大的比重，而且起着关键性作用，事实上，许多企业如可口可乐公司，如果没有长期巨额广告费用的支撑是很难生存的。企业在非生产环节上的投入（如广告费等）显然不能全部归于 L、C、R、O、T、K 之中。企业进行这方面投入的目的不是改变产品生产的方式和效率，而是改变产品的市场交易关系，建立顾客关系资产、市场网络资产等，使关键的市场交换关系得以固化和长期化，这些资产构成了企业的市场资本（Market Capital，MP）。这些固化和长期化的市场交换关系形成了特殊的市场组织，既不同于科斯意义上的纯粹市场，也不同于科斯意义上的纯粹企业，但它既具有企业的性质又具有市场的性质，处于市场与企业的中间状态。

市场资本表现为企业的声誉、形象、渠道关系、市场生态关系、市场网络关系等。市场资本的价值在于能使企业持续获得低成本的 L、C、R、O、T、K 要素，提升产品价格，促进产品销售，使产品价值获得市场实现进而维持生产函数关系的存在，因而市场资本具有生产要素的性质，对企业生产经营活动的正常开展起着保障、支撑和纽带作用。

与其他生产要素不同的是，进入生产函数的不是形成市场资本的原始投入要素，而应是作为企业的一种中间产品的市场资本[①]，因为对企业生产活动发挥作用的是市场资本而不是形成市场资本的那些原始投入要素。市场资本与其

---

① 著名企业的市场资本可达到几百亿甚至上千亿美元，因此市场资本不能等同于 L、C、R、O、T、K 那样全部进入生产函数。至于市场资本在多大程度上进入生产函数则是一个有待进一步研究的问题，完全不进入肯定是一种漏损。

他物质性中间产品不同,它本身并不促使要素和产品形态转换,它的作用在于降低购买其他要素的成本,提升产品价格,促进产品价值最终在市场的实现。与传统的物质性生产要素也不同,市场资本随着使用和维护而不会贬值或出现价值耗损,从而使企业的发展保持良好的空间,使发展保持动态黏性,而传统物质性生产要素随着使用会产生价值耗损。市场资本还具有"通用货币"的性质,可以为不同企业甚至跨行业企业使用并使受用企业提升竞争力,因而市场资本具有巨大的交换价值,比如,在连锁经营中,品牌和关系资源可以作价出资。正是由于市场资本是可以评估和在市场上交换的,可以为企业带来机会收益,因而市场资本可以作为独立于 L、C、R、O、T、K 的生产要素而存在。又由于形成市场资本的成本与市场资本所带来的产出(收益)之间是一种放大的关系(有学者研究发现,在企业形象上花费 1 美元,将可获得 270 美元的收益[①]),而放大的部分是没有包含于 L、C、R、O、T、K 要素之中的。因而当企业在生产经营活动中使用了市场资本时,市场资本就应作为独立的生产要素进入生产函数,企业的生产函数就应调整为:$F(X) = f(L、C、R、O、T、K、MP)$。同样的 L、C、R、O、T、K,在有和没有 MP 的两种企业里,最终的产出大不一样。

市场资本的形成使企业拥有了持久的市场交换关系,从而使生产函数具有动态性,静态的生产函数变成了动态的生产函数。在新古典经济学中,生产函数指的是在技术、市场环境等既定条件下,投入总量和投入结构与产出总量之间的关系,因而新古典经济学中的生产函数反映的是一定时期内总投入与总产出之间的静态关系,并没有考虑投入对产出的历史动态性影响,从而无法解释一些企业的长期动态优势来源。新古典经济学隐含地告诉我们,企业当年的投入即企业当年获得 L、C、R、O、T、K 等要素的支出(包括新投入、折旧费、利息等)。但在现实中,不同的企业在获取这些要素时会采取不同的策略,并不都是采取一次性交换策略,具有远见的谋求持续发展的企业十分重视建立持续交换关系,形成市场资本,这无疑使企业能减少后续年度的投入成本。而且,只要企业的市场资本是持续增长的,企业的竞争力就一般能持续提升,企业发

---

① 转引自周三多、陈传明、鲁明泓编著:《管理学——原理与方法》,复旦大学出版社 1999 年版,第 80 页。

生市场危机的机会就会减少,企业就能持续地在市场上实现产品价值,拥有市场资本的企业即使出现管理和经营上的危机,企业也会利用市场资本的黏性作用实现蜕变,因而市场资本的引入使企业生产函数具有动态黏性①。

二、产业盈利水平

新古典经济学中的生产函数是以产业既定和无差异为假设前提的,但在现实中,企业的产业调整是一个十分普遍的现象,这是因为企业在不同的产业以及产业中的不同位置(产业内不同位置所要求的生产力要素的差异有时会大于不同产业之间的生产力要素间的差异),其潜在盈利水平是不同的。由于产业是企业可以选择的,它影响的是企业全部生产要素的产出水平、企业的生产函数关系,因而产业盈利水平应当在生产函数中得到反映,但它与其他要素不同,不能作为独立的生产要素进入生产函数,因为产业条件不是一种投入。当把产业条件也考虑进去时,企业的生产函数就被调整为:$F(X) = dF(L、C、R、O、T、K、MP)$。d 主要反映产业的盈利水平。当持续地 d=0 时,表明产业已到了生命周期的终点,企业的产出为 0,企业如不进行产业转移就会失败;当持续地 d=1 时,表示产业的资本报酬率等于资本市场平均利率,这时生产函数就变成 $F(X) = F(L、C、R、O、T、K、MP)$,与新古典经济学中的生产函数表达式相同;当持续地 d>1 时,表示产业资本报酬率高于资本市场平均利率,这时会吸引新的投资者的进入;当持续地 0<d<1 时,表示产业的资本报酬率低于资本市场平均利率,企业只有通过提高企业的生产率弥补产业劣势才有可能避免经济亏损。以上四种情形在现实中都是存在的,它们会对企业的发展带来不同的影响,新古典经济学所描述的仅仅是其中的一种情形,并撇开了产业因素的影响。

第三节 长青企业的异质性、边界与资本构成

扩展的生产函数告诉我们,如果企业选择一个潜在盈利水平高的产业,且

---

① 同时,企业建立的各种内部资产也会对长期性产出产生影响,如专用性设备、惯例、企业文化等。企业过去投入对现在产出之间的历史影响十分复杂,很难进行定量分析,无法在生产函数中得到反映,只能作为一种重要的遗漏而存在。

具有适应该产业的 O、T、K 要素，就能提升 L、C、R 要素的产出率；当企业拥有了 MP 要素后就能持续低成本地获得 L、C、R、O、T、K 要素，同时提高 L、C、R、O、T、K 要素配置的结果——产品或服务的市场价值。

然而，经过扩展的生产函数却出现了不同于传统生产函数的性质，表现在：第一，突破了新古典经济学关于企业的同质性假设前提，纳入了企业的异质性事实；第二，突破了企业仅仅是对市场的替代、企业与市场之间只存在一个边界这一科斯范式的解释，承认了还存在隐形边界这一事实；第三，突破了正统经济学关于企业资本仅由人力资本和货币资本构成的主流观点，认为还包括市场资本。这些都是关系到经济学基本理论范式的重大理论问题。

现将这三点突破进一步分析如下：

第一，突破了新古典经济学关于企业的同质性假设前提，承认了企业的异质性事实。

唐丰义、房汉廷对 O、T、K 的扩展以及本章在其基础上的进一步扩展，反映了企业生产函数是随着经济形态和市场形态的变化而变化的客观事实，更为重要的是，生产力要素的扩展使人们对市场中的企业为什么出现不同的命运提供了从经济学上进行系统解释的可能。

新古典经济学初创时期的经济形态处于工业经济早期，市场形态是卖方市场，劳动、资源和资本等简单的物质性要素就能维持企业生产经营活动的正常开展，其他非物质性要素（软性要素）的作用十分有限，因而，企业的生产函数可简化为：$F(X) = F(L、C、R)$。由于 L、C、R 的异质性通过要素市场的购买行为可以很快得以消除，企业间的相互模仿也容易进行，不能通过购买行为和模仿行为进行消除的无形资源较少，因而不同企业基本上可以视为同质企业。正是在这种前提下，企业被抽象为一个专业生产者，企业的行为被抽象为完全同质的最优化行为者[1]，而且，这样抽象的好处是有利于经济学家们论证"看不见的手"的原理，从而逻辑地认为价格是资源配置中唯一有效的协调机制。但是，这种抽象随着市场的变化越来越显示出与现实的冲突性，无法有效解释为什么有的企业能持续盈利、基业长青，而有的企业却很快被市场淘汰出

---

[1] 刘刚：《企业的异质性假设——对企业本质和行为基础的演化论解释》，载《中国社会科学》，2002 年第 2 期。

局。为了求解理论与现实的冲突，经济学家们通过不断地引入新的生产要素，特别是一些软性生产要素，对新古典厂商理论进行修正。但是，由于软性生产要素一般具有形成的路径依赖性，较难以模仿和从公开市场购买，因此，软性生产要素的引入意味着新古典经济学承认并纳入了企业异质性事实。由此带来的结果是，较好地使新古典厂商理论更符合真实的世界，但同时也否定了新古典厂商理论的企业同质性假设的逻辑前提，也就承认了"看不见的手"在调节资源配置方面并不总是灵验的、也不是唯一的方式、真正的市场均衡是不可能实现的这一系列现实。因此，可以认为，软性生产要素的引入实际上是新古典经济学厂商理论的新发展，从而为解释一种不同于其他绝大多数企业的特殊异质企业——长青企业为什么得以出现，扫清了存在于新古典经济学中的理论障碍。

第二，突破了企业仅仅是对市场的简单替代、企业与市场之间只存在一个边界这一科斯范式的解释，承认了长青企业与市场之间还存在隐形边界的事实。

这一突破是由于市场资本要素的引入产生的。因为在正统经济学中，生产函数中的生产力要素都是企业的内部要素，或通过简单交易就可以获取的外部要素，企业事实上是一个黑箱，由这些要素决定了企业的实体边界（科斯边界）。但是把市场资本要素加进企业生产函数后，意味着科斯企业边界发生向内位移，而在传统的科斯企业边界之外出现了新的边界，科斯边界与新边界之间的部分由原属于企业内部的一部分交易和原属于市场的一部分交易构成。或者说，由于市场资本的存在，新古典经济学中的企业边界（包括实体边界和虚拟边界）要大于科斯意义上的企业边界（见图 2-1）。由市场资本生成的企业新边界是一种隐形的或虚拟的边界，本章称为隐形边界或虚拟边界。科斯边界与虚拟边界之间的部分通过市场资本力实现控制，是科斯企业与科斯市场的中间过渡形态，称为企业的虚拟企业地带，它为企业提供稳定的资源来源和利润来源。因此，虚拟企业地带的有无和大小加剧了企业竞争力和经营绩效的差异，从而导致企业不同的命运。这表明，如果企业的边界简单地决定于交易成本的边际比较，那么企业不会长青，从而隐含地表明，企业的发展状态不同，其边界状态必定不同，企业的边界状态反过来影响企业的发展质量。

虚拟边界建立的机制是：市场资本是企业有效调动市场资源的权力，而此权力之所以被市场接受，是由于企业通过长期的经营而形成了对市场的公开承诺（品牌、关系等），使市场相信从企业那里既能获得独特的价值，又能减少交易费用，又由于独特价值是稀缺的，因此，当市场（如客户、供应商）相信能从企业长期低成本地获得独特价值时，就与企业建立了稳定的信任关系，一部分市场就成为企业资源的稳定来源。此外，随着企业的发展壮大，为了减少组织内的交易成本，企业通过签订较长期的市场契约（外包、战略联盟等组织形式）而形成稳定的交易关系，使企业实现组织规模相对于业务规模的缩减，缩减的部分以一块相对稳定的市场领地形式存在。这两部分市场就构成了企业的虚拟企业地带。长青企业与市场的结构关系可用图2-1表示。

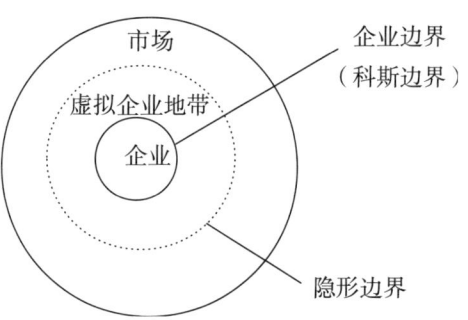

图2-1 长青企业与市场的结构关系

从以上分析可知，长青企业一定不是单一的对市场的替代，随着市场形态的演变，卖方市场条件下的"替代"越来越多地被合作或声誉所取代，即长青企业=替代+合作+声誉。

第三，突破了企业基本资本要素仅由人力资本和货币资本构成的正统经济学观点，认为还包括市场资本。

将扩展的生产函数中的各种生产要素进行归类，长青企业的生产函数又可表达为：$F=df$（人力资本、货币资本、市场资本）。市场中的任何企业都必须有货币资本和人力资本，但有的企业拥有市场资本，有的企业缺乏市场资本。从市场资本的作用机制来看，没有市场资本或市场资本极少的企业是难以持续发展的。因此，企业要实现持续发展，市场资本虽然不是充分条件①，但至少

---

① 企业管理都是大数管理，企业可持续发展不存在充分条件。

是关键的和基本的必要条件。

货币资本和人力资本与市场资本之间存在缪尔达尔循环积累因果关系结构。① 假设产业条件既定，那么，货币资本和人力资本与市场资本的关系是：市场资本是人力资本与货币资本联姻（合约）的产出，一旦市场资本产生，就成为企业资本家庭中的三个不可分割的成员中的一员，并且对人力资本与货币资本联姻的稳定性起到保证作用。没有市场资本，货币资本所有者与人力资本所有者就不能看到企业的发展前景，它们的联姻就面临破裂的可能，带来的结果是企业衰退甚至死亡。货币资本与人力资本组合的改良能带来市场资本的改良，而市场资本的改良必然使企业能获得更好的货币资本和人力资本，导致人力资本与货币资本组合的改良。这种循环可以不断进行下去，而且是积累性的。这里的循环有向上循环和向下循环两种情况，前者导致企业持续发展，后者导致企业衰退和失败（见图 2-2）。

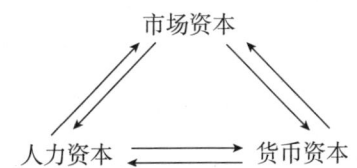

图 2-2 长青企业资本构成及缪尔达尔循环积累因果关系

现在一般认为企业基本的资本要素由货币资本与人力资本构成。周其仁认为企业就是人力资本与货币资本的特别合约。②魏杰认为现代公司治理结构就是关于人力资本与货币资本如何界定。③ 但是，长青企业基本的资本要素还包括市场资本，它并没有被货币资本和人力资本完全包含，甚至有可能超过货币资本与人力资本的价值之和。这表明长青企业存在与一般企业不同的资本结构，从而治理结构和治理方式也不同。

三种资本理论与企业战略管理理论中的利益相关者论完全一致。按战略管

---

① 丁冰：《现代西方经济学说》，中国财政经济出版社 1995 年版，第 279—281 页。
② 周其仁：《市场里的企业，一个人力资本与非人力资本的特别合作》，载《经济研究》，1996 年第 6 期。
③ 魏杰：《企业制度安排》，中国发展出版社 2002 年版，第 172—174 页。

理理论，企业最重要的利益相关者分别是股东、员工（包含高层管理人员）和顾客，企业要想实现持续发展，就必须使这三个利益相关者获得满意，解决他们之间的利益冲突及由此产生的机会主义行为。由于股东是货币资本的出资者，员工是人力资本的出资者，顾客是市场资本最核心和最重要的出资者，因此，三种资本理论表明公司治理的协调对象不再仅是货币资本和人力资本，而是货币资本、人力资本和市场资本。

第三章　企业持续发展的生成机理：LCT 模型

学界对企业发展问题的研究已形成流派纷呈、观点紊杂的格局，但对企业持续发展的生成机理却鲜有专门的研究。研究这一问题十分重要，因为它可以使我们系统地知道超级竞争下到底有哪些主要因素通过怎样的角色和途径决定企业的发展状况，有助于揭示持续发展型企业管理的范式特征，知道各种企业发展理论的价值和局限性以及各种理论间的相互关系，实施对企业持续发展主题更有针对性的和健康的管理，而不是像一些理论所宣称的那样剑走偏锋。

本章基于系统、动态、多元的视角和企业经营管理的现实，通过海尔案例的实证性分析，揭示了持续竞争优势四面体协同成长（T）—创新力与控制力动态效率统一（C）—学习能力演进（L）的企业持续发展生成机理模型，即从时间上，企业必须不断地推进学习能力、创新力与控制力效率统一和四面体的动态演进；从空间层次上，企业管理者必须通过把企业塑造成学习型企业以建立强大的学习能力，获取创新活动与控制所需的知识和信息，提高企业和个人的理性度，以实现创新力与控制力的效率统一；企业的创新活动与控制必须以持续竞争优势四面体的成长为导向和抓手，其结果是四面体动态地实现由小到大、由不规则到规则的演进，创新力与控制力实现动态效率统一，企业总是表现出竞争优势，实现持续发展。如果在管理活动上割裂它们，就不会有企业持续发展的管理效果；只有把握了三个机制的层次性和关联性，才能做到各种经营管理活动的协同。

四面体成长管理、创新力与控制力动态效率统一、构建学习型组织共同决定企业建立持续竞争优势、获得发展的动态性和基本安全，是持续发展型企业管理的基本思维和现代路径。

第一节 企业发展的理论丛林与管理时尚

本章之所以专门探讨企业持续发展的生成机理，基于对企业发展研究的以下三个发现：

第一，企业发展理论呈现流派纷呈的现象，这些理论各执一是，都宣称找到了企业成败的决定性因素。比如，产业吸引力论、核心能力论、资源论、企业文化论、创新论、制度论、学习（知识）论、品牌论、素质论、活力论、智力资本论等，这些都是企业管理学目前研究的热点，均在企业发展理论中占有一席之地。显然，这些理论其实都只是指出了"大象"的一个部位，只有当各个理论所指出的"部位"依照"大象"的结构装配且能彼此协同起来，才能造就一个充满活力的"大象"。因此，需要揭示这些理论之间的内在关系，以便更有效地指导管理实践，使管理简单化。而揭示它们之间的内在关系的有效路径，就是先揭示企业持续发展的生成机理，即"大象"的结构和协同机制。

第二，由于企业的成功只有必要条件没有充分条件，企业的管理都是大数管理，因此，随着竞争日益激烈，企业实现发展的持续性的难度越来越大，企业的失败就常常表现为一种一般企业都难以避免的必然的趋势，这就为管理时尚的兴起和对管理知识的炒作提供了便利，管理的时尚化趋势日益明显，即新理论、新观念、新概念不断涌现，而其寿命周期却越来越短，像时装一样推陈出新。这就需要学界关注基础管理问题，对于超级竞争条件下的企业来讲，欲使其实现持续发展和对其展开纵深研究，就需要首先揭示企业持续发展得以生成的内在机理。

第三，迄今，尽管学术界对企业持续发展进行了多角度研究，提出了许多理论，却鲜见对企业持续发展生成机理的研究。如果在揭示企业持续发展生成机理的基础上提出企业管理的理论、方法和路径，可能更具有可靠性。同时，由于企业是非线性交互作用的复杂巨系统，企业发展的持续性问题既要从局部的、单一的角度进行研究，更重要的是要采取基于系统的、整合的、动态的、多元的和企业经营管理现实的研究。从单一的、局部的角度所获得的研究结果通常只能从某个角度对企业发展做出解释，或者既容易证实又容易证伪，如能力论、产业分析论，或者是基于结果的判断导致难以与管理实践有效对接，如基于结果的创新论、活力论、素质论，从而使单个的理论虽然具有很强的诉求力，其应用价值的局限性也十分明显。

第二节 企业持续发展的生成机理：以海尔为案例

海尔集团是国内最具典型性的持续发展的企业之一。从1984年张瑞敏上任青岛日用电器厂厂长到2002年，海尔的年销售收入年均增长70%以上；此后，海尔的年增长率有所放缓，但仍保持持续增长状态，连续两年荣登中国最有价值品牌排行榜第一名，2003年成为我国唯一一家进入世界最有价值品牌排行榜100强的企业，2005年荣居"中国十大世界级品牌"榜首；2007年，海尔品牌价值达到786亿元，全球营业额达到1180亿元。海尔一直是被学术界广为研究的企业，然而，对海尔的研究基本都是从局部某个角度进行的，对海尔持续发展的内在机理鲜有研究。

本章依据持续发展原因的易见性，先从外显层、中间层和内含层三个层次上分别对海尔持续发展的机理进行动态分析，再打通三个层次上的机理之间的关系，从而在时间和空间两个维度上揭示出海尔持续发展的生成机理。

一、外显层机理：持续竞争优势四面体成长演化

海尔所呈现出来的全部经营管理尽管千变万化，但基本上可以归结为四个方面：市场权力、产业平台、制度平台和核心能力。

市场权力。市场权力是指企业具有的使市场利益相关者产生预期行为与效果的力量，是企业对市场的公开价值承诺。张瑞敏上任之初通过零缺陷管理、质量经营、砸毁有缺陷的冰箱、与利勃海尔合作并打利勃海尔的牌子、推行OEC管理等举措，使海尔于1990年获中国家电业唯一驰名商标，在同行业产品普遍降价的风潮中，海尔却能上涨12%而不影响销售量。到了多元化战略阶段，海尔进一步改进品牌管理，通过ISO9001认证、星级服务、创造市场等举措，使海尔的品牌地位进一步提升，加上海尔的市场网络的不断完善与日益发达，使海尔对客户的支配力量日益提升，同时海尔经营规模的扩大又必然提升对所有市场利益相关者如政府、供应商、银行等的权力地位。从海尔在全国许多地方能较市场价低得多的价格获取土地使用权、海关为其提供特殊通关便利、长期能获得政府特殊支持等

来看，海尔的市场权力非一般企业能比拟。到了国际化战略阶段，海尔在多个国家和地区特别是美国投资设厂、与美国微软、日本三菱等著名跨国公司合作等举措，无疑都扩大了海尔的影响度，扩大了海尔的资源利用空间等。到了全球化品牌战略阶段，在每一个国家的市场创造本土化的海尔品牌，海尔已跻身世界级品牌行列，其影响力正随着全球市场的扩张而快速上升。

产业平台。产业调整、优化与提升长期是海尔经营管理的一个主旋律。张瑞敏上任青岛日用电器厂厂长之初，在产业方面的第一个举措就是放弃洗衣机生产，转产电冰箱。当电冰箱成为名牌并建立市场领先地位、企业资源与能力得到夯实后，海尔开始相关多元化。当多个产品系列分别进入市场领先地位后，海尔开始无关多元化，进入生物工程、家居、金融服务业等领域，获取规模经济效应、范围经济效应和财务经济效应。

制度平台。现在理论界对海尔主要有两点担心，一是其产权问题；二是张瑞敏的接班人问题。在这两个问题还没有真正浮出水面的24年里，海尔在制度平台的优化方面是颇有建树的，其制度平台优化除了较早建立现代公司制度和公司治理结构外，最为突出的是企业文化的不断改进与提升，形成了典型的创新型文化、效率型文化（执行型文化）和风险规避型文化的统一①，以及不断优化以管理制度为基础的营运系统，如三工转换、市场链、OEC、全员SBU、人单合一等②。海尔制度平台的优化总体上是通过强大的管理创新实现的，三工转换、市场链、OEC在一般企业极难实施，而在海尔却效果卓越。

---

① 闻学：《超级竞争条件下企业文化的功能维度及整合模型探析》，载《科技进步与对策》，2007年第7期。
② 三工转换，指全体员工分为优秀员工、合格员工、试用员工三种，分别享受不同的待遇，并根据工作业绩和贡献大小进行动态转换，全厂公布。市场链，就是要使外部市场目标转化为内部目标，把内部目标转化为每个人的目标，把市场链完成的效果转化为每个人的收入。说到底，市场链就是要把外部市场压力转化为内部市场压力。OEC，O代表Overall，意为全面的；E代表Everyone，Everything和Everyday，意为每个人、每件事和每一天；C代表Control和Clear，意为控制和清理，其含义是全方位地对每个人每一天所做的每件事进行控制和清理，做到"日事日毕，日清日高"。"OEC"管理法由三个体系构成：目标体系→日清体系→激励机制。全员SBU，每个员工都是一个战略经营单位。人单合一，"人"，就是"自主创新的SBU"，"单"，就是"有第一竞争力的市场目标"。"人单合一"是全流程的模式。"人单合一"贯穿于企业经营的"创造订单""获取订单"和"执行订单"的全流程。

核心能力。海尔通过设立中央研究院、与市场外部组织（大学、科研机构、跨国公司等）合作、创办海尔大学等，为海尔技术创新能力的提升和独特知识的获取提供更高的平台，有助于形成市场运作、产品开发等方面的核心能力。从海尔长期连续获得国家科技进步奖到2007年累计申请专利7883项（其中发明专利1736项）来看，海尔应该具备了较强的技术创新方面的核心能力。

那么，海尔打造市场权力、产业平台、核心能力和制度平台客观上能带来什么效果呢？

我们发现，市场权力、产业平台、制度平台和核心能力可以形成一个特殊的持续竞争优势核心慢变量矩阵（见图3-1）。同时，四个慢变量之间的协同作用可形象地表述为四面体形关系结构（见图3-2），而四面体关系结构里包含了竞争优势得以持续的内在逻辑。

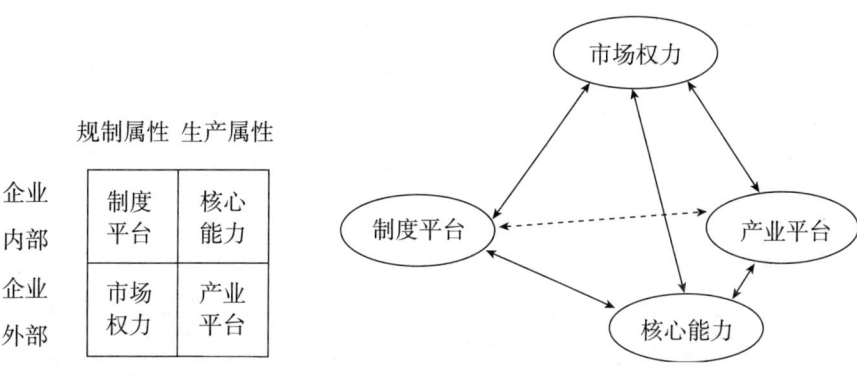

图3-1　持续竞争优势慢变量矩阵　　图3-2　持续竞争优势四面体形结构模型

（1）产业平台、制度平台、核心能力和市场权力涵盖了企业的生产属性和规制属性，扩展并结合了竞争优势基于规制与生产两个属性的内生论和外生论，它们均是影响企业持续竞争优势的慢变量因素，亦即，海尔的竞争优势不仅来自外部环境，而且来自内部条件，同时以慢变量因素为支撑。当它们同时具备且彼此对称形成一个类似于正四面体形的支撑关系结构时（见图3-2），企业在市场竞争的湍流中最稳定。①

（2）产业平台、制度平台和核心能力构成了企业经营管理的"金三角"。

---

① 企业要持续发展需要发挥人力资本的作用，表面上看四面体没有包含人力资本，实际上人力资本的行为和价值已经涵盖于制度平台和核心能力中了。

动态地看，它们相互作用，共同创造企业的社会经济价值，产生市场权力。企业竞争优势最显见的表现就是市场权力，市场权力越大，表明企业对外部市场的规制力越强，企业发展就会越稳定。而市场权力消失，产品就不能获得市场实现，外部资源就会获取更难或成本更高，从而企业的发展就不能实现，因此市场权力是企业发展状况的晴雨表。市场权力一旦产生，将为企业发展带来资源优势和现金流，促进产业平台、制度平台和核心能力的发展，使企业的竞争优势得以持续和进一步增强，形成缪尔达尔良性循环。产业平台、制度平台、核心能力和市场权力之间存在六个相互增强或增弱的环路，其中一个要素出现故障，就会影响其他要素，它们之间的协同作用决定企业竞争优势的强度和持续性。

（3）四面体的一个特殊作用，在于为企业局部蜕变或度过市场危机提供缺位支撑机制，即当企业存在某方面缺陷需要进行突围或发生市场危机时，四面体的其他方面可以支撑企业在突围期间正常运转，创造了突围的时间差。由于现实中的企业在长期发展过程中，不可避免地要进行包括产业、制度、能力等在内的各种局部蜕变和克服各种市场危机，因而缺位支撑机制不可缺少，否则，企业就会"一步输步步输"，即其中一个方面出现问题就会对企业发展产生很大甚至致命性的影响，这正是某些企业的竞争优势不仅强大而且能持续的奥妙所在。比如，美国 GE 公司从电气行业进入无关联的金融服务业，如果没有原来的市场权力和制度平台的支撑，这种缺乏新进入行业核心能力的产业调整势必难以成功，GE 就会出现发展的大起大落。又比如，海尔兼并武汉冷柜厂，兼并前武汉冷柜厂的产业平台、制度平台、核心能力和市场权力几乎处于零状态，兼并后成立的公司首先是凭借海尔的市场权力即通过向缺乏产业平台、制度平台和核心能力的武汉冷柜厂输入市场权力——"傍名牌"来销售产品的，然后通过不断夯实产业、制度和能力使企业走上持续发展之路。

（4）四面体四个要素的功能各有不同，功能的互补与协同是竞争优势得以持续的又一内在机制。市场权力是打入市场的尖刀和楔子，是竞争优势最直接的表现，是企业发展状况的晴雨表，并给企业带来资源优势，使企业实现满意的市场销售；产业平台蕴藏着企业盈利的潜在空间，好的产业平台使企业具有获取利润的天然优势；核心能力和制度平台保证了企业的技术效率和代理效率，使企业的资源配置富于效率，潜在利润最大限度地变成现实利润。

(5) 四面体是可以成长的。公司成立之初，四面体比较小和不规则，经过以四面体为导向的经营管理，较小的和不规则的四面体就能发育成较大的和规则的四面体，使企业的发展更稳定。在企业发展的过程中，有时由于市场环境的突然变化，原先规则的四面体的某一个或几个核心要素变得不适应，甚至成为障碍，这时如果及时予以调整、修补和完善或者创新，四面体又变得规则起来。因此，四面体成长管理是企业持续发展管理的轴心和导向。

二、中间层机理：创新力与控制力的动态效率统一

迄今，无论是海尔自身，还是研究、宣传或学习海尔的，都公认海尔是通过持续创新获得持续发展的。这可以认为是人们透过经营管理表层对海尔持续发展机理所获得的一个重要结论。

从 1984 年张瑞敏上任青岛日用电器厂厂长至今，海尔实施了一系列大大小小的创新活动，甚至是一种全面创新。[①] 就大的方面讲，一是战略创新，表现为四大战略的顺利推进。在公司发展初期，海尔推行名牌战略，在当时市场上到处是暴利机会的条件下，长期坚持只做冰箱产品，使产品和企业成为名牌，历史地看这是极具远见和十分难得的，颇具创新性。当海尔成为名牌后，推行多元化战略，逐步发展为包括 86 大门类一万多种产品的典型多元化企业。在海尔主导产品已建立稳定的市场竞争地位后，开始国际化战略，发展为在多国特别是欧美等发达市场投资设厂、产品行销 160 个国家和地区的国际化企业，其国际化的实现方式也是独树一帜。为了适应全球经济一体化的形势，从 2006 年开始，海尔集团进入第四个发展战略创新阶段，即全球化品牌战略阶段。国际化战略和全球化品牌战略的区别是：国际化战略阶段是以中国为基地，向全世界辐射，而全球化品牌战略则是在每一个国家的市场创造本土化的海尔品牌。二是技术创新。从 1993 年到 2002 年几乎每年获国家科技进步二等奖，截至 2007 年已累计申请专利 7883 项，显示了海尔持续地具有极强的技术创新力。三是在业务与技术创新的同时和之前，海尔一直不断地推进管理与机制的变革与创新，在 24 年时间内仅先后实施的组织变革就达数十次。在企业内部，从最初

---

① 许庆瑞等：《全面创新管理（TIM）：企业创新管理的新趋势》，载《科研管理》，2003 年第 5 期。

简单的"十三条"发展到包含 OEC、企业文化、三工转换、授权监督、市场链流程再造、全员 SBU、人单合一、卓越运营等在内的综合立体管理，海尔的这些管理措施本身大都极具创新性；在企业外部，海尔不遗余力地推进品牌建设，坚定地主要通过品牌的途径获得强大的市场权力。

从海尔 24 年的经营管理活动很容易发现一条清晰的主线，即海尔创新力的持续增强，由此完全可以得出结论：持续创新创造了海尔的持续发展。但问题是，这个结论实际上是同义反复，因为人们所说的推动企业发展的创新都是基于过程加结果的判断，只有那些能给企业带来商业成功的创新活动才被称为创新，又有谁把那些失败的创新活动称为创新呢？因此，对海尔持续发展原因的这个结论还只是表层的和初步的。一个深层次的问题是，海尔持续创新的动力是如何产生的呢？创新活动的效率、知识传导、风险规避问题和创新价值的市场实现问题又是如何解决的？

如果进行基于海尔创新活动过程的分析，就会发现另一条隐藏的主线，即海尔控制力的持续提升，而且，海尔的创新力与控制力构成了耦合交替演进的动态关系，恰恰是海尔的控制系统为其持续地开展创新活动提供了动力机制（决定企业是否开展创新活动）、平台机制（决定创新活动的效率和知识传导）和保障机制（决定创新活动的风险规避和创新活动价值的市场实现），因为"十三条"、OEC、企业文化、三工转换、授权监督、市场链流程再造、全员 SBU、品牌等都是为了改变企业、员工、顾客、竞争者等的行为，体现的都是控制机制。

海尔的创新与控制是这样耦合互动的：在名牌战略阶段，张瑞敏首先针对企业员工涣散的管理现状推行"十三条"，继而推行 OEC 精细化管理，用了七年时间使企业内部建立了坚实的质量管理的基础，成功树立名牌地位（反映了对市场的控制力），这时海尔建立了对名牌阶段的企业内部和局部市场的控制力，为下一步"再亮西方"的重大创新活动奠定了基础。此后，海尔才开始多元化战略创新。随着多元化的推进，企业组织规模和市场运作规模的扩大客观上需要更大的对内部和市场的控制力，而企业文化、三工转换、授权监督、星级服务、渠道改进等提供了这种控制力。当海尔建立了对企业内部和国内市场的控制力后，海尔才开始国际化战略。在国际化阶段，海尔的组织规模进一步扩张，面临的竞争更加激烈，组织管理风险和市场经营风险空前放大，这时海尔推行市场工资制（SST）、全员 SBU 改造、建立发达的市场网络、谋求政府特殊支持（如特殊海关通关便利）、创办海尔大学、建立战略联盟等措施来控制企业、员工和市场行为，这一阶段海尔的控制力又获得进一步提升。因此，海尔的控制力伴随海尔的发展而持续成长。不难想见，没有控制力的持续提升，海尔的多元化战略和国际化战略将难以成功。全球化品牌战略更是明显地体现出控制力先行和寻求控制力的进一步提升。

海尔的高明还在于其控制的时空纬度、功能、要素形态和方式随内外条件的变化而不断地转型升级，通过许多非正规控制因素实现控制的转型①，它不是将企业控死而是控活，不是将企业控向短期行为而是控向持续发展。比如，对内部的控制方式由总裁行政命令、简单的规章约束、部队化管理转变为战略控制（通过战略的导向性、统帅性、渗透性实现控制）、流程控制、机制控制、文化控制（通过使命、愿景、核心理念的统帅性、渗透性和文化"场"实现控制）和市场化控制（如 SST 流程再造）等的结合，这种转变迫使员工以创造全球化品牌为目的，寻求与这一目标相符合的创造更佳业绩的途径，最后创新活动就成了企业和员工的日常生活与工作，从而使企业的创新性能随企业的发展而不断成长。对市场的控制则是通过品牌声誉效应、战略承诺、网络、市场位置、集群、社会资本结构等实现的。海尔的控制以顾客满意为导向，以创造国际化名牌、进入世界 500 强为目标，由此避免了企业的机会主义行为和短期行为。

对海尔的成功，理论界和企业界通常认为是创新的成功。这个结论没有错，但只是解释了表层原因和部分原因，深层的和同样重要的原因则是控制系统的重构，海尔的成功也是控制系统的成功。一些曾到海尔参观的企业家认为海尔经验学不到，原因就在于海尔的控制力是长期形成的、立体的、多元的和跨越企业内外的，实现了与创新力的效率统一，其不仅卓越，而且已经渗透到了海尔的"骨头"里。

---

① 罗伯特 N. 安东尼（Robert N. Anthony）和维杰伊·戈文达拉扬（Vijay Govindarajan）指出，正规控制系统和非正规控制系统都影响组织中人的行为，正规系统的设计者必须在其设计选择中考虑非正规过程，因为正规机制必须和非正规机制协调一致，以保证有效地实施组织的战略。文化、管理模式、非正规组织、理解和交流等均属于非正规控制因素，某些在组织外部，某些则在组织内部。

迄今，学术界和企业界通常把创新和控制之间的关系视为此消彼长的"跷跷板"关系。但从海尔的实践看，通过控制的不断转型升级，不仅使其获得了风险规避的机制，而且为创新特别是持续创新提供了动力、平台和保障机制。海尔的控制系统又是通过创新的途径实现演进的，因此，创新与控制实际上是耦合互动的关系。

三、内含层机理：学习能力的演进

我国理论界和企业界对海尔成功的原因进行了相当多的研究，但揭示的基本上是相对表层或易于观察的原因，而对学习在海尔持续发展中所起的原动力作用没能做出深入观察。我们按照沃特金斯或圣吉对学习型组织的论述，对海尔的组织行为进行了系统分析，发现海尔是一个较一般企业更具学习能力的相当典型的学习型企业。这个结论的最直接依据是：海尔的各种创新都是以观念创新为先导和统帅的，以观念创新带动和推动业务、管理等创新活动，在获得管理创新后，又为业务创新活动提供了保障，向企业提供更强的创新性。如果不是学习，我们如何解释海尔为什么总是能产生那么多独特的、与时俱进的思想和观念呢？海尔独特的战略创新、业务创新和管理创新所需要的知识来自何处呢？

海尔的学习能力主要表现在：（1）向用户学习。海尔长期坚持"用户永远是对的""视用户的抱怨为最好的礼物"等核心理念，这一理念驱使海尔向用户学习，向用户要创意，使海尔能及时地发现并设法解决企业存在的问题，而发现问题和解决问题是最有效的学习方式之一，体现了海尔的学习力。张瑞敏用铁锤砸毁 76 台有缺陷的冰箱、海尔多功能暖被机等系列小家电的问世等，即出自向用户学习。（2）"干中学"（Learning by Doing）。一是在合作中学习。海尔成立之初即与德国先进企业利勃海尔（Liebherr）合作，以后又与 BASF、Bayer、Carrier、Dow、IBM、LG、Microsoft、Daewoo、Chevron、Basell、日本三洋、台湾声宝等建立了各种形式的合作关系，在欧盟、日本建立了多个联合开发的研究所，客观上形成了一种面对面、"手把手"地传递知识、零距离地了解市场信息的渠道，使海尔能兼收并蓄，不断提升自身的素质。应当说，海尔的成功之路始于学习。二是通过现场和"与高手下棋"来学习。海尔已在美国、欧洲、东南亚等国家和地区投资设厂,在强手如林的发达市场,能形成学习的压力,发现自己的真正不足,吸取经验和教训,能更快地提高自身素质。三是学习与工作融合,学习成为生活的一部分。早在 1989 年,海尔即推行"日事日毕、日清日高"(OEC)管理模式,对当天所发生的各种异常现象在当天就弄清原因,分清责任,及时采取措施进行处理,防止问题堆积;对工作中的薄弱环节不断改善、不断提高,每天寻找差距,以求第二天干得更好。海尔的 5W3H1S 与其说是"日清"体系,倒不如说是一个学习体系。(3)"兼收并蓄+本土化"。张瑞敏曾明确提出:海尔的目标是借鉴西方和日本的管理经验并与中国实际相结合,是要创中国的世界名牌。管理中国企业只能用中国式的管理模式,海尔管理模式的公式是:日本管理(团队意识和吃苦精神)+美国管理(个性舒展和创新竞争)+中国传统文化中的管理精髓=海尔管理模式。这种模式鲜明地体现了创新力与控制力必须统一的管理思想。(4)觉悟。张瑞敏特别推崇"悟"的学习方法,他对"悟"有独到的见解,不仅自己悟,还要求全体员工悟。(5)全员学习。海尔内部有一句口号:只有实现海尔每一个人的国际化,才有可能实现海尔的国际化。由于普通员工具有学习的动力,海尔内部自发地产生了"班前会制度""25 分钟班长制""班长回访制"、6S 优秀典型讲评制等学习形式。(6)互动的团队学习。海尔的"自我管理班组"活动预示了一种新的责任制,它同旧的工作制度明显不同。在"自我管理班组"中,工作涉及的范围较广,小组成员们从一项工作轮换到另一项工作。"自我管理班组"对员工没有直接监督,由小组对员工进行监督和评估,同事们的要求可能比监督人员的命令更有力量。一个雇员,其职业生涯从掌握一项技能开始,为了满足小组的要求还需继续学习其他各种技能。由于工作任务的范围广泛,具有技术或管理才能、有发展前途的员工就能脱颖而出。(7)脱产培训。海尔集团自创业以来一直将培训工作放在重要位置。1999 年,占地 12000 平方米的海尔大学校部落成。海尔把培训提升到很高的高度来认识,过去一般只把员工培训看作成本,而海尔认为,没有培训的员工是负债,培训过的员工是资产,培训关系着员工素质真正实现升级换代的问题。(8)以创新的思维学习。海尔的学习是一种开创性学习,既不是简单的模仿,又不是纯粹的创造,而是创造性模仿和借鉴。在海尔的管理模式中,能清晰地看到许多世界优秀公司的影子,但海尔的模式又与这些优秀企业并不完全相同，而是自成一家。同时，海尔的学习是为了推动和支撑其创新活动。

海尔作为学习型企业的特征：(1) 有一位学习型企业家。著名经济学家于光远说，有学问的企业家称"儒商"，而儒商再进一步研究，提出自己的思想，树立并实践自己独特的理论，收效宏大者，称"商儒"，张瑞敏正是这样一位"商儒"。张瑞敏本身就是一个创新力与控制力的高度统一体，同时又表现出了极强的学习能力。张瑞敏注重"概念先导"，首先进行观念创新，再把新观念转化成员工能够接受的东西并在全公司推行，这样就在全公司形成了对理念的学习。张瑞敏曾说："可以说我每一分钟每一秒钟都没有想别的事，就是想企业的事。""我不敢说是十全十美的，但肯定是合格的，因为我每天都在探索，每天都在突破。"张瑞敏不仅亲自推动全公司的学习，而且由于他在海尔具有极高的威望，体现出明显的制度性特征，这样，他的好学精神与行为必然带动海尔的组织学习。张瑞敏创造的管理系统客观上使海尔的组织学习生生不息，卓有成效。(2) 有一个强有力的学习型控制力系统。首先是有学习型企业文化。海尔企业文化明确地宣示要推倒企业内外两堵墙，视顾客的抱怨为最好的礼物，强调创新，只有实现海尔每一个人的国际化，才有可能实现海尔的国际化，这些必然有利于企业内部形成人人学习的动力和氛围，有利于企业部门之间、企业内外之间的沟通与互动学习，新思想、新观点被埋没或压制的机会减少。海尔长期以来拥抱一个宏大的愿景，以进入全球500强、创世界名牌为目标，这使得海尔存在学习的张力，必须不断寻求自我超越，持续学习。其次是有学习型管理机制，海尔设立了对创新的奖励制度，对先进经验、做法在全公司的传播制度，"日清日高"的问题控制制度，授权监督制度，人事上"赛马不相马"制度，岗前培训制度，市场工资制度（SST），人人都是SBU，等等，这些制度一方面为组织学习和知识共享提供了条件，一方面又形成了员工必须学习的压力和动力。(3) 有学习型硬件平台。海尔创办了海尔大学，建立了必要的联合研发机构、战略联盟、合资合作企业，设立了海外信息中心和用户可直接参与的电子商务平台，等等。

四、海尔持续发展生成的机理模型

海尔的持续竞争优势四面体成长演进、创新力与控制力动态效率统一和学习能力演进分别作用于外显层、中间层和内含层上。这种层次性使企业持续发展的原因能在不同层面上予以解释，这正是企业持续发展理论流派纷呈的原因。持续发展的企业既是四面体不断成长演进的企业，又是创新力与控制力动态效率统一的企业，也是学习能力不断增强的企业。三个层次既然存在于同一企业，就一定存在协同演进的关系。内含层与中间层的关系是显而易见的，因为学习提供了创新与控制所需的知识和信息，决定了创新活动与控制的方向和效率。而中间层和外显层的关系从海尔的全部经营管理活动中也不难发现，海尔的全部创新活动和控制都是围绕产业平台、制度平台、核心能力和市场权力展开的，因此，海尔的创新力与控制力的动态效率统一是通过推动持续竞争优势四面体成长演化来实现的，四面体通过创新和控制获得了动态演进。因此，可以认为，海尔是通过学习、两力统一和四面体成长在时间上的动态演进和在空间上三个层次间的彼此推进最终实现持续发展的。

企业持续发展的生成机理可概述为 LCT 模型（见图 3-3）：从时间上，企业必须不断地推进学习能力、创新力与控制力效率统一和四面体的动态演进；从空间层次上，企业管理者必须通过把企业塑造成学习型企业以建立强大的学习能力（Learning Competence，以 L 表示），获取创新活动与控制所需的知识和信息，提高企业和个人的理性度[①]，以实现创新力与控制力的效率统一（Efficient Coincidence of Innovation Competence and Control Competencce，以 Coincidence 首字母 C 表示）；企业的创新活动与控制必须以四面体（Tetrahedron，以 T 表示）的成长为导向和抓手，其结果是四面体动态地实现由小到大、由不规则到规则的演进，创新力与控制力实现动态效率统一，企业总是表现出竞争优势，实现持续发展。如果在管理活动上割裂它们，就不会有企业持续发展的管理效果。只有把握了三个机制的层次性和关联性，才能做到各种经营管理活动的协同。

---

① 西蒙认为人的理性是有限的，因而不可能做出最优的决策，只能做出满意的决策。

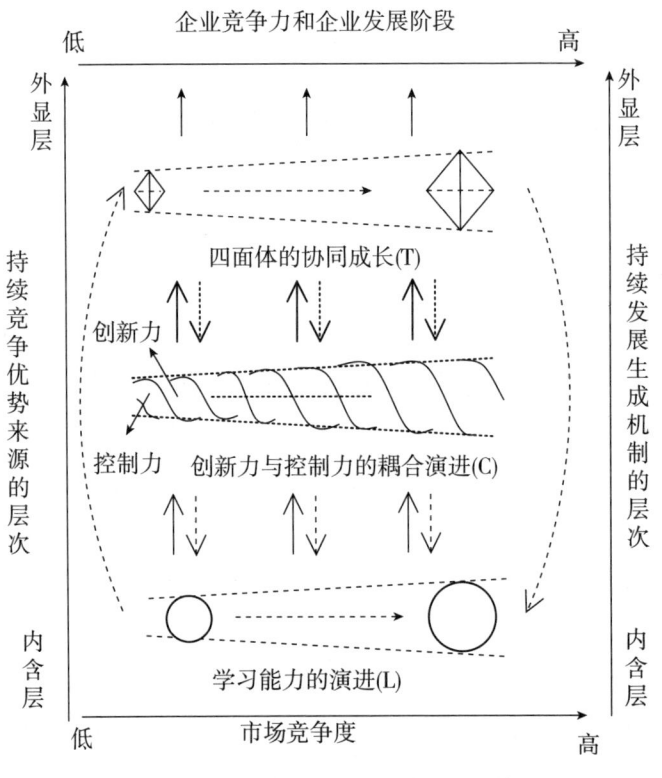

图 3-3 企业持续发展网状生成机理模型

第三节 LCT 模型的理论与实践价值

一、关于企业持续竞争优势的来源问题

海尔的实践使我们对持续竞争优势的来源有了新的启示。提斯（Teece）曾指出："今天在社会科学领域很可能没有什么比破解企业和国家竞争优势之谜更具有野心的项目了。"[①] 海尔的实践表明，要破解持续竞争优势之谜，应首先突破流行的非此即彼的一元论思考方式，改变剑走偏锋式的研究思路。在现代市

---

① 转引自李海舰、聂辉华：《企业的竞争优势来源及其战略选择》，载《中国工业经济》，2002 年第 9 期。

场竞争中，持续竞争优势一定来自复杂而广泛的力量，一定是复合竞争优势和连续竞争优势，即横向有多个竞争优势叠加，纵向不断有新的竞争优势继起，靠单一的竞争优势包打天下最终必然失败。正如斯托克（George Stalk）指出的：竞争优势是一面不断移动的靶子，对于任一行业的任一企业，关键是对其优势资源的理解不能锁定于简单的一点。其次是要寻找影响企业持续竞争优势的各种慢变量。因为在自组织中，慢变量数量相对较少，其影响是长远的，且支配着快变量的影响，慢变量才是持续竞争优势的杠杆解。

新制度经济学和新古典经济学告诉我们，企业是契约的集合，具有规制属性；企业是为了寻求合作剩余而产生的，具有生产属性。因此，从规范的角度讲，持续竞争优势应来源于规制和生产两个方面，而不是非此即彼。现有竞争优势来源理论中最具影响的产业分析理论和核心能力理论不是对立的替代关系而是互补关系，两者结合正好包含了内生的和外生的竞争优势来源。此外，产业分析理论和核心能力理论（普拉哈拉德和哈默尔意义上的）反映的主要是企业的生产属性，而抛开了企业的规制属性，生产属性就无法实现，因为企业最终是靠人来运作和在各种关系中求得生存与发展的。因此，充分体现规制属性的制度要素也是企业竞争优势重要的经常性决定因素，在持续竞争优势的分析框架中，制度也应置于核心要素地位，这一点在西方现有的竞争优势理论体系中并没有予以特别重视，然而对中国企业尤具现实意义。应指出，这里的制度包括一些非显性制度要素，如企业文化、企业家的管理风格①等。

传统理论中的制度规制通常限于企业内部，而现实中的企业的市场目标就是控制市场利益相关者的行为，即要产生外部规制力，它是确保企业获得资源和实现市场交换的机制，这就是市场权力。市场权力决定了企业在市场中的地位、企业所拥有的市场机会及获取和有效利用市场资源的能力、防范和化解市场风险与危机的能力，进而决定了不同的企业市场行为和市场绩效。市场权力体现的是一种对市场的价值承诺，因而是一种规制属性，但它是一种隐性外部

---

① 在现实中可经常看到，企业家管理风格对企业的经营风格和组织行为产生或大或小的影响，在强势企业家领导下，影响更大。

规制。市场权力的存在使企业能够实现持续的市场交换，这是企业得以存续的基础，是竞争优势的市场显现。因此，持续竞争优势的分析框架应包括外部规制力——市场权力。

二、关于企业发展理论的范式问题

在超级竞争条件下，创新获得了企业发展论的"话语霸权"，创新决定论是现代企业发展论的主导范式："可持续竞争的唯一优势来自超过竞争对象的创新能力"（詹姆斯·莫尔斯），"对待创新你必须达到发狂的程度"（杰克·韦尔奇），"不创新就是等死"（汤姆·彼得斯）。然而，市场生态却提供了大量这样的事实：许多企业并非不知道创新的重要性，却缺乏创新精神，如我国的一些国有企业；许多企业尽管创新力很强但仍没逃脱死亡的厄运，如美国铱星公司、安然公司；许多企业恰恰因为开展了创新活动而导致死亡，如我国的三株药业公司、巨人集团；许多企业的创新活动总是要靠外力或企业家的推动，否则，创新活动就停止了。显然，这些现象是无法在创新论的框架内获得有效解释的。

本章表明，创新不是从天上掉下来的，它需要控制提供动力机制、平台机制和保障机制。创新与控制是一种耦合互动的共生关系，是推动企业发展的矛盾统一体，因而应是企业发展理论的两个基石，如果我们抛开控制谈创新，或者因为控制本身也要通过创新来实现演进就把企业发展的动因全部归为创新，那么创新就成了无源之水，我们也就依然无法有效解释企业发展的深层动力学机制。在超级竞争条件下，企业发展更要依赖于创新，同时超级竞争造成的不确定性的增加也使控制更不可缺少，只是要不断转型升级。一个企业要实现持续发展，就必须把握创新与控制的共生关系，努力实现创新力与控制力的动态效率统一，这应成为超级竞争条件下企业发展理论的新范式和企业创新管理的新思路。

三、关于企业持续发展理论丛林的整合问题

在对LCT模型进行结构分析后，我们发现该模型涵盖了企业持续发展理论丛林的大部分流派，包括核心能力论、品牌论、产业分析论、制度论、企业文

化论、创新论、控制论、学习论、知识论。因此，LCT 模型实际上是企业持续发展理论丛林的整合模型。这一模型表明，企业要获得持续发展，就必须实行系统管理和协同管理，那种剑走偏锋式的理论观点只能解决企业持续发展的某个局部问题，每一个理论流派都是有局限的，因而企业持续发展管理从长远看一定是系统管理和协同管理。

第四章　企业持续发展的管理思维：从创新转为创新力与控制力的统一

发展持续性是企业持续发展的基本特征和主要挑战，本章要解决的问题是，针对超级竞争的特征和现有企业发展理论范式，即创新论范式的缺陷，建立以企业发展持续性为诉求的管理新思维与理论范式。

企业持续发展与企业增长和企业发展不同，它既要解决发展问题，又要解决发展持续性问题，因而要求不同的管理思维与理论范式。企业要解决增长或发展的问题，基本上靠创新即可，其理论范式是创新决定论，但是企业要获得发展的持续性，不仅要靠创新，而且要靠控制。一直被学界忽视的一个关键点是，创新对宏观经济整体发展与微观企业个体成长具有明显不同的影响。企业个体的创新不论成败，都对宏观经济整体发展起促进作用，而对微观企业个体成长则有促进或促退两种截然不同的影响，因此，单一的创新论范式对宏观经济整体的持续发展而言基本上是有效和可靠的，而对微观企业个体的持续发展则是不确定的，从而不能简单地认为企业持续发展决定于创新。在超级竞争条件下，企业持续发展的管理思维是创新力与控制力的动态效率统一，创新力为企业提供发展的动力，控制力为企业发展的持续性以及企业的创新提供保障。两力统一论是对企业发展理论与企业失败理论的高度概括，是一个超越创新论范式的、难以证伪的、可以同时解释企业成功与失败的、彰显超级竞争特征和企业发展诉求与发展持续性诉求的理论新范式。两力统一是健康管理最显著的特征。

企业持续发展与企业增长和企业发展不同，它既要解决发展问题，又要解决发展持续性问题，发展持续性是企业持续发展的基本特征和主要挑战。关于如何实现企业发展的持续性，管理学似乎已有明确的答案，那就是创新。但现实是，那些迅速失败的著名企业基本都是创新型企业，单一依靠创新推动的持续性管理给企业带来的常常不是持续发展，而是高成本垮台。曾出版被评为"影响中国商业界的 20 本图书之一"的《大败局》的作者吴晓波（2007）在《大败局Ⅱ》（2007 年）中指出，"在任何一个商业社会中，成功永远是偶然和幸运的，而失败无所不在。商业，就本质而言，是一个关于幸存者的游戏；对企业家来说，失败者则是职业生涯的一部分。失败往往伴随着伟大的创新和冒险。从某种意义上说，正是燃烧在企业家内心的那股不甘平庸的勃勃野心，在一次次地颠覆着陈旧的秩序，掀起并发动了商业上的巨浪与革命"[①]。因此，从管理的基本思路上讲、从管理的理论范式上讲、从管理的原则上讲，对于如何实现企业发展的持续性，创新是非常重要的、必需的，甚至是决定性的，但创新论又是远远不够的、不可靠的。

20 世纪 90 年代，我国著名企业管理学者彭星闾教授提出了创新力与控制力统一论，从近十余年来中国企业的失败和未来市场竞争的变化趋势来看，就企业持续发展的微观管理来讲，这一理论已经并将继续显示比单一的创新论范式更强大的生命力。本章是针对现代企业管理的主题和现代市场竞争的基本特征，采取理论与案例相结合的研究方法，对两力统一论所进行的一个全面的分析，试图以两力统一论取代单一的创新论。

本章的研究基于三个约束条件，一是以企业持续发展为管理目标，因为不同的管理目标有不同的管理活动诉求；二是以新经济或超级竞争为市场条件，因为同样的管理目标在不同的市场条件下，对管理活动的诉求也是不同的；三是瞄准企业整体管理的基本逻辑和基本范式，因为它们规定了企业经营管理活动的内容选择和模式选择，从而影响企业的成败，亦即两力统一论是建立在这三个约束条件的交集之上的。

---

① 吴晓波：《大败局Ⅱ》，浙江人民出版社 2007 年版，自序第 1 页。

第一节　创新论范式的缺陷

尽管国内外对企业持续发展问题进行了大量研究，但是现代企业的平均寿命却呈缩短的趋势。面对日益难以实现的企业持续发展问题，在管理理论的丛林中，创新获得了较之其他理论愈加显著的地位，受到了空前的和日益广泛的推崇。这从一些管理大师的观点中可略见一斑：美国著名咨询师詹姆斯·莫尔斯称，"可持续竞争的唯一优势来自超过竞争对象的创新能力"；曾被誉为"世界第一 CEO"的美国 GE 公司前 CEO 杰克·韦尔奇称，"对待创新你必须达到发狂的程度"；著名企业管理作家汤姆·彼得斯和英国贸工部称，企业"不创新就破产"。对创新的高度推崇，客观上形成了企业持续发展的创新论范式。

然而，市场生态却提供了大量这样的事实：许多企业并非不知道创新的重要性，却缺乏创新精神，如我国的一些国有企业；许多企业尽管创新力很强但仍没逃脱死亡的厄运，如美国铱星公司、安然公司，中国的四川拓普、北京科利华等；许多企业恰恰因为开展了创新活动而导致死亡，如中国的新疆德隆集团、中航油新加坡公司、济南三株药业公司、珠海巨人集团等；许多企业的创新活动总是需要外力推动，否则创新活动就停止了，如张瑞敏（2003 年）就指出，海尔还不算真正成功，因为海尔还存在这种现象。这说明，就企业持续发展来讲，单一的创新范式常常并不可靠，因为其解释企业成败的管理路径依然是容易证伪的。

因此，尽管创新日益重要，但是企业持续发展理论却不能建立在单一的创新范式之上，需要构建新的理论范式。

第二节　市场形态的转变与企业管理的新命题

1985 年 5 月，在日本冲绳召开的"中日经济学术讨论会"上，日本人小宫隆太郎语惊四座："中国不存在企业或几乎不存在企业。"这在当时引起了中国企业界的不解和思索。然而，今天看，小宫隆太郎的观点就很容易理解了，因为在当时的中国，所谓的企业基本是国有或集体所有，它们都不参与市场竞争，基本没有生存与发展的压力。而市场竞争中的企业就没有这样的"好光景"了，总是面临各种各样和大大小小的生存与发展压力，而且，随着市场竞争的日益激烈，企业面临的压力会日益增大。面对压力，企业就有何去何从的问题，就要进行生死抉择。因此，我们以企业在面对生存与发展的压力时可能选择的管理路径作为两力统一研究的切入点。

在展开研究之前，有必要比较一下旧经济（卖方经济）和新经济（买方经济）的特征①，因为旧经济和新经济两种市场条件下的企业竞争战略范式存在很大的差异，许多脱胎于旧经济时代的传统企业管理理论已不能适应新经济条件下的企业管理，这也使得影响企业持续发展的关键因素、生成机制等发生显著的变化，进而必然带来企业持续发展的理论范式的变化。

所谓旧经济，是指这样一种经济：全球化和市场国际化程度较低，市场形态基本上属于卖方市场，起决定作用的生产要素是土地、劳动和资本等传统要素，市场竞争不激烈，单个竞争优势能维持比较长的时间。所谓新经济，是相对于旧经济而言的，经济全球化和市场国际化程度高，市场形态是真正的买方市场，起决定作用的生产要素不再是土地、劳动和资本，而是知识和信息，科技进步迅速，市场竞争激烈，单个竞争优势能维持的时间很短，市场竞争呈现超级竞争的特征。②

一、旧经济（缺乏竞争）条件下决定企业成败的管理路径

图4-1展示了旧经济（卖方经济、卖方市场）条件下导致各种企业成长结局的全部管理路径，市场中的任何企业都可以在该图中找到自己的位置。

当企业面临生存与发展的压力时，存在三种管理路径的选择，即开展创新

---

① 新经济、买方经济、买方市场和超级竞争大体是可以相互替代的概念。
② 理查德·达文尼（Richard D'Aveni，1994年）指出，随着市场环境的动荡波及更多的产业，竞争变成了超级竞争。在超级竞争的情况下，竞争者变化的频繁程度、激进程度和侵略性都在提高，形成了不断的不平衡和变化的竞争情况。由于不同产业间的融合，市场稳定性受到较短的产品寿命周期、新技术、没有预料到的外部成分的频繁侵入、现有大企业的重新定位以及市场边界的战术性调整等因素的威胁，使环境变得更不确定、更动荡、更复杂、更充满敌意。

活动，或者开展创新的模仿活动，或者维持不变，由此走出六条管理路线，最后产生两种结局，即衰亡和持续发展。其中，有两条路线走向持续发展，其余的四条路线则走向衰亡。反过来推断，如果企业出现衰亡的结局，就可能存在来自四条不同管理路线的不同层次或成长阶段上的原因，表明企业失败的原因是多样的，只要有一个环节出现问题，企业就可能失败。如果出现持续发展的结果，就可能存在基于另外两条路线的不同层次上的原因，表明企业要持续发展，就必须在一连串的环节上做出正确选择并获得成功。

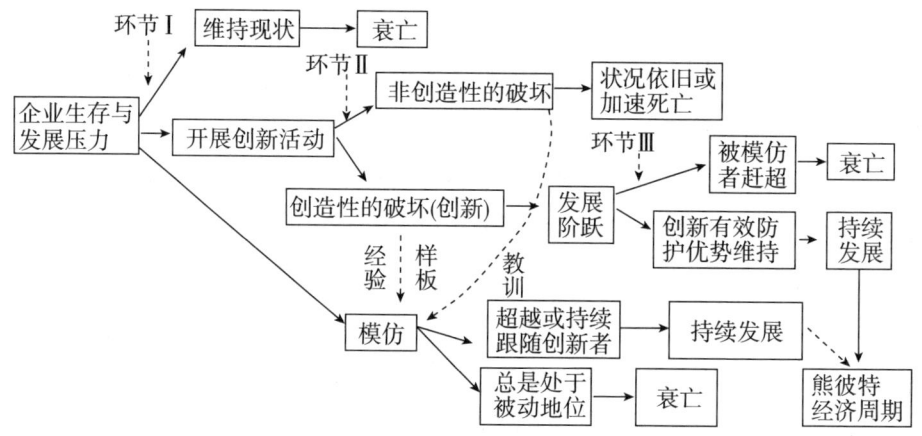

图 4-1　旧经济（缺乏竞争）中的企业成败路径图①

旧经济中的企业如果既不开展创新活动，又不进行创新的模仿，仅仅是一味地维持，最后的结局必然是死亡（国家垄断企业除外），因为市场迟早是要变化的。但是开展创新活动并不是企业走向持续发展的唯一选择，企业不开展创新活动而是通过对其他企业的创新的模仿同样可以走向持续发展，因为一个创新形成的竞争优势能维持较长时期，这提供了模仿的时间差，甚至有可能出现模仿者超过原创者的情形。企业也不是只要开展了创新活动就必然走向持续发展，而是仍然有可能衰亡甚至是加速死亡，因为创新活动不一定都能成功。企

---

① 在生命图中的创新和模仿是两种极端的情况。现实中，创新活动通常离不开模仿，模仿中多少包含有创新的成分。因此，在绝对的创新和绝对的模仿之间存在一系列中间状态。但是，这种中间状态的存在并不影响生命图的可靠性。

业并不是开展了成功的创新活动即实现了创新就能一劳永逸，持续领先于其他企业，而是仍然有失败的可能，因为成功的创新活动如果没有有效的隔离机制①，竞争者凭借时间差是可以通过模仿低成本低风险赶超的，自己反而失去竞争优势，走向衰亡。比如，日本企业在20世纪90年代以前曾通过有效的模仿战略日益缩短与美国企业的差距，甚至在许多行业超过了美国企业，尽管总体上讲，美国企业的创新意识和创新能力高于日本企业。

二、新经济（超级竞争）条件下决定企业成败的管理路径

1. 新经济（超级竞争）中企业创新活动的变化趋势

由于在新经济（超级竞争）条件下，技术、产品和产业的生命周期日益缩短，市场的不确定性日益增加，知识产权保护力度的加大导致对创新模仿的可行性降低，人力资本要素的地位与货币资本并驾齐驱甚至超越货币资本，因而同旧经济相比，新经济条件下的市场竞争实际上是一种超级竞争（hypercompetition）。这种超级竞争使企业的创新活动出现以下几个变化趋势：

（1）创新活动的周期日益缩短

技术和产品的生命周期缩短了，必然要求围绕技术和产品的创新活动的周期相应缩短。经济权力在总体上从企业向顾客的转移，使企业再也不能安享太平，企业必须采取与众不同的路径来夺回属于自己的经济权力。人力资本地位的上升以及人力资本的人性特征，使组织创新活动、文化创新活动成为一种常态，指望一种状态是靠不住的。由于市场中的创新活动的周期缩短，建立在一个创新基础上的竞争优势所能维持的时间也跟着缩短，且呈加速缩短的趋势，这就使得企业必须通过不断的创新活动来持续地提供竞争优势的新来源，那种在旧经济中一个创新形成较长期竞争优势（前提是有有效的创新隔离措施）的情形不再显现（见图4-2），对竞争优势的一个来源的过度依赖常常带来致命的后果。因此，超级竞争中的竞争又是一种依赖于创新的竞争。

---

① 比如，专利权就是一种创新的隔离机制。

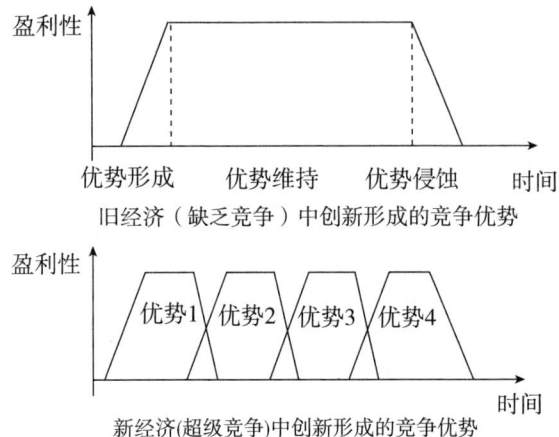

图 4-2 新旧经济中创新形成的竞争优势

创新活动周期日益缩短的规律可以从熊彼特经济长波的缩短趋势得到验证。从 1785 年到现在，熊彼特经济长波从 60—50 年日益缩短至 40—20 年。如图 4-3 所示：

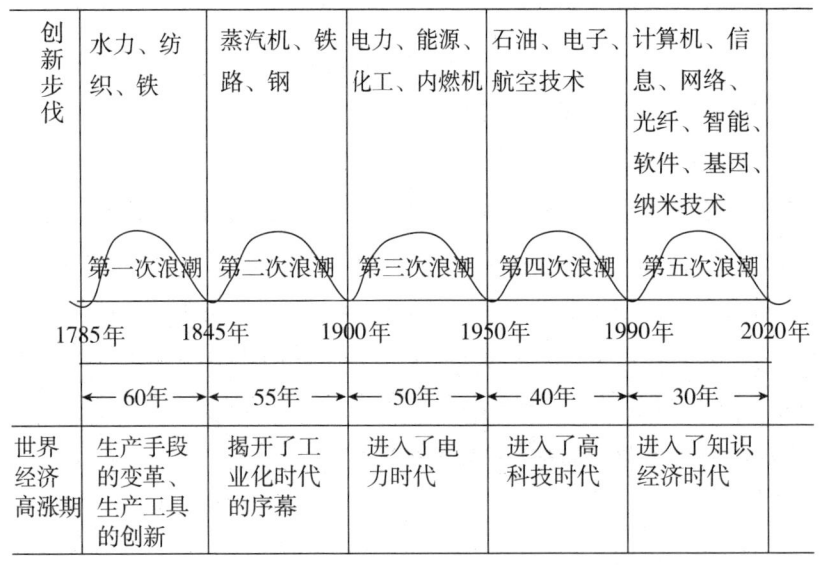

图 4-3 创新浪潮加速图

资料来源：陈文安：《创新工程学》，立信会计出版社 2000 年版，第 4 页。

由于创新活动的周期日益缩短，竞争者的模仿战略就不再像在旧经济中那么灵验，因为在模仿结束之时，也许就是被模仿的创新过时之日，甚至在模仿还未结束之时，被模仿的创新就已经过时，超级竞争不再向模仿者提供时间差，竞争者通过持续的模仿来赶超创新者的时代不复存在，这大概就是20世纪90年代以来长期奉行模仿战略的日本企业总体上重新落后于美国的原因。

（2）创新活动日益专门化和网络化

由于新经济中的市场竞争是一种超级竞争，企业在多个行业、多个价值链环节同时开展创新活动以建立持续竞争优势变得越来越不可行，因而归核化和专业化成为新经济中的一个明显趋势。企业通过集中战略，在核心产业和核心环节上进行持续的、专业化的创新活动和投资，形成基于核心产业和核心环节的核心能力。当核心能力形成后，再依靠核心能力所实现的新的创新被模仿的难度就大为增加①，拥有核心能力的企业才有资格参与到基于创新的网络化组织中去。

因而，在创新活动日益专门化的条件下，企业的模仿战略不再像在旧经济中那么有效。

（3）创新者能获得创新的特殊收益

夏振坤教授提出了新经济的"五大效应"，可以用来解释新经济中创新者的特殊收益的来源：

第一，创新效应。如果说，在工业化时代，技术的更新周期以年计算，那么，在信息时代，这种周期将以月、日来计算。技术更新的加快，使得"递减"的技术不变条件几乎不存在。不断地出现新技术，不断地产生超额利润，从而使"递减"被冲销。

第二，成本效应。在高科技为主体的信息时代，"边际成本"已成多余的了——生产第一块芯片的成本是2.5亿美元，而到第二片以后，成本几乎是零（几美分）。厂商的全部成本就变成了一个"固定成本"。

第三，垄断效应。高科技领域的技术创新，特别是信息产业中的技术创新，往往呈现平台式的系统创新——如微软的Windows，从95、97、98……到XP，

---

① 核心能力之所以难以模仿，是因为核心能力的形成具有路径依赖的特点，其关键来源是企业的默示知识，而默示知识只可意会不可言传。

是在一个平台上的纵深创新（或系统创新）。这个技术平台是有知识产权的，别人不能"进入"。因而形成一种"垄断"，我们叫它"传承垄断"。高额的超额利润不能"平均化"，故也就不是递减，而是递增了。

第四，网络效应。网络越大，影响范围越大，使用和继续加入的人就越多，人越多，市场就越大……呈一种正反馈的发展，从而使用别的网络（语言）的人就会越少。这在客观上也为垄断推波助澜。这里要特别提出"有效信息不灭定律"：$1-1=1$，$1=\infty$。即一个有效信息，一个人消费后，还可供别人消费（这与工业资源不同）。而且，消费的人越多，此信息越值钱。信息这种商品，价格则是由最后一个商品决定的，复制一条信息的成本几乎是"0"。

第五，惯性效应。人们长期使用某一种软件，就会形成惯性，而不会去改用别的软件。这也增强了垄断。①

2. 新经济（超级竞争）条件下决定企业成败的管理路径

由于新经济条件下，模仿战略不再那么有效，因而企业成败路径图出现了较大变化。新经济条件下的企业成败路径图变为如图4-4所示。

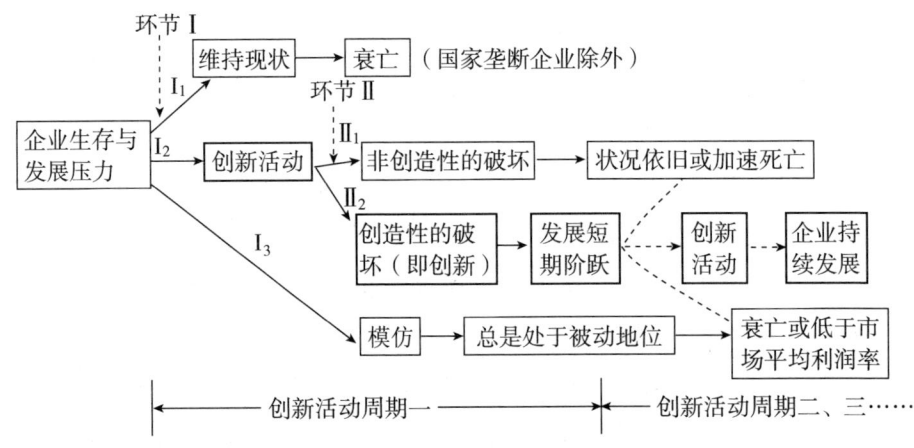

图4-4 新经济（超级竞争）中的企业成败路径图

图4-4显示，在新经济条件下，当企业面临生存与发展压力时，与旧经济条件下一样，可有三种选择，但在旧经济条件下企业能由此走出六条路线，

---

① 引自夏振坤：《新经济与经济学的新问题》，载《经济学动态》，2002年第4期。

而在新经济条件下只能走出四条路线。从最后的结局来看，旧经济条件下有三分之一的路线（共二条）走向持续发展，而在新经济条件下，只有四分之一的路线且是唯一的一条路线走向持续发展。这表明，在新经济条件下，只有当企业既开展创新活动、实现了创新且持续地实现创新时，企业才能实现持续发展。由此进一步表明，在新经济条件下，企业的竞争范式趋于单一化，这就是自主创新战略。① 正如汤姆·彼得斯和英国贸易工业部提出的口号："不创新，就破产"。

三、现代企业管理的一个新命题

从图4-4可知，新经济条件下，企业只有一条路线可以最终走向持续发展；每一个创新活动周期（从压力到创新）存在两次分叉（环节Ⅰ和Ⅱ）；由于每一个创新活动周期形成的竞争优势是短暂的，因而就必须进行创新活动的循环，即持续创新，从而导致"两次分叉"的倍数增长。这表明，企业在新经济条件下通往持续发展目标的道路是充满陷阱的，企业随时有可能误入歧途，走向失败。从现实来看，市场中只有极少部分的企业能够基业长青，绝大多数企业各领风骚三五年，这与企业成败管理路径图反映的情形是完全一致的。

但是，到此，我们只是成功地找到了新经济条件下企业的"生命线"，即图4-4中那条由粗方框组成的路线，也揭示了创新在其中的关键作用，但是仍然没有回答为什么持续发展的企业在成败路径图的各个"岔路口"均选择了创新活动，而且使创新活动取得了成功？那些恰好沿着这一"生命线"行走的企业是建立在一种特殊机制下的必然结果呢，还是一种随机过程下的偶然性结果？回答这些问题与发现这条生命线同样重要，由此，我们可探知超级竞争条件下企业持续发展管理的基本规律，因而是需要现代企业管理学进行揭示的新的关

---

① 这里的自主创新概念与模仿概念相对应。这里并不否认在新经济条件下模仿仍是广泛存在的事实，这里表达的是一种明显的趋势，即在新经济中，创新作用的分量越来越大，超过了模仿。这里说的是模仿战略不再有效，意指不能把模仿作为获取竞争优势的主导战略，模仿和模仿战略是不同的两个概念。在今天的经济中，实际上是新经济与旧经济混居，属于旧经济的领域，模仿战略依然有效。我们说模仿战略不再有效有两个前置条件，即新经济条件和实现可持续发展目标条件。可持续发展意味着企业具有持续的超强获利能力，在新经济中，模仿战略不足以支持企业达到这种能力，企业要获得稳定的市场竞争地位，最终必须依靠自主创新活动。

键性命题，是只有跳出创新范畴才能揭示的命题。

第三节 被误读的创新与管理学尴尬

熊彼特是创新理论创始人，其理论被奉若神明。其一生共写下13本书和二百多篇论文，代表作是：《经济发展理论》（1912年）；《经济周期：资本主义过程的理论的、历史的和统计的分析》（1939年）；《资本主义、社会主义与民主主义》（1942年）。在这些代表性著作中，熊彼特把创新定义为新的生产函数的建立，即把一种从未有过的关于生产要素和生产条件的"新组合"引入生产流转，指出了创新的五种情况，即引进新产品或提供某种产品的新质量；引用新技术，即新的生产方法；开辟新市场；控制原材料的新供应来源；实现企业的新组织。熊彼特认为，在经济本身一定存在着某种破坏均衡又恢复均衡的力量，他认为这种力量就是所谓的"创新"活动，经济发展的根本原因就在于"创新"。熊彼特还用创新理论解释了资本主义经济运行的规律：四阶段模式（繁荣、衰退、萧条和复苏）和三种周期（长周期、中周期和短周期）。并认为资本主义进程的基本推动力出自创新，资本主义的本质是创造性的毁灭过程，"创新""新组合""经济发展"是资本主义的本质特征，离开了这些，就谈不上资本主义了。

不过，虽然熊彼特揭示出产生经济周期现象的根本性原因，却没有解释为什么经济周期呈缩短的趋势（见图4-3）。这种宏观上的熊彼特周期缩短趋势的微观基础是什么？这对企业意味着什么？创新活动是否对宏观经济整体的发展和微观企业个体的成长具有不同的价值，要求对微观企业个体采取不同于宏观经济的管理思路？

一、宏观经济与微观企业：源于创新自我增强循环的管理一致性

事实上，熊彼特及其追随者都忽视了经济系统中存在的这样一种特殊机制，即创新自我增强的多回路循环（见图4-5）。正是这种机制使创新本身产生了开展创新活动的更大的压力，形成创新活动的竞赛局面，致使创新的速度越来越快，创新的难度越来越高，熊彼特周期日益缩短，越来越多的企业被迫参与到

创新的循环中来。

创新自我增强循环机制模型如图 4-5 所示。

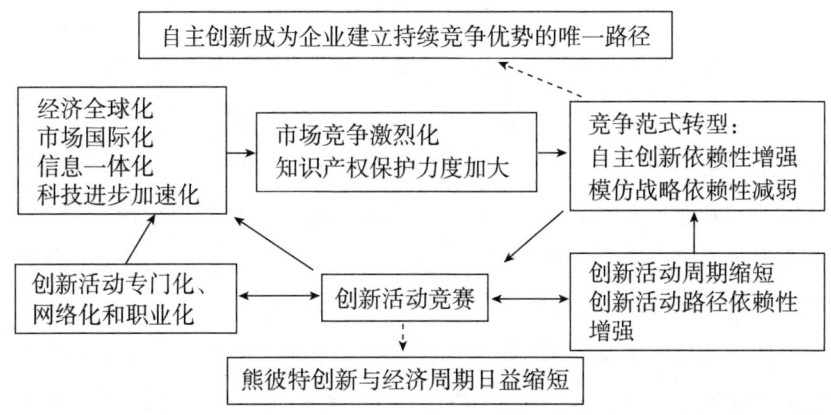

图 4-5　创新自我增强循环机制模型

说明：图中单向箭头表示单向增强，双向箭头表示互相增强。

伴随着经济全球化、市场国际化、信息一体化和科技进步加速化，市场竞争日趋激烈，世界各国纷纷加大对知识产权的保护力度，知识产权成为企业参与全球竞争、控制市场所有权的手段、工具和策略。而随着市场竞争的日趋激烈和知识产权保护力度的加大，企业竞争的战略范式被迫转型，企业被迫选择自主创新战略以求获得自主知识产权，不断降低对创新的模仿战略的依赖性，企业之间逐步展开创新竞赛。而创新竞赛直接导致创新周期的缩短，且使企业的创新更大程度上决定于其过去的创新活动的积累①，结果既促进了竞争战略的范式转型，又进一步加剧了创新竞赛。随着创新竞赛的展开，企业赢得竞赛的难度就越来越大，从而导致不同企业实行分工合作，于是出现创新活动专门化和网络化趋势，即越来越多的企业趋向于集中在核心产业、核心环节和核心能力来开展创新活动，不同的企业形成了创新活动互补的虚拟化组织。比如，在日本，促进产业技术创新与发展的主要因素既非政府这只"看得见的手"，也

---

① 因为创新活动能使新知识不断涌现、新工具不断产生。企业在过去的创新活动中，通常会有知识、经验和战略资源的积累，特别是默示知识，这对未来的创新活动是有帮助的。

非市场这只"看不见的手",而是企业之间"连续的握手"(The Continuous Handshake),基于核心能力的合作创新。由于在创新竞赛中,创新活动对于企业来讲不再是时有时无,而是经常性和日常性的了,成为企业整体管理的一个基本维度,于是创新活动又出现职业化趋势,训练有素的专门从事创新活动的专家的地位日益上升,传统的企业家职能则不断削弱,而创新活动的专门化、网络化和职业化又加剧了创新竞赛。随着创新竞赛的持续开展,就会有更多更大的创新更快地产生,从而使创新周期呈现日益缩短的趋势。随着创新竞赛的持续开展和创新活动的专门化、网络化和职业化,必然进一步推进科技发展,而科技发展是新经济得以形成和发展的根本性力量。新经济的进一步发展,又推进了上面描述的运动过程进一步深化,于是,形成了创新自我增强的多回路循环。伴随着这种循环的结果是,熊彼特经济周期日益缩短,企业要实现持续发展就愈益依赖于自主创新活动。可以预见,在将来,经济周期将无法用创新来解释了。也就是说,由于创新太频繁、太密集,经济周期波动的幅度缩小,从而周期表现得不明显。即使有经济周期存在,也可能是非创新的原因。

创新自我增强循环是经济系统中的客观存在,循环的推动力是创新本身,循环的原动力是经济人的理性。创新自我增强循环模型的意义在于,任何一个国家要想建立国家竞争优势,根本的出路是推动全体企业的自主创新活动;超级竞争条件下任何一个企业要想实现持续发展,特别是实现进入全球市场领先地位目标的话,自主创新将是不可回避的战略选择,舍此别无他法。

二、宏观经济与微观企业:源于创新活动两面性的管理非一致性

熊彼特认为,创新是资本主义进程的基本推动力,"创新""新组合"和"经济发展"是资本主义的本质特征,离开了这些就谈不上资本主义了;企业家就是引进"新组合"的人,只有实现"新组合"时才是企业家;实现"新组合"必然会产生利润,没有发展就没有利润,没有利润也就没有发展。

从熊彼特的观点可看出,熊彼特所说的创新实际上是成功的创新活动的结果,失败的创新活动并不是他所指的创新,他也没有对失败的创新活动予以关注。进入熊彼特视野的企业是实际存在的企业,这些企业均从自己的创新或其他企业的创新中获得了好处,因而从这些实际存在的企业来判断,创新不仅推动了宏观经济的发展,而且造就了企业的成长。但是那些未能进入熊彼特视野

的企业可能是因为开展了失败的创新活动在之前就消失了,结果失去了被当作考察对象的机会。或者,由于在熊彼特所处的时代,市场竞争不激烈,即使企业的创新活动失败了,一般也不会导致企业的垮台,熊彼特没必要关注失败的创新活动以及创新与创新活动的区别。

区分创新和创新活动很有必要。按照熊彼特对创新的界定,创新必须符合两个判断标准:一是从途径上看是经营要素的重新组合,二是从结果上看获得了价值的增值。如果不考量结果,只能称为创新活动。显然,创新活动会出现相反的两种结果。因此,不论是宏观经济整体还是微观企业个体,只要实现了创新,就可以实现发展,但是创新活动虽然一定能推动宏观经济整体的发展,却不一定能使任何一个微观企业个体都能实现发展,因为创新活动具有外部性和两面性(熊彼特所说的创新只有一面性)。成功的创新活动能带来模仿,使创新得到扩散,从而不仅使自身,而且使其他企业乃至宏观经济实现发展,而失败的创新活动虽然能为其他企业提供失败的教训,使其他企业减少创新活动失败的可能性,进而使其他企业提高创新的效率,最终也推动了宏观经济的发展,这大概也是市场中的企业常常"一步死,半步生"的原因①。但是,失败的创新活动所带来的损失却由实施该创新活动的企业独自承担。在超级竞争条件下,时间成为决定企业成败的一个重要因素,市场竞争容忍创新活动一时失败的可能性日渐消失,开展了失败的创新活动的企业不仅越来越独自承担全部损失,而且,很容易从此走向衰退甚至死亡,成为推动宏观经济发展的牺牲品。因此,与宏观经济整体不同,超级竞争中的微观企业个体实际上是在创新活动的刀刃上行走。正是由于创新活动的影响在宏观经济整体和微观企业个体间的这种差异,国家的基本战略就是推动全民和全体企业开展创新活动,但每个企业是否开展创新活动则应视自身的条件而定。在卖方市场,竞争缺乏,市场稳定,如果企业不具备足够的实力,模仿战略也不失为一条经济有效的途径,甚至比自主创新战略更为有效。因此,严格说来,在卖方市场,熊彼特的创新理论其实只适用于宏观经济,通常只具有宏观经济发展层面上的意义,并不完全适用于

---

① 比如,美国微软公司的技术创新是连续性的而非跨越式的,这使得微软既始终保持了竞争优势和领先地位,也赚取了足够的利润,而美国铱星公司的失败则是由于实施了过于超前的技术创新成果,因此,从企业目标来讲,前者是熊彼特创新,后者则不能称为创新,因为没有带来新的价值。

宏观经济当中的单个企业,或者说,对单个企业来讲,自主创新通常并不具有战略性价值。而在凸显超级竞争特征的买方市场,熊彼特创新理论对宏观经济整体的发展和所有微观企业个体的成长具有相同的价值。但是,超级竞争带来的高度的不确定性又使企业的创新活动充满了风险,陡然增大了创新活动变成创新的难度。

因此,随着超级竞争的形成,企业一方面必须持续地开展自主创新活动,一方面必须消除创新活动的两面性,这是现代企业管理面临的真正挑战。

三、创新论的悖论与管理学界的尴尬

随着新经济(买方经济、超级竞争)的出现,创新成为企业的普遍追求,"企业不创新,就破产","对待创新,你必须达到发狂的程度"。但是,近年来,我国发生的多起重大企业失败事件却显示,那些迅速失败的企业恰恰基本都是创新型企业。这种悖论现象不断地置学界于尴尬的境地,典型的例子有新疆德隆、中航油新加坡公司、四川拓普、北京科利华等企业的失败。尴尬突出地表现在两方面,一是这些企业都是通过独特的创新举措迅速崛起,很快被学界奉为创新型企业的标杆受到市场追捧,而崩盘后原来广受推崇的那些创新举措又迅速受到学界全面质疑,这已成为近年来一个日益常见的现象。比如,中航油新加坡公司总裁陈久霖在短短几年时间内两次成为《中国企业家》杂志的封面人物,第一次是在其领导的公司获得快速崛起时以优秀的创新家的形象出现的,而第二次出现的却是在其领导的同一公司出现快速巨大亏空后的失败面目。又比如,新疆德隆集团,在其处于鼎盛期时,包括一些著名经济学家在内的学者对其讴歌有加,而2004年该集团突然崩盘后,学术界的批判之声如潮水般涌现,以致有人疾呼:"我们的学者要么算命式地唱衰,要么大颂赞歌神话,学术公信力何在?"(唐立久、张旭,2005年)二是这些企业失败后,学界对其败因的分析大多采取盲人摸象的方式,形成了许多似是而非、各说不一的观点,令企业界莫衷一是,损害了管理的声誉。创新的悖论与学界的尴尬呼唤建立以新经济或超级竞争为环境条件、超越单纯创新决定论的企业持续发展管理的理论范式。

四、实现创新的条件的演变

熊彼特认为,实现创新的条件,一是企业家的存在,二是银行贷款的供给。

这一观点显然已不能适应凸显超级竞争特征的新经济条件下的企业。熊彼特提出创新理论是在 20 世纪初期，在当时那个年代（乃至整个旧经济时期），市场暴利机会多，只要是"新组合"就能带来熊彼特所称的利润（实际上是一种超额利润，张培刚，1990 年），因而只要有资金和企业家，创新活动就会出现、创新就能实现。但是进入超级竞争时代，创新活动的难度、风险、频率、创新的实现方式等都已发生深刻的变化，是 20 世纪初期不可比拟的，仅靠企业家和银行贷款远远不够，创新活动必须依靠人力资本所有者的集体努力，要求持续不断的创新动力和适宜的、可控制的内外环境条件，等等，这些显然都决定于企业的控制系统。

第四节　创新力、控制力及其统一与共生

一、创新力与控制力的提出

1. 基于企业成败路径图的逻辑分析

在企业成败路径图（见图 4-1 和图 4-4）的环节 I，企业面临三种抉择。理性告诉我们，企业是否选择开展创新活动，取决于创新活动的可行性和人力资本的创新动力，即当创新活动可行且人力资本具有足够的动力时，企业必然开展创新活动。而创新活动的可行性与否又取决于潜在创新能力的大小和是否存在适宜的创新环境，即当企业既具备了足够的潜在创新能力，又具备了开展创新活动的适宜环境时，创新活动才可行。因此，潜在创新能力、创新环境和创新动力是企业开展创新活动不可缺少的三个前提。当具备了这三个前提时，企业必然选择开展创新活动。问题是人力资本的创新动力和适宜的创新环境又取决于什么呢？显然，前者取决于企业的制度安排、文化形态、绩效考核体系等，后者取决于企业的品牌、声誉、市场生态链等，而这些均属于控制性因素，因而人力资本的创新动力和适宜的创新环境决定于企业的控制系统。

在环节 II，企业的创新活动是带来创造性的破坏还是带来非创造性的破坏，又取决于什么呢？理性告诉我们，既取决于实际表现出来的创新能力即创新力，又取决于适宜的创新环境。也就是说，当企业具备足够的创新力和适当的创新环境时，企业的创新活动就能有效顺利进行，直至实现创新。因此，潜在创新

能力、创新环境和创新动力又是企业创新活动成功的决定性力量，同样决定于企业的控制系统。

在环节Ⅲ（新经济条件下不存在），当企业的创新活动取得成功即实现了创新时，还存在被竞争者模仿赶超的可能。理性告诉我们，要避免这种可能，关键在于企业要具备有效的对创新的隔离机制，而隔离机制又取决于企业的保密工作的有效性、创新的关键知识的可传播性和竞争者进行模仿的风险（如法律风险）。显然，这些都取决于企业的控制力。

因此，是企业创新力和控制力的有无、强弱及它们的相互作用，决定了企业在成败路径图中的行走路线。如果缺乏适宜的控制系统，创新路线既可能不会被选择，也可能不会取得成功，甚至两种可能同时发生。

2. 基于企业失败的实践考察

（1）中航油新加坡公司的巨亏

中航油新加坡公司因成功进行海外收购迅速崛起，被誉为"买来个石油帝国"的企业，同时被誉为新加坡证券市场最具透明度的上市公司。按熊彼特对创新的界定，该公司堪称创新型企业。但就是这样一个企业，2004年上半年短短一个月时间巨亏5.54亿美元。

对于导致该公司巨亏的原因，从收集到的资料来看，主要有：

①违规从事期货投机；

②监控机制形同虚设；

③掌握交易核心机密的交易员均是外国国籍人；

④总裁陈久霖不受公司制度制约；

⑤危机初现需紧急请示时，却无法联系到集团总部的总裁；

…………

因此，中航油新加坡公司的成功源于其创新力，而失败源于集团总部和新加坡公司的整个控制系统存在严重缺陷。

（2）安然之死

美国安然公司成立于1985年，第二年原油价格一路狂跌，安然由此债台高筑，负债额几近公司总资产的80%，1987年更是雪上加霜。1990年，杰夫里·斯基林（Jeffrey Skilling）加盟安然，担任总裁和CEO。在斯基林带领下，安然一跃成为北美最大的天然气和电力贸易商。同时，在海外市场，安然也以不菲的成绩站稳脚跟。1999 年，安然在线（Enron Online）网站正式启动；2000 年，该网站的交易量就高达 2400 亿美元，可谓独领风骚、出尽风头，成为全球最大的 B2B 网上交易市场。在 2000 年美国股市下挫的过程中，安然股价却一路上扬。

安然发展速度之快，可从一组数据略见一斑：从 1990 年到 2000 年的 10 年间，销售收入从 59 亿美元上升到 1008 亿美元，净利润从 2.02 亿美元跳升到 9.79 亿美元，账面价值从每股 4.01 美元涨到了 13.76 美元。其中最后 4 年，安然增长速度尤其惊人：销售收入从 1996 年的 133 亿美元迅速扩张到 2000 年的 1008 亿美元，净利润从 5.84 亿美元上升到 9.79 亿美元。

由于骄人的业绩，2000 年，安然在《财富》杂志"美国 500 强"大排队中位列第 7 名，在世界 500 强中列第 16 位，在《财富》杂志的调查中连续 6 年荣获"最具创新精神的公司"称号。一个年仅 16 岁的"少年"——美国安然公司风光无限。具有讽刺意味的是，安然曾一直是 MBA 教学中的经典案例，被无数 MBA 或咨询公司当作学习的榜样。

但是，就是这样一个看似风光无限的公司几乎顷刻间就跌进了破产的深渊，着实把这些推崇者们嘲弄了一番。

安然事件引起了广泛的关注和思考，人们从各个层面、各个侧面和各个角度对安然破产的原因进行了各种不同的解释，可谓仁者见仁、智者见智。

资料显示，对安然死因主要有如下几种解释：

①增长太快说。认为安然之所以破产，与其在过去发展过快、摊子铺得过大及公司内部一些违法经营活动有关。

②畸形创新的空洞化说。认为一家公司如果仅仅是把管理信息化和电子商务应用作为"技术创新"的幌子，没有切实的科技研发根底，再诉之以资本市场上"变通"的财务手段，那不是创新，而是欺诈。剑走偏锋的安然脱离实业和研发，片面追求资本运作的成功，使其在产业空洞化的道路上越走越远。

③信息化泡沫说。信息化不仅仅是一个购买软件的简单问题，而且是一个重新改造公司业务流程的过程，最终落脚点在于业务和管理水准的改进。企业信息化是一项系统工程，企业的一些痼疾诸如分配问题、产权问题、人事问题并不能通过信息化完全解决，相反，在某种程度上形成阻力。

④系统故障说。认为安然公司破产并不是某一个人的错，而是整个系统都出了故障，本来可以防止一个公司失控的层层监管对安然公司却完全失效了。董事

会、市场参与者、媒体、会计师事务所均没能对安然违规行为及时进行有效监督。

⑤企业文化祸根说。a. 只能成功的文化诱人作假。安然公司推行的是"赢者获得一切"的文化，失败者总是中途出局，获胜者会留下来，且能指望获得高额奖金。必须保持安然股价持续上升的压力，诱使高级管理者在投资和会计程序方面冒更大风险，结果安然成了"一座用纸牌搭成的房子"。b. 人被轻视，"只重结果"。优胜劣汰的考察制度将安然变成唯利是图者的集合体，金钱的作用越来越大，致富和头脑聪明混为一谈。个人卓越占上风，团队精神遭摒弃，内部荒唐的竞争造就了狂乱、谎言甚至偷窃，公司在不断进取中丧失了道德。c. 文化失衡。强调收益增长和个人主动性，却缺乏通常的公司制衡机制，使企业文化从推崇进攻型战略转变为日益依赖不道德的投机取巧。公司对没有经验的年轻管理者缺乏必要的控制手段，没能使失败的可能性降至最小。做假账的压力往往压倒了"严格"控制的说辞。

⑥市场压力说。安然持续的骄人业绩使市场对其产生很高期望，这对安然形成很大压力。在业务环境不利（2000年初能源市场的价格尤其是天然气价格一直下跌）的情况下，公司必然通过做手脚来满足华尔街和市场的利润预期。

人们对安然死因的种种解释似乎都有道理，安然顷刻间从"学习的榜样"变成了一个似乎通体都有病症的反面案例。但是，不难看出，各种死因的解释都集中地反映了安然的创新力和控制力的失衡。增长太快，通常使企业难以建立坚实的管理基础，同时使市场和企业自身产生过高的预期，从而缺乏控制的动力，控制力自然达不到与公司快速扩张相适应的水平。畸形创新的空洞化和信息化泡沫均反映了安然的创新力存在缺陷，而这种缺陷导致的创新活动的偏差又缺乏有效机制予以纠正。系统故障问题和企业文化问题更是突出地暴露了安然控制力的严重缺陷。正是存在这种缺陷，各种可能的欺诈不能被防止，反而成了现实。市场压力说仅仅是表明了欺诈的动机得以产生的原因，但这种动机能否付诸行动，还在于是否存在阻止这种动机付诸行动的控制机制。此外，安然在如此短的时间内迅速破产，说明安然对市场利害相关者完全缺乏控制力。因此，安然公司被推崇为"最具创新精神的公司"并不失实，但仅有创新精神是远远不够的。此外，安然公司的创新活动存在失误，表明其不能在正确的方向上进行创新，这看起来是创新系统存在问题，其实更反映了其控制系统存在系统偏差，不能正确地导向其创新行为；同时，由于安然又缺乏相应的控制来消除创新活动的种种风险，破产就自然不可避免。设想，如果安然在20世纪90年代（斯基林时代)适当放缓发展速度,夯实发展基础,适当降低市场预期,在培植创新精神的同时,配套制衡机制和文化的改善等,安然也许仍健康地活着。

(3)中国企业的"流星雨"现象

20世纪90年代在中国经济领域有一道耀眼的风景,即许多企业火箭般地成长,又更快地消亡,犹如夜空中的流星雨。这中间最具有代表性的要算《大败局》①中披露的10个企业:瀛海威、秦池、爱多、玫瑰园、飞龙、巨人、三株、太阳神、南德和亚细亚。那么,这些明星企业是如何变成流星的呢?我们的答案是,因为这些企业共同性地缺乏必需的控制力,这从《大败局》一书披露的以下部分细节不难看出。

瀛海威:每出台一个重大经营举措均缺乏严格的市场分析,在市场食物链之外经营始终无法锁住市场。

秦池:实际生产能力并不能支持"标王"广告带来的巨大市场需求,对"川酒勾兑"新闻带来的危机不能有效应对。

爱多:两主要股东之一以"律师声明"的方式对公司公开发难。

飞龙:占用、挪用和私分公司货款现象比比皆是。

巨人:危机到来时连"区区1000万元"都筹措不到,因诋毁竞争者被迫公开赔礼道歉。

三株:各分支机构对总部大量造假,虚假广告引发的官司不断。

太阳神:向多元化进军,产业横跨保健品、石油、房地产、化妆品、边贸、酒店业,投入的3.4亿元资金几乎全打了水漂。

亚细亚:向公司借款800万元只需向总裁打声口头招呼而不办任何手续,在自有资本不足4000万元的条件下进行近20亿元的超级扩张。

玫瑰园:靠违规手段获得的问题批文使后来的开发商陷入跑批文、走关系的旋涡中,别墅没卖出几套经济纠纷就冒出十多件,股权频繁变更,董事长与总经理闹得天怒人怨,使项目的困境公之于媒体。

南德:信用证诈骗、"倒牟风暴",表明南德是一个畸形公司,是一个没有存在价值的企业。

以上仅仅是部分细节,但是均暴露了它们严重缺乏控制力的问题。随着后

---

① 吴晓波:《大败局》,浙江人民出版社2001年版。

来的市场竞争加剧，公司规模扩大，犹如薄冰之旅中的这些企业就只有从市场中消失的结局。但为什么它们在早期能成功呢？这是因为20世纪90年代是中国市场形态急剧变化的年代，起初暴利机会多，胆量就是竞争力，对管理一窍不通的人也能获得暴利，此种条件下，企业是没有理由和动力关注控制力问题的。

（4）震惊中外的三鹿奶粉事件

石家庄三鹿集团在董事长、总裁和党委书记田文华的带领下迅速成长，成为跻身中国奶制品企业四强和中国最大奶粉生产企业，田文华也因此成为著名的企业家，各种荣誉傍身。但因2008年9月媒体曝光许多婴儿因为食用了三鹿奶粉患上肾结石病，有的甚至死亡，全国舆论一片哗然，河北省政府迅速决定让三鹿集团停产，很快石家庄市委书记、市长、副市长被免职，董事长田文华被刑拘，田文华最终进入了失败企业家行列。同时，近十年来扩张同样极快的一些国内著名奶制品生产企业也被发现其产品中含有三聚氰胺，生产经营也遭受重创。

客观地分析，导致三聚氰胺事件发生的原因是多方面的。但是，如果比较在同样外部环境条件下没有为三聚氰胺事件所牵连，甚至成为三聚氰胺事件大赢家的北京三元食品股份有限公司的管理，就可以从企业管理上找到导致事件发生的原因，那就是企业的控制能力不能适应企业快速扩张和战略创新的需要。

三鹿集团为了获得快速扩张，放弃自办牧场的纵向一体化战略而转为向广大农户和奶站收购原料奶的外包战略，这可视为战略创新，但这对三鹿集团的控制力提出了更高的要求。三鹿在决定采取外包战略，尤其是面向全国众多省市大量奶农和奶站的外包战略时，显然应该评估自己是否具备和能否做到确保所有奶农提供的都是优质安全原料奶的能力。如果答案是否定的，就应放弃外包战略或降低外包的程度，减缓扩张的速度，因为奶源安全会直接决定奶制品企业的存亡。

任何企业，都必须在确保基本安全的前提下追求快速成长，否则，企业极易在快速成长中"猝死"。所谓企业成长的基本安全，是指企业要确保关键管理环节和管理要素上的稳定可靠，这些管理环节和管理要素中的任何一个一旦出现问题，轻者会严重影响企业正常经营，重者就会导致企业崩盘。决定每个企业成长基本安全的关键因素既有共性的因素，也有个性的因素。共性因素包括资金链是否断裂的问题、核心资源是否稳定供应的问题、声誉是否可能遭受重创的问题、关键利益相关者是否支持的问题、重大生产事故的问题等。个性因素则视企业所在行业和所在发展阶段的不同而各异。对于食品生产商，食品不能含有有毒的化学药物；对于手机生产商，手机的辐射不能超过国家允许的标准；对于高科技企业，在没有核心技术的自主知识产权的前提下大举开拓国内外市场，就极具风险。如果深圳华为技术有限公司没有建立自主知识产权，那么2002年美国思科公司对其侵犯知识产权的法律诉讼就会很快将其置于死地；同样，深圳比亚迪公司就不可能成功应对一个个劲敌——索尼、三洋、富士康等轮番发起的专利战，它就更不可能在今天赢得股神巴菲特追加投资。

如果三鹿等企业高度关注企业成长的基本安全问题，那么，它们就必然会在确保奶农供应安全原料奶这一环节采取更加严格细致的保证措施，或者调整外包战略，这样就会从根本上避免三聚氰胺事件的发生。而北京三元因长期坚持"以确保乳制品质量和品质为第一任务"的工作方针，对奶源供应、生产环节做到了严格控制，尽管规模小一些，但最后成为三聚氰胺事件的大赢家，实现了发展的持续性和更大的发展。

二、创新力及其决定因素

1. 创新力的定义

创新力，是指企业在面对市场竞争压力和市场机会时，实际表现出来的适时地对内外经营要素进行重新组合以产生价值追加的能力。这一概念包含以下三层含义：

（1）创新力是实际表现出来的能力。这是因为有的企业虽然具有很强的潜在的创新能力，但是这种能力由于种种原因可能没有完全表现出来，没有表现出来的能力对创新活动和企业发展是没有意义的，它们只是一种被浪费了的潜在创新能力。

（2）创新力是一种实现价值追加的能力。如果创新活动没有实现价值追加，那么这种创新活动就是没有意义的，这与企业的经济属性不相符合。由此，我们认为，创新活动与创新是两个不同的概念①，只有当创新活动产生了价值追加，才能称这种创新活动为创新，因而创新不存在成功与失败之说。如果创新活动没有产生价值追加，那么该创新活动就是失败的，就不能称之为创新，只能称之为创新活动，因而，创新活动有成功与失败之别。

（3）创新的实现形式是经营要素的重新组合，这与熊彼特创新的概念是一致的。

2. 创新力决定因素

企业的创新力等于企业潜在的创新能力与人力资本所有者的创新动力的乘积，即：

创新力 = 潜在的创新能力 × 人力资本所有者的创新动力② （简称创新力公式）

公式中，潜在的创新能力是指人才（特别是企业家）、资金、设备、专用性资产、历史积累（特别是核心能力）、组织知识水平、组织智商、资源的可获得性、信息化水平、决策支撑系统等要素的综合。

人力资本所有者的创新动力包括动力的大小和方向两层含义，其作用是决定潜在的创新能力的各构成要素配置的效率程度，它决定于各人力资本所有者在上一次创新活动中获得的效用和对将要开展的创新活动的预期效用③。而效用大小一方面决定于创新给企业带来的总的净收益，一方面决定于各人力资本所有者在总的净收益中的分割比例和得到非物质收益的大小。如果总的净收益既定，每个人力资本所有者所得到的收益除去其个人因素外，就决定于后面将要讨论的控制系统。比如，海尔的市场链使每个员工都向市场要工资，其索酬、索赔和跳闸控制机制必然激发员工的创新性。因此，人力资本所有者的创新动力内生于企业的控制系统，创新动力是控制力的函数，创新力在一定程度上决

---

① 文献中，创新活动和创新基本是没有被区别的，都是用创新代替了创新活动和创新。
② 公式成立的前置条件是：企业的最大创新力不大于由市场决定的确保企业赢得竞争优势的创新力，因为如果前者大于后者，即便企业具有足够大的创新动力，企业潜在的创新能力也没有必要全部发挥出来。否则，会造成更大的浪费。
③ 创新效用 = 创新收益 − 创新成本。这里的收益包括物质收益和非物质收益，成本包括物质成本和非物质成本。

定于控制力。人力资本的创新动力与创新力具有相互正反馈作用,即人力资本的创新动力越强时,创新力也越强;创新力越强时,通常创新收益也越大;创新收益越大时每个人力资本所有者所获得的收益随之增大,从而人力资本的创新动力也更大。

创新力公式表明,当人力资本所有者的创新动力一定时,创新力与潜在的创新能力成正比例关系。当潜在的创新能力一定时,潜在的创新能力的构成要素就需要人力资本的创新动力来激活和有效配置,企业的创新力与人力资本的创新动力成正比例关系。如果企业只具有潜在的创新能力而没有人力资本的创新动力,"休克鱼"现象就出现了,这时就需要通过控制力系统结构的改善来激活"休克鱼"[1]。当潜在的创新能力和人力资本所有者的创新动力都增加时,创新力加速增长。潜在的创新能力与人力资本所有者的创新动力还具有一定程度的替代性,也就是说,当潜在的创新能力较弱时,通过提高人力资本的创新动力可以使创新力得到一定程度的增加。反之亦然。现实也是如此,有的企业,如一些民营企业,由于人才缺乏、资金有限、设备落后等原因,尽管企业具有灵活的机制,即人力资本所有者具有较强的创新动力,但企业仍然不能表现出较强的创新力。另外一些企业,如某些国有企业,虽然人才丰富、设备精良、资金渠道通畅,但由于机制不活使得人力资本所有者的创新动力不足,从而创新力仍然不强。还有的企业,如一些上市公司和跨国公司,既有先进的设备、充裕的资金、丰富的人才等,又具有很好的激励约束机制,从而表现出超强的创新力。

三、控制力及其决定因素

1. 控制力的定义

控制力是指企业为强化好的变化,防止坏的变化,对行为主体及其活动进行导向与制约,并使影响企业生存与发展的各种因素处于期望状态,以实现价值增值和避免价值损失的能力。

这一界定反映以下两个方面的内容:

(1) 控制力是企业有效控制的能力。企业越是能强化好的变化,防止坏的变化,保证行为主体及其活动按照预定的轨道前进,则表明企业的控制能力越强。

---

[1] 比喻海尔通过输入企业文化、品牌等控制性要素,激活被兼并的企业。

（2）控制力的作用发挥于企业管理过程之中。控制的过程就是控制力发挥作用的过程。

从空间上看，企业的控制力可以分为对市场的控制力和对企业内部的控制力，前者的对象主要是顾客、竞争者、供应商、债权人、社区、媒体、公众和政府等，后者的对象主要是股东、经理、员工及各种治理机构，如股东会、董事会、监事会、工会、非正式组织以及审计、薪酬、决策等委员会等。

从层次上看，企业的控制力还可分为基本控制力和追加控制力。基本控制力是指企业维持现有经营状况的能力，是一种维持力，它的作用仅仅是维持熊彼特所称的"循环流转"①。比如，海尔的 OEC、PDCA、6S 大脚印等。追加控制力是指基本控制力的提升部分和控制对象范围的扩大部分所要求的控制力，比如，海尔在实施 OEC、PDCA、6S 大脚印等的基础上，推行市场链，打造海尔品牌与文化，构建发达的市场网络等。追加控制力的作用是提供企业突破"循环流转"即开展创新活动所需要的初始动力和环境。由于创造性破坏的过程能给企业带来沉重的"荷载"，如果企业只有基本控制力，当企业开展创新活动时，企业的各种链条关系就会断裂。比如，济南三株药业公司为了迅速占领全国市场，创造性地采取了"兵法营销"模式，营销队伍在短短三年内迅速膨胀到 15 万人的规模，由于内部控制力没有相应提升，结果员工中的败德行为大量发生，虚假广告频频出现，又导致市场控制力的下降。在缺乏市场控制力的条件下，一场"人命案"所引发的市场危机就导致了公司迅速崩盘。

从效果上看，在一个有效控制的系统中，企业发展的各种有利因素都发挥了必需的、适当的作用，不利因素的作用被消除或被经济地降低到安全值以下，各因素有序运动。因此，控制也可以被理解为一种有序化的安排。

2. 企业控制系统及控制力的提升

随着市场环境和企业自身的变化，企业的控制目的、控制手段、控制方式等也要调整。比如，海尔在名牌战略阶段依靠的是"十三条"、OEC、"零缺陷"等，到多元化战略阶段增加了新的控制手段如"三工转换""星级服务"等，

---

① 指内外环境稳定，不需进行创新的状态。

到国际化战略阶段又采取了"市场链"等。

企业的控制力与对控制手段的运用技巧有关，比如，从长远看制度控制比亲情关系控制更为可靠，文化与制度结合的控制比单纯的制度控制要更有效。在人力资本地位上升、消费者获得主权的时代，企业控制应是物质控制、制度控制、信息控制、文化控制、感情控制、声誉控制、学习控制和知识控制等的立体综合和动态组合。

3. 控制力概念的理论与实践价值

控制力在基础管理、战略管理和创新管理上都是极有价值的概念。

第一，控制力能为一些企业开展创新活动之后仍然失败提供有效的解释。企业的创新活动并不是在真空中进行的，在通往创新的道路上，企业要经历一系列的"惊险的一跳"。首先，企业得有开展创新活动的动力，实践证明，这一动力的产生并不是一个简单的事情，张瑞敏（2003年）就指出，即使到今天，海尔的创新活动仍需企业家来推动。其次，创新活动是一个"破坏"过程，必然带来错综复杂的变化。人们的理性是有限的，动机是多样的，环境是动荡多变的，使创新活动具有高度的不确定性，因而企业是否有控制"局面"的能力就成为创新活动能否成功的关键。最后，企业在成功地实现了一个创新后，是否及时展开新一轮的创新活动，以推进创新的循环，需要企业的控制系统提供新的动力。因此，在对创新推崇备至的时候，不能忽视必须与创新活动形影相随的控制力问题。只谈创新不谈控制的企业成长理论是不完整的，这种不完整的理论必然使实践活动错位，反过来又证伪理论的可靠性，导致管理学的尴尬。

第二，控制力是判断企业增长或扩张是否过快的重要依据。一个企业的增长或扩张是否过快，不能抽象地进行判断。如果仅从增长率来看，结论就不一定正确。关键是高的增长率是否建立在足够的控制力之上。比如，甲企业增长率为20%，乙企业增长率为5%，如果甲企业的控制力远远大于乙企业，就不能认为甲企业是过快增长。因此，判断企业增长速度是否过快，一个很重要的标准就是控制力。海尔集团前17年年均增长率达到80%左右，但海尔的控制力十分强大，而且逐年递增，因而海尔前17年的增长是高速增长而不是过速增长。相反，郑州亚细亚、新疆德隆、四川托普的增长就属于过速增长。

第三，控制力是企业进行战略决策时的关键考量因素。企业能否选择多元化经营战略、并购战略、国际化经营战略，关键要看自身的控制力状况。之所以市场上很多的多元化经营、并购、国际化经营没有取得预期的战略绩效，往往是由于缺乏与之相适应的控制力。

四、创新力与控制力的统一

所谓创新力与控制力的统一，是指企业以持续发展为目标，使创新力与控制力实现共生、平衡与相互促进。

这一界定反映以下几个方面的内容：

（1）在企业持续发展这个统一体中，创新力与控制力必须实现共生和动态平衡。创新与控制既是一对矛盾，二者在资源的利用上和实现的方式上常常存在相互的排斥性；又具有一致性，即二者的目标都是促进企业的价值增值，同时都可以通过对方来提升自己。所以创新力与控制力是企业持续发展的一体两面或者两个车轮，要协调统一，不能分割与偏废。

（2）指出了二者是一种相乘的关系，而不是相加的关系。创新力与控制力的统一所形成的管理能力，不是二者各自能力的简单相加，而是它们耦合形成的更为强大和更为有效的能力。

（3）创新力与控制力的统一问题是企业管理的基本问题，解决这一问题是保证企业持续发展的关键，两力统一是企业管理的管理哲学和基本原则。

五、两力统一的一个经典案例

海尔从1984年张瑞敏任其前身青岛日用电器厂厂长至今，经历了名牌战略阶段、多元化战略阶段和国际化战略阶段，现正处于全球化品牌战略阶段（见图4-6）。美国《华尔街日报》首席记者迈克尔·D. 波顿按年度重大事件和同期阶段性思想，总结出了海尔从1984年到2002年期间的发展阶梯图[①]，本书进行补充修改后得到图4-7。

[①] 迈克尔·D. 波顿：《首席执行官》，文岗译，民主与建设出版社2002年版。

第四章　企业持续发展的管理思维：从创新转为创新力与控制力的统一 | 81

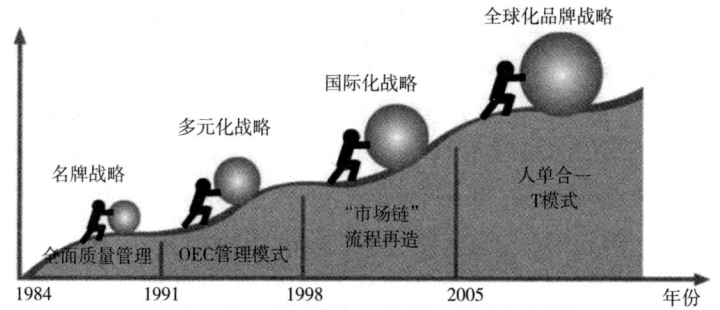

图4-6　海尔发展战略的阶段划分

资料来源：海尔集团网站 www.haier.com。

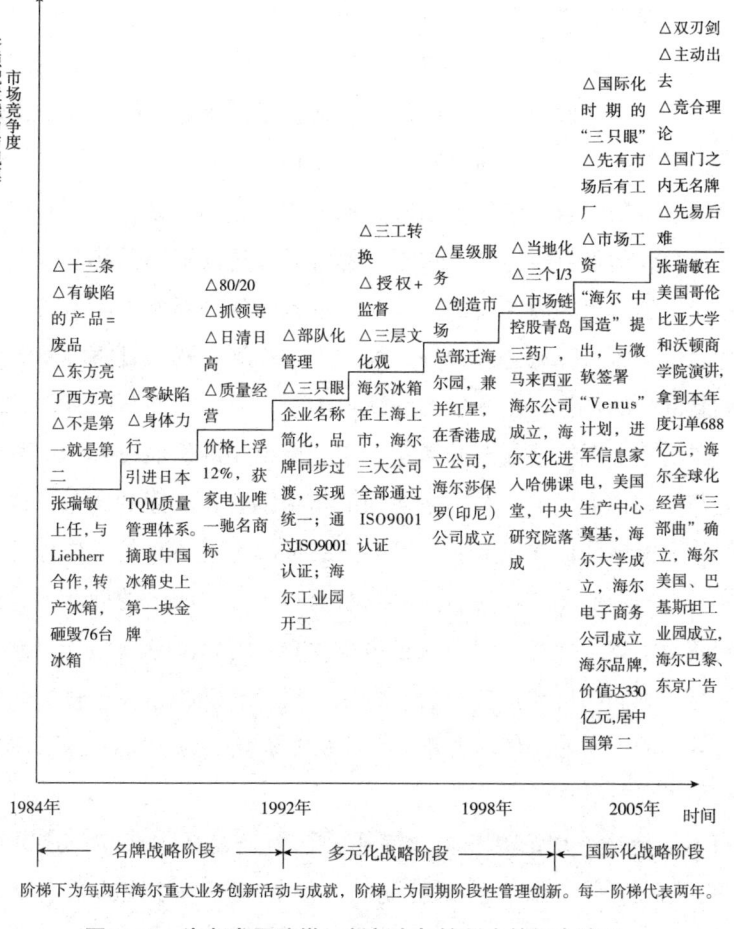

阶梯下为每两年海尔重大业务创新活动与成就，阶梯上为同期阶段性管理创新。每一阶梯代表两年。

图4-7　海尔发展阶梯：创新力与控制力的耦合演进

从 1984 年张瑞敏上任青岛日用电器厂厂长始到 2005 年，市场形态从卖方市场转为买方市场，经济形态从旧经济转为新经济，市场竞争日益激烈，但海尔从一个亏损小厂持续高速发展为年营业额超过 1000 亿元、员工达 5 万人、品牌价值达 749 亿元、位列"中国十大世界级品牌"之首（2006 年）的跨国公司。在业务创新方面，从单一产品发展到包括 86 大门类产品的典型多元化企业，从国内市场发展到在多国投资设厂、产品行销 160 个国家和地区的国际化企业，从 1989 年到 2006 年累计获国家级科技、省级科技、山东轻工科技、国家重点新产品等奖项八十余个，累计申请专利七千余个，表现了极强的创新力。对于这样一个企业，没有强大的对企业内部员工的控制力和对市场的控制力是不可想象的。在业务创新的同时，海尔一直没有间断地推进管理变革与创新，从最初简单的"十三条"发展到包括市场链、OEC、企业文化、三工转换、授权监督、人人都是 SBU、人单合一等基本控制力和追加控制力多管齐下的内部立体控制系统和由强大的品牌效应、发达的市场网络、星级服务、国际本土化经营等构成的市场控制系统，对内部的控制方式由总裁行政命令、简单的规章约束转变为流程控制、机制控制、文化"场"控制和市场控制的结合，从而使海尔的控制力不断地得到增强。而且，海尔的控制力提升是以不降低甚至增强每个员工的创新性、以创造市场为导向的，从而海尔整体的创新性不断增长，资源流动的有序性总体上不致降低甚至增强，加上人才积聚、资本日益雄厚等要素构成的潜在创新能力的增强，使海尔的创新力不断提升，从而不断有卓越的创新表现，得以成功地实现经营战略的跨越。在二十余年的发展过程中，可以说海尔的创新力与控制力形成了一个不断增强的紧密耦合在一起的链条，这正是导致海尔持续稳定发展的内在机制。从诸多产品成功地进入市场领先地位来看，从成功地实现一般企业无法实现的四大战略跨越来看，海尔的创新力与控制力均保证公司获得了竞争优势，因而从竞争角度看，海尔的创新力与控制力均是有效的。从海尔利润的持续增长来看，海尔不仅持续获得了竞争优势，而且资源配置是有效率的，说明海尔的创新力与控制力是统一的，而且是动态效率统一，否则盈利不可能持续增长。

对海尔的成功，理论界和企业界通常认为是创新的成功。这个结论没有错，但只回答了一半，另一半是控制。一些曾到海尔参观的企业家认为海尔经验学不到，原因就在于海尔的控制力是长期形成的、立体的、多元的和跨越企业内外的，其不仅卓越，而且渗透到了海尔的"骨头"里。这正是海尔的核心能力所在。

第五节 两力统一论的理论含义与实践价值

一、创新活动的可能性边界曲线

通常，当企业面临的经营困难越大时，只有企业对旧均衡的"破坏"度越大，企业走出困境的希望才能越大。企业的控制力越强，允许企业对旧均衡"破坏"的幅度就可以更大。因而，企业的控制力的大小决定了企业创新活动的可能性空间的边界。所谓创新活动的可能性空间是指为了实现一个创新而可以采取的所有各种创新活动方案的集合，集合中的各个方案存在对旧均衡的不同的"破坏"度。比如，战术层面的创新活动与战略层面的创新活动所带来的变革的程度与范围显著不同。但是创新活动的可能性空间的边界还决定于企业的创新力的大小。创新力反映的是企业实际可以达到的最大的"破坏"度，而控制力反映的是允许企业达到的最大的"破坏"度。当创新力和控制力各自所决定的创新活动可能性边界重合时，即实现了统一，两者均不出现富余或不足。如图4-8所示：

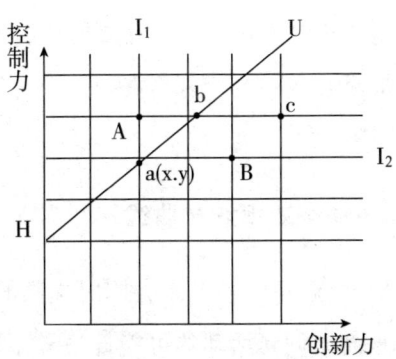

图4-8 创新力与控制力的统一曲线

从图 4-8 可看出，当创新力既定时，控制力可有无穷多个取值与该创新力进行组合，如曲线 I_1。同样，当控制力既定时，创新力也有无穷多个取值与该控制力进行组合，如曲线 I_2。在 I_1 曲线与 I_2 曲线相交的点，即图 4-8 中的 a 点，是两力统一点。U 曲线就是由无穷多个两力统一点连接而成的，因而 U 曲线是两力统一曲线（不一定是直线）。如果实际的创新力和控制力正好相交在 U 曲线之上，就表明该两力实现了统一。U 曲线上的任意一点决定企业创新活动的边界（最大值）。如果实际的两力相交于 U 曲线的上方如 A 点，表明控制力富余，或创新力不足，此时创新活动的最大值决定于创新力。如果企业在 A 点条件下开展创新活动，控制力没必要全部发挥作用，否则出现能力或资源浪费。如果相交于 U 曲线的下方如 B 点，表明创新力富余，或控制力不足，创新活动的最大值决定于控制力。如果企业在 B 点条件下开展创新活动，由于控制力不足，创新活动就有可能失败。因此，在企业创新力和控制力既定时，创新活动的最大值决定于两力中较小的那个力。企业在创新力与控制力为任意组合时，在每个组合下可行的创新活动最大值都收敛于 U 曲线，如图中 A 组合的创新活动最大值收敛于 a 点，B 组合的创新活动最大值也是收敛于 a 点，而 C 组合的创新活动最大值收敛于 b 点。

图 4-8 还反映一个事实，即当企业的控制力低于某个值时，一般是不适合开展创新活动的，企业通常也不表现出创新力，如图 4-8 中 H 点所示。这时，企业处于"循环流转"状态，往往要通过被兼并或重组或任命新总裁等方式输入创新力和控制力，才能表现出创新力，形成追加控制力。比如，本身就是创新力与控制力统一体的张瑞敏 1984 年上任青岛电冰箱厂厂长，使该厂获得了创新力和控制力种子。

二、创新力与控制力动态效率统一曲线

图 4-8 还显示，只有当创新力和控制力同时提高时，两力统一点才能沿 U 曲线向右上方移动，从而使创新活动的可能性边界不断扩大。从理论上讲，两力越大，创新活动的取值也会越大。但现实中的企业，其创新力和控制力均不是无限扩展的，因此 U 曲线不可能无限延长。这里存在一个问题，即企

业依据其自身的能力、资源等内在条件所决定的两力统一点（简称"企业统一点"）可能与企业为了获取市场竞争优势而应该具有的两力统一点并不重合。根据贝恩的 SCP 产业组织理论，应该具有的两力统一点（以下简称"市场决定点"）是由市场决定的。如果企业决定点与市场决定点重合，那么企业的创新活动最富于效率，这时既获得了竞争优势，又成本最低，这种企业决定点与市场决定点的重合就是效率统一。由于市场是不断变化的，因而随着时间的流逝，市场决定点出现移动，形成了一条曲线，称为市场决定曲线（见图 4-9）。市场决定曲线上的各个点表明企业都能赢得市场竞争优势。因此，如果企业决定点始终落在市场决定曲线上或上方，企业就始终能持续地获得竞争优势。

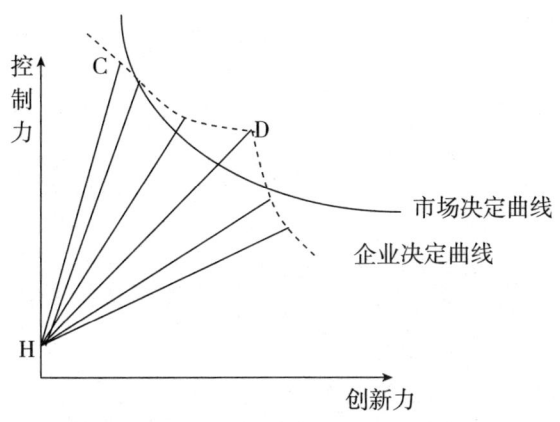

图 4-9　企业持续发展曲线

在图 4-9 中，C 点表示企业决定点在市场决定曲线下方，表明企业的创新力与控制力的统一点不足以使企业获得足够的竞争优势，因而这种统一是无效的，这类企业迟早要被挤出市场。在 D 点，企业决定点在市场决定曲线上方，表明企业不仅能获得足够的竞争优势，而且创新力和控制力均高于或其中一个高于市场决定点，说明企业能力存在富余，这时企业资源存在闲置浪费现象，有必要拓展新的业务领域。比如，如果 GE 公司继续直接从事低端业务，其创新力和控制力就均过剩，等于用牛刀杀鸡。当企业决定曲线与市场决定曲线重合时，企业就能始终最经济有效地获取竞争优势，从而实现持续发展。因而与市场决定曲线重合的企业决定曲线就是两力动态效率统一曲线，亦即企业持续发展曲线。现实中企业决定曲线不可能与市场决定曲线完全重合，因而企业就要调整创新力和控制力，使之尽量接近于市场决定曲线。在跨国公司大举进入中国市场条件下，市场竞争加剧，市场决定曲线出现右移。由于中国的企业大多比较弱小，创新力与控制力即使统一，也可能是位于市场决定曲线下方，产生不了竞争优势。

不同的产业由于其技术、资本、需求特性不同，市场结构不同，因而不同产业的市场决定曲线也不同。在图 4-10 中，上方的曲线表明产业要求企业应该具有的创新力与控制力的统一点在某个时点上高于下方的曲线。实际情形正是如此。比如，传统的劳动密集型产业对创新力与控制力的要求通常低于高科技产业，因而传统的劳动密集型产业的市场决定曲线位于下方，而高科技产业的市场决定曲线位于上方。

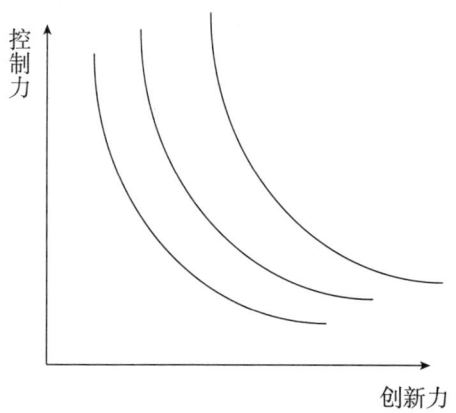

图 4-10　不同产业和产业不同位置的市场决定曲线

同一产业内高端产品市场和低端产品市场对创新力与控制力的要求也是不同的，高端产品市场通常需要更多的创新力和控制力，从而市场决定曲线位于上方；而低端产品市场对创新力与控制力的要求通常较低，因而其市场决定曲线位于下方。因此，如果企业决定曲线与高端产品市场的市场决定曲线重合或接近，企业就应当进入高端产品领域、退出低端产品领域或将低端业务委托给其他企业贴牌经营，如美国 GE 公司的经营模式。相反，如果企业决定曲线与低端产品市场的市场决定曲线重合或接近，企业就应当集中于低端产品市场，以发挥比较优势，如中国格兰仕早期的成功。

第五章　企业持续发展的整体管理：
三个基本维度与共生型控制系统

　　本章要探讨的问题是：企业的管理活动纷繁复杂，那么，在超级竞争条件下，以持续发展为目标的全部管理活动应当包含哪些不可偏废的基本维度？应如何同时实现这些基本维度？通过本章的研究，可以知道着眼于企业管理整体上的功能产出，各个管理要素应具有的功能诉求，以便进行有针对性的组合管理和协同管理。同时，本章研究提出同时实现这些基本维度以及如何实现创新力与控制力统一的路径与方法。

　　超级竞争使创新成为现代企业的普遍追求，似乎只要进行创新，企业就能永远不败，管理就是创新。然而，来自市场的尴尬是，近年在我国迅速失败的那些著名企业恰恰基本都是创新型企业。因此，超级竞争条件下以持续发展为目标的企业整体管理除了应当持续关注创新外，到底还应同时持续关注哪些基本维度以及如何使这些基本维度得以同步实现，是亟待研究的理论性、实践性和基础性均十分显著的管理难题。本章基于系统的视角，通过描述性案例研究，提出超级竞争条件下以持续发展为目标的企业整体管理的基本维度是创新推进、效率提升和风险规避，持续发展的企业是创新型企业、效率型企业和风险规避型企业相统一的企业，即三叶草型管理的企业；针对存在于创新推进、效率提升和风险规避之间的"跷跷板"效应，揭示了同时实现它们的管理路径，即通过关键控制要素，特别是功能复杂性控制要素的组合管理，建立以创新导向的控制系统、效率导向的控制系统与风险规避导向的控制系统相耦合的三叶草型控制。三叶草型管理是超级竞争条件下以持续发展为目标的现代企业整体管理的一个基本范式，也是实现创新力与控制力统一的管理路径与方法。

随着超级竞争的出现，创新成为企业的普遍追求，"企业不创新，就破产"，"对待创新，你必须达到发狂的程度"。但是，近年来，我国发生的多起重大企业失败事件却显示，那些迅速失败的企业恰恰基本都是创新型企业。这种悖论现象不断地置学界于尴尬的境地，典型的例子有新疆德隆、中航油新加坡公司、四川拓普、北京科利华等企业的失败。尴尬突出地表现在两方面，一是这些企业都是通过独特的创新举措迅速崛起，很快被学界奉为创新型企业的标杆受到市场追捧，而崩盘后原来广受推崇的那些创新举措又迅速受到学界全面质疑。二是这些企业失败后，学界对其败因的分析大多采取盲人摸象的方式，形成了许多似是而非、各说不一的观点，令企业界莫衷一是，损害了管理的声誉。

这些现象向我们提出了两个亟待研究的管理学问题：首先，在超级竞争凸显的买方市场条件下，以持续发展为目标的企业整体管理除了持续关注创新这一基本维度外，到底还应同时持续关注哪些基本维度？以上尴尬表明，超级竞争条件下仅有创新并不能带来企业的持续发展，以持续发展为目标的企业整体管理显然还有其他基本维度需要持续关注。在管理日益时尚化的今天①，廓清这一问题对于管理者确定正确的管理思维，驾驭、简化和深化企业的日常经营管理，具有重要的理论与现实意义。其次，从企业整体管理层面上看，这些著名企业的失败表明创新维度与其他维度之间存在相互制约、难以协调的关系，企业到底应如何驾驭这些基本维度间的相互制约关系才能实现它们的协同共进？这是现代企业面临的挑战性管理难题。这两个问题密切相关，是超级竞争中任何企业的经营管理始终都要面对的基础性问题，迄今，学界鲜有专门的研究。

本章基于系统的视角，采取描述性案例研究法，首先通过规范分析揭示超级竞争条件下以持续发展为目标的企业整体管理应持续关注的基本维度，探讨同时实现这些基本维度的管理路径与工具，再以深圳华为技术有限公司为案例进行实证检验，最后讨论本研究结果的理论与实践价值。

---

① 据 Abrahamson（1996 年）等的研究，管理时尚是指短时间内大家普遍认为处于管理学发展前沿的某种管理技巧，通常具有简洁、虚伪地鼓励、符合潮流、表面新颖、被权威承认等特点，就像时装、音乐一样流行。

第一节　三叶草型企业模型与三维控制

一、管理基本维度的理论模型

管理的创新推进（Innovation Promotion，IP）维度。与企业增长和企业发展不同，企业持续发展具有时间性、空间性和动态性三维特征。随着市场竞争的日趋激烈，企业同时实现三维特征日趋艰难，从而以持续发展为目标的企业整体管理的基本维度日趋复杂化。在卖方市场条件下，市场相对稳定，易于把握，企业"稍不留神就赚钱"，因而，企业所从事的大体都是"正确的事"，企业通常只需关注效率——"把正确的事做好"的问题，企业管理呈现单一的成本范畴的效率维度，即企业只要把成本问题解决好，一般就能获得持续发展，这时的企业持续发展与企业增长和企业发展对管理的要求没有根本性差异，管理的基本维度均是效率。① 随着市场形态从卖方转向买方，市场竞争变成了超级竞争，企业只有在价值链战略环节才能创造价值、实现盈利，因此，企业首先要解决的是如何才能"做正确的事"的问题，即效力问题。由于在买方市场条件下，交易的经济权力从厂商转移到了顾客，顾客成了市场竞争的最终裁决者，而顾客需求是不断变化的，因而，"企业不创新就破产"，创新推进就成为买方市场条件下企业必须持续高度关注的首要工作，创新成为企业整体管理的一个基本维度，企业一般都要致力于成为创新型企业。否则，无法实现差异化、建立竞争优势，或无法摆脱现有竞争、实现成长突破。

管理的效率提升（Efficiency Promotion，EP）维度。从理论上讲，在效力的基础上加上效率，竞争力才得以产生，企业只有具备了竞争力才能在买方市场得以生存和发展。同卖方市场相比，买方市场条件下的企业面临的一个基本而突出的问题是，盈利空间日益缩小，微利乃至亏损成为很多企业的常态，因而直接决定盈利能力的效率问题，较之卖方市场，其重要性不是减弱而是增

---

① 尽管创新理论认为，创新是企业发展的不竭动力，但在卖方市场，对微观企业个体来讲，模仿通常比创新更有效，创新体现的主要是宏观经济发展上的意义，微观企业只需关注成本问题即效率问题，就可实现持续发展。

强了。美国霍尼韦尔国际公司前 CEO 拉里·博西迪（Larry Bossidy）和管理咨询师拉姆·查兰（Ram Charan）2002 年在其畅销书《执行》中就指出，"那些只注意战略制定（创新范畴）而忽视战略执行（效率范畴）的企业，大多数情况下是其没有兑现承诺的原因，很多计划都没有像预期那样得到落实，或者是组织根本没有足够的能力来落实"。这其中就包含了创新与效率同样重要、必须同时实现的概念内涵。1980 年由迈克尔·波特（Michael E. Porter）提出的长期被广泛接受的低成本战略（效率范畴）和差异化战略（创新范畴）不可兼得论①在 2005 年被 W. 钱·金（W. Chan Kim）和勒妮·莫博涅（Renee Mauborgne）打破，他们的以同时追求差异化和低成本的战略为内容的《蓝海战略》一经问世便畅销全球，也说明对于现代企业，效率与创新同等重要，它们的同步实现成为普遍诉求。近年来，品牌、核心能力、专业化、归核化、知识产权、执行、细节等受到学术界和企业家高度追捧，而它们都是以效率为基本诉求或基本诉求之一。尽管抽象地讲，创新也是效率提升的重要途径，但微观企业管理层面上的效率所关注的领域、实现方式和管理系统与创新存在很大差异，因此，两者不能相互替代。而且，在买方市场，效率提升的关键成功因素和实现方式同卖方市场相比发生了很大变化（比如，品牌、核心能力、顾客资产是买方市场而不是卖方市场的效率实现基本方式），因此，在管理上，效率提升与创新推进成为同等重要的基本管理诉求，效率提升成为买方市场条件下企业管理的第二个基本维度，企业应成为效率型企业或执行型企业。

管理的风险规避（Risk Prevention，RP）维度。在买方市场，仅有竞争力，

---

① 就持续竞争优势的形成，20 世纪 80 年代初迈克尔·波特提出了三种基本竞争战略，即低成本战略、差异化战略和集中一点战略，概括起来就是低成本和差异化两种战略。他把差异化定义为公司在产品或服务方面形成一些在产业范围内具有独特性的东西。由于独特性就是与众不同，而创新就是创造与众不同，因此，差异化的基本竞争战略表明创新是企业的一个基本管理维度。波特还指出，成本领先要求在经验基础上全力以赴降低成本、抓紧成本与管理费用的控制以及最大限度地减少研究开发、服务、推销、广告等方面的费用。显然，这些都属于效率范畴，因此，也可认为，低成本战略道出了企业管理的另一个基本维度，即效率维度。波特曾指出低成本战略和差异化战略的各种风险，其中，低成本领先或差异化领先分别可以被竞争对手通过差异化战略或低成本战略打破。同时，成本空间和差异化空间毕竟都有限。因此，企业最终都会走向低成本战略与差异化战略并举，如格兰仕、海尔。

企业依然难以获得持续发展，因为买方市场是超级竞争的市场，超级竞争的基本特征就是永恒存在和日益增强的高不确定性，风险因素众多，危机容易生成。中国近十年来不断上演的企业崩盘事件，很多并非源自竞争力的低下，而是源于风险与危机的生成，说明风险问题已凸显为现代企业成长的基本管理问题，渗透到企业经营管理的各层次和环节，企业必须日益追求成长的基本安全。而且，按照超级竞争理论和委托代理理论①，在未来，风险问题对所有企业还将更加凸显，风险的生成空间、生成逻辑、表现形式与管理方式将不断发生新的变化。因此，风险规避，包括风险与危机的识别、驾驭、防范与化解，成为现代企业整体管理的第三个基本管理维度，企业应成为风险规避型企业。创新、效率和风险规避均是现代企业持续发展的基本管理诉求，从而使现代企业管理鲜明地表现出三维的特征（见表5-1）。只有当企业同时实现了这三个基本管理诉求，企业持续发展才是基本可以预期的结果，创新型企业的失败才能避免。

二、三维管理的实现路径

西蒙斯的控制理论。由于创新维度要求的是发散型管理，效率维度和风险规避维度要求的是收敛型管理，因而，同步实现它们成为挑战性管理难题。要化解冲突、实现统一，就需挖掘连接和协同三个维度的共同机制，由此发现管理的路径与方法。哈佛商学院教授罗伯特·西蒙斯（Robert Simons, 1995）的控制理论为我们提供了启示。西蒙斯突破了控制功能的效率范畴和风险范畴，首次把创新明确地列为控制的功能之一。他认为，经理们对控制的理解过于狭隘，企业的控制系统包含四个同样重要的方面：一是诊断控制系统，即传统的管理控制概念，由工作标准、量度产出和绩效挂钩等组成，其功能是推动、监控和奖励某一特定的目标得以有效实现；二是信念系统，由公司宗旨、使命和目标等来建立和传达，其功能是鼓励和指导企业探寻新的机会和创新活动；三是边界系统，由商业行为准则和战略规划等组成，其

---

① 事实上，从理查德·达文尼对超级竞争特征的描述可明显看出，在超级竞争条件下，创新和风险是企业必须高度关注的管理基本内容。从超级竞争理论可以看出来自市场的日益增强的高风险性，从委托代理理论可看出来自企业内部的日益增强的高风险性。

功能是为探寻机会的行为确立经营边界和战略边界以化解组织风险;四是交互式控制系统,通过确立组织上下关注的重点,上级与下属面对面的讨论会,对数据、假设和行动计划的质疑和讨论等来实现,其功能是激发组织不断进取并促进新创意、新战略的诞生。信念系统和交互式控制系统确保企业的创新力;边界系统确保企业实现成长安全;诊断控制系统确保企业实现管理效率。因此,西蒙斯的理论表明,创新、效率和风险状况都是控制的函数,企业通过控制要素的组合安排,可形成创新导向的控制系统、效率导向的控制系统和风险规避导向的控制系统,控制系统是同时实现三维管理的路径所在。

西蒙斯控制的拓展模型——三叶草型控制模型。西蒙斯的控制理论存在两个重要缺陷:一是众多影响企业创新、效率和风险状况的重要控制要素没有包括在内,如企业家、产权安排等,因此,西蒙斯的控制系统仍是极不完整的控制系统,容易因企业家等控制要素的影响导致其他要素的功能错位与缺位;二是一些控制要素能同时影响三个功能,如企业文化、企业家等,如果把这些控制要素包括在内,西蒙斯的四个控制系统就不是其所描绘的相互独立状态(见图5-1),即不同功能导向的控制系统存在重叠和交互影响,这些能同时影响两个以上功能的控制要素正是实现三维管理的路径与难点所在。

表5-1 买方与卖方市场条件下企业管理基本维度的差异

市场形态	基本特征	管理内容	管理目标	管理维度
卖方	超级竞争 厂商主导 利润丰厚 确定性高	把正确的事做好	效率——企业持续发展	效率提升
买方	超级竞争 客户主导 利润稀薄 确定性低	做正确的事 把正确的事做好 风险规避	效力 效率 竞争力 基本安全度 企业持续发展	创新推进 效率推进 风险规避

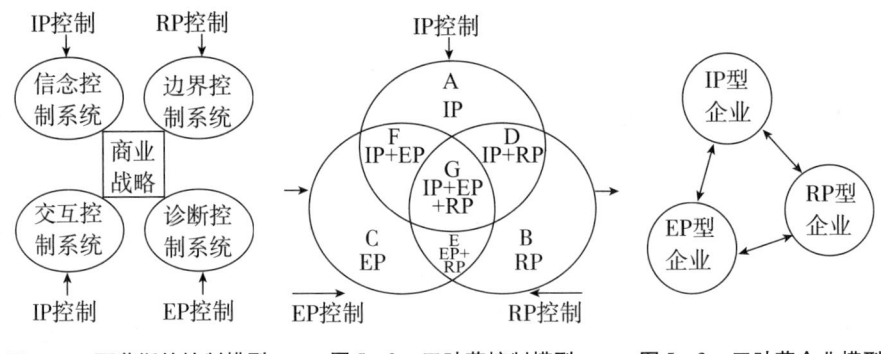

图 5-1　西蒙斯的控制模型　　图 5-2　三叶草控制模型　　图 5-3　三叶草企业模型

针对西蒙斯的控制系统的缺陷，我们构建了如图 5-2 所示的三叶草控制模型，其含义是：（1）任何企业的全部经营管理活动都是在谋求影响企业内部和市场上的利益相关者的行为，在于建立特定功能导向的控制系统，任何企业都是一个独特的控制系统。（2）企业的整体控制系统由创新导向的控制系统、效率导向的控制系统和风险规避导向的控制系统耦合形成，因此，企业的整体控制系统可以形象地表述为三叶草控制。（3）对于超级竞争条件下追求持续发展的企业，其整体控制系统必须同时产生创新推进、效率提升和风险规避三个功能，就像三叶草的三片叶子缺一不可，亦即企业必须同时是创新导向型控制系统、效率导向型控制系统和风险规避导向型控制系统，否则，不可能持续发展。（4）西蒙斯的四种控制系统，即三叶草控制模型 A、B 和 C 区所代表的子控制系统，只是三叶草控制系统中相对容易实现的部分，而三叶草控制的重叠区，即 D、E、F 和 G 区，特别是 G 区所代表的子控制系统是管理的重点和难点。因此，三叶草控制是西蒙斯控制的拓展模型，更能概括企业整体管理的全貌（见图 5-4）。

三、控制要素的挖掘与功能定位

由于企业的全部经营管理活动在于建立和不断优化企业的控制系统，因此，每一个经营管理活动的单元就可视为一个控制要素。由现代企业管理学的理论体系可知，所有权结构、治理结构、组织结构、企业文化、企业家、发展战略、组织模式、绩效体系、运营系统、信息系统、流程、品牌、专利权、营销渠道、供应链、战略联盟、核心能力、战略资源、战略市场、战略顾客、会计系统、审计系统、危机系统、法律系统、现金流、负债率等，都是经营管理活动的重要单元，都能对企业资源配置产生局部或整体性影响，亦即每个要素都可以有不同的存在状态，从而可以对资源配置产生不同的影响，因而它们都既是管理要素，又是控制要素。如果考察它们对企业创新、效率和风险规避的各种功能性影响，就可发现各控制要素与三维功能之间存在的关系矩阵（见表5-2）。这些控制要素具体对资源配置产生何种影响，取决于管理者对它们的结构安排。比如，不同形态的企业文化和绩效考核体系会使员工产生对创新与风险的不同偏好，从而产生不同的工作行为。显然，从企业内外环境的变化趋势来看，需要企业关注的经营管理单元越来越多、管理越来越复杂。

表5-2显示，创新、效率和风险状况均有众多的控制要素从不同的环节和领域对其产生或有或无、或强或弱、或正或负的功能影响，企业整体的创新推进力、效率提升力和风险规避力取决于各控制要素扮演怎样的功能以及它们的功能组合，要想同时获得足够的创新推进力、效率提升力和风险规避力，就必须尽可能挖掘和在结构上优化所有关键性的控制要素（标"★"号者）。比如，要获得最大化的创新力，从表5-2可看出，就必须对产权结构、治理结构、企业文化、发展战略、绩效体系、企业家职能、战略联盟等进行优化，使它们均能对创新产生促进而不是抑制作用，必须把企业建成市场驱动型组织和学习型组织，构建完整的信息管理系统，培育洞察力和核心能力，而不能指望其中单一要素的改进或突破。按表5-2对控制要素实现全序列优化后的企业，能同时获得最大化的创新推进力、效率提升力和风险规避力，这样的企业同时是创新型企业、效率型企业和风险规避型企业，即三叶草型管理的企业（见图5-3）。

将表5-2中优化后的控制要素置于图5-2中，即得到图5-4显示的三叶草控制标杆图，由图5-4可清晰地看见持续发展型企业控制系统的基本功能维度和控制要素构成、各控制要素的功能分布、功能定位与功能组合。比如，企业文化，位于G区就同时是创新型文化、效率型文化和风险规避型文化，同时产生三种促进功能；位于B区就是单一的风险规避型文化，这样的企业比较保守、创新性不足；位于C区就是单一的执行型文化或效率型文化，这样的企业往往创新性不够，只适应于稳定的市场环境，无法在超级竞争的环境中生存。

三叶草控制标杆图展示了三维管理的路径和重点：A、B、C区的要素结构简单、功能一维，E区中的要素结构较简单、功能二维，G区中的要素结构复杂、功能三维，如果 G 区中的要素组合的结果使企业对创新、效率和风险规避均高度重视（内生于治理结构、企业文化、绩效体系、企业家、运营系统等）且提供足够的组织知识（由洞察力、战略联盟、核心能力、学习型组织、企业家等产生），那么，A、B、C、E 和 G 区中的所有要素就都会受到重视并获得优化，最后企业所呈现的就是三叶草型管理，因此，G 区中的各个控制要素是三维管理的重点、难点和关键路径所在。同时，标杆图为管理者进行管理问题的诊断、管理路径的寻找，尤其是当进行管理变革与突破时，为采取对多个控制要素的组合管理和系统管理提供了指南。

表 5-2 控制要素与三维功能的关系矩阵

优化前的管理要素	功能维度						优化后的管理要素
	创新推进（IP）		效率提升（EP）		风险规避（RP）		
	优化前	优化后	优化前	优化后	优化前	优化后	
产权安排	+/-★	+★	+/-★	+★	+/-★	+★	按竞争力导向的产权安排
治理结构	+/-★	+★	+/-★	+★	+/-★	+★	现代公司制的治理结构
绩效考核体系	+/-★	+★	+/-★	+★	+/-★	+★	平衡计分卡绩效体系
企业文化	+/-★	+★	+/-★	+★	+/-★	+★	企业文化——海尔、华为模式
发展战略	+★	+★	+/-	+	+/-★	+★	发展战略——华为模式
会计系统	-		+/-★	+★	+/-★	+★	会计系统——华为模式
审计系统	-		+/-★	+★	+/-★	+★	审计系统——华为模式
战略中心型组织	+/-		+★		+★	+/-	基于卓越洞察力的战略中心型组织
流程	+/-		+★		+★	+/-	IPD、ISC、TOM 等
预算	+/-		+/-★		+/-★		全面预算体系
道德系统	+/-		+/-		+★	+★	道德系统
企业家	+/-★	+★	+/-★	+★	+/-★	+★	三只眼型企业家——任正非、张瑞敏等
运营系统	+/-	+	+/-★	+★	+/-★	+★	运营系统——GE、海尔模式
市场驱动型组织	+★	+★					市场驱动型组织

续表

优化前的管理要素	功能维度						优化后的管理要素
	创新推进（IP）		效率提升（EP）		风险规避（RP）		
	优化前	优化后	优化前	优化后	优化前	优化后	
学习型组织	+★	+★	+★	+★	+★	+★	学习型组织
信息系统	+	+	+★	+★	+★	+★	IT信息系统
洞察力	+★	+★	+	+	+★	+★	洞察力
能力	+★	+★	+★	+★	+★	+★	核心能力
现金流					+★	+★	稳定的现金流
资源			+★	+★	+/-★	+★	战略资源
供应链			+★	+★			集成供应链
品牌☆			+★	+★	+★	+★	强势企业品牌
知识产权			+★	+★	+★	+★	基本专利与核心专利
营销渠道	+/-		+	+★	+/-		营销渠道网络
战略联盟	+★	+★	+/-★	+★	+/-★	+★	基于学习、核心能力与声誉的战略联盟
战略顾客☆			+★	+★	+★	+★	战略顾客
战略市场			+★	+★	+★	+★	战略市场
负债率	+/-		+/-		+/-★	+★	低负债率
法律系统	-				+★	+★	法律系统
危机系统	-				+★	+★	危机系统

说明：+：促进；-：抑制；+/-：或促进，或抑制，具体产生何种作用，取决于要素的形态结构；空格：不产生此项功能、不是此控制要素所要产生的功能、难以通过此控制要素产生此项功能或者处于中性状态；★：对功能的实现一般具有明显影响，是管理的重点。

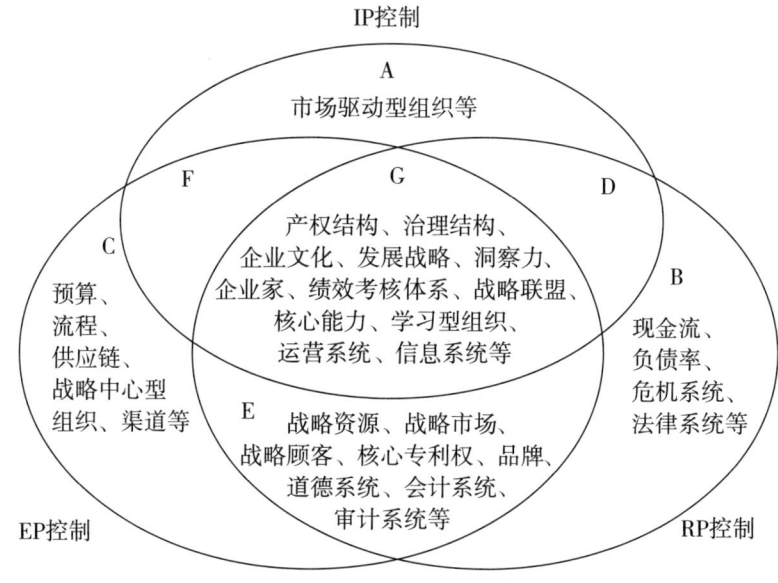

图 5-4 三叶草控制标杆图

三叶草控制图的含义：创新推进型控制系统、效率提升型控制系统和风险规避型控制系统就像三叶草的三片叶子，如果缺少一片或两片叶子，就不成其为三叶草，寓示只有三种控制齐全，企业才能持续发展，否则，迟早会崩盘或衰亡，表现为"小老树"式企业、"过山车"式企业或"流星"式企业。三叶草控制图代表了持续发展型企业的整体控制系统，其中有 13 个不同的区域（A—M），代表了 13 个不同的子控制系统，分别具有不同的功能产出和管理含义，每个控制要素在三叶草图中的不同定位决定其不同的结构形态和管理模式。三叶草图显示，企业持续发展必须诉求于整体管理，企业成为创新型企业的同时，还必须同时成为效率提升企业和风险规避型企业，三种控制的构成要素存在差异。

A 区：定位在其中的控制要素一般仅对创新推进产生影响；

B 区：定位在其中的控制要素一般仅对风险规避产生影响；

C 区：定位在其中的控制要素一般仅对效率提升产生影响；

D 区：定位在其中的控制要素一般仅对创新推进和风险规避产生交叉影响；

E 区：定位在其中的控制要素一般仅对效率提升和风险规避产生交叉影响；

F 区：定位在其中的控制要素一般仅对创新推进和效率提升产生交叉影响；

G 区：定位在其中的控制要素对创新推进、效率提升和风险规避均产生影响；

H 区 = A + D + F + G：定位在其中的控制要素均对创新推进产生影响；

I 区 = B + D + E + G：定位在其中的控制要素均对风险规避产生影响；

J 区 = C + E + F + G：定位在其中的控制要素均对效率提升产生影响；

K 区 = D + G = H × I：定位在其中的控制要素对创新推进和风险规避产生交叉影响；

L 区 = E + G = I × J：定位在其中的控制要素对效率提升和风险规避产生交叉影响；

M 区 = F + G = H × J：定位在其中的控制要素对创新推进和效率提升产生交叉影响。

四、三叶草控制图的管理价值

企业持续发展管理是系统复杂性管理，但管理实践追求的是复杂中的简约之美，建立驭繁于简，以创新推进、效率提升和风险规避的统一与共生为目标的管理工具将具有显著的实践价值。三叶草图是企业诊断与变革的工具和蓝图，定位在 13 个不同区域中的控制要素和控制因子代表不同的管理意义，因为对照三叶草图，管理者可以"统观整体，一叶知秋"，容易发现管理的问题出在何处，同时，为了实现不同的管理目标，管理者通过控制因子或要素的组合管理即可实现。企业如果要进行管理变革，对照三叶草图，既容易找到变革的路径，又能知道变革所能带来的关联影响，从而采取有效的配套措施防止企业崩盘。因此，三叶草控制图可成为企业持续发展管理的强有力工具。

此外，在三叶草图中，由于对现有的一些重要理论工具进行基于创新推进、效率提升和风险规避的功能定位、分类与整合，可推动与企业管理有关的学术研究。比如，公司治理是目前管理学研究的热点，每年都产生大批文献。但是，目前流行的"就治理结构研究治理结构"的研究恐怕是没有出路的，只有将治理结构与企业文化、产权结构、运营系统（即三叶草图中 G 区的控制要素）等结合起来研究才可能获得更有价值的成果，因为它们构成了不能分开的生态系统，如中航油新加坡公司的失败表面上是治理结构问题，而实际上与企业文化密切相关。同时，企业文化、治理结构、产权结构等只有在基于创新推进、效率提升和风险规避统一与共生的范式下的研究，才能获得具有普适性的成果。根据控制要素在三叶草控制图中的功能定位来研究该要素应具有的形态结构，可以避免不必要的理论纷争，如经济学中关于最优企业所有权安排的激烈争论[1]就是由于理论界忽视了所有权安排的功能定位问题，争论的逻辑前提是不同的。

对于各个控制要素的挖掘工作，鉴于控制要素众多，仅以品牌和专利权为例加以说明。

1. 专利权

目前人们对知识产权价值的认识，通常还仅限于激励知识创新、维护公平竞争、促进科技进步、推动经济发展等。但在现实的市场竞争中，知识产权已经蜕变为掌控竞争甚至是遏制他人竞争的商业工具，有时还可能是竞争对手的一个阴谋，因此，占有和保护知识产权已变成现代企业规避市场风险的强有力工具，知识产权既是提升企业竞争力，又是规避企业市场风险的手段与途径。

在知识产权中，最核心的是专利权。通过专利战略建立竞争优势，挤压竞争对手，规避市场风险，是当下跨国公司的普遍做法。中国的华为技术公司之所以能化解与美国思科公司专利权纠纷可能带来的巨大风险，就得益于其长期重视自主知识产权。与思科的专利权纠纷结束后，华为比以前更加重视自主知识产权工作，其连续多年的专利申请量居于国内企业领先位置，采取了专利先行的经营策略。由于中国的企业普遍不太重视自主知识产权，因此，当中国的DVD生产企业形成了很大的产业规模时，2002年，日立、松下、东芝等6C联盟起诉中国DVD企业专利侵权，致使中国整个DVD行业中的企业沦落到代工者的地步，每生产一台DVD就要支付4.5美元专利许可费，迄今全行业已赔付数十亿元人民币。[2] 跨国公司申请专利与否，申请量多少，是以市场现实规模和潜在规模为依据的。规模大的市场，跨国公司就寻求专利权保护。对于潜在规模大的市场，跨国公司通过专利布局将其"圈"为己有，或者待条件成熟时，自己亲自开发并占领市场，或者故意让其他企业在其圈下的市场经营，待市场

---

[1] 参见第八章。

[2] 2005年以前的数据。

被其成功开发后,通过专利诉讼将其挤出市场并获得侵权赔偿,或者收取巨额专利许可费。由于目前中国企业在国内市场上具有市场份额高、跟随主流技术、没有专利累积等特征,因而中国企业就成为跨国公司专利战的攻击目标。借助于专利战略,跨国企业很容易将在位的主要竞争对手挤出市场,防止潜在竞争者的进入,达到独享市场的目的,亦即专利权是显著有利于效率提升的控制要素。

直接用于掌控市场竞争的企业专利战略主要是两种,即基本专利战略和专利网战略。基本专利战略是指通过本企业开发的所在产业的核心技术获得专利权,进而控制整个产业的市场所有权的竞争战略。正是由于6C联盟拥有了DVD行业的基本专利,因此,中国的DVD企业才沦为今天被动的代工者的地步。专利网战略是指围绕某个技术领域提出大量的专利申请,形成一张严密的专利网,防止其他企业在同一技术领域提出迂回专利,尽可能覆盖该技术未来的应用领域。因此,基本专利和专利网能使企业有效排除竞争对手争夺市场的潜在经营风险。

因此,如果企业没有专利权,即使拥有很高的市场占有率,企业的市场地位仍然是很脆弱的。从而,自主知识产权成为现代企业规避和化解市场风险的重要控制要素,其中基本专利权是强有力的控制因子。

2. 品牌

品牌的价值在于它向企业提供了一种声誉机制。依靠声誉,企业得以掌控市场上的利益相关者的行为,因而,品牌是一种控制要素。

品牌对企业效率的提升作用在于它为企业的创新价值获得市场实现提供了通行证。企业建立了品牌后,企业在进入的新市场、开发的新产品、进入的新行业就容易被市场认可,从而企业的产业创新、市场创新、产品创新等创新成果容易获得市场实现。品牌对企业效率提升的控制作用,还在于它能使企业低成本地从市场获取所需资源,同时能使企业高价格销售产品和服务。

品牌的第二个独特作用一直没有为理论界和企业界所关注,即品牌还是一个非常重要的风险规避型控制要素。由于品牌声誉是一种慢变量,一般要在长期的市场摔打中才能形成,同时形成后通常不会很快消失,这种慢变量特征能为现代企业的两个常见的重大管理问题——危机处理和战略转型,分别提供生死攸关的时间差机制和资源控制机制:

(1) 提供危机处理的时间差机制

现代企业所面临的是高度不确定的市场，各种市场危机是随时都有可能发生的。企业是否能顺利度过危机，转危为安，一方面取决于企业的危机处理能力的大小，强大的危机处理能力将缩短处理危机所需的时间①，另一方面取决于市场是否向企业提供处理危机所需的足够时间，而后者很大程度上取决于企业的品牌声誉，这两方面的状况决定了企业能否赢得对顺利化解危机具有决定性作用的时间差，保证企业在死亡之前或者元气大伤之前就化解了危机。

品牌提供危机处理的时间差机制可从下面的典型案例得到验证：

20 世纪 90 年代，美国的可口可乐在欧洲发生了重大中毒事件，引起全球关注，中国的三株口服液在中国发生了饮用后死人事件，同样引起了广泛关注，但前者顺利度过危机，后者却是危机还没有结束，企业就已破产。有关资料显示，两个品牌在危机期间的声誉效应具有明显的差异。

对顾客：危机期间，尽管德国政府已宣布对可口可乐产品的禁售令，但在德国汉堡被调查的三个中学生却说："真有什么事的话，医院有的是。我们无法想象没有可乐的生活。"中国记者在超市调查，结果平均七八个学生中仍有五个学生表示会买可口可乐。然而，三株却是另外一种情形，政府没有宣布禁销令，三株产品的月销售额在危机出现一个月内即从几个亿跌至不足 1000 万元。

对竞争者："十天十地"② 表明，竞争者在人命官司之前就已对三株恨之入骨，这自然容易招致竞争者的敌对行为，而据资料介绍，可口可乐把百事可乐的存在视为自己进步的动力，经营活动合乎市场竞争规则，因而危机期间，百事可乐等竞争者没有借机报复。

对媒体：对可口可乐公司来讲，媒体处于可控状态，而对三株来讲，媒体完全处于失控状态，没有表现出像对可口可乐那样的友善和克制。

对公众：可口可乐虽然是一家大型跨国公司，有把握断定不是产品品质问题，但仍然主动公开道歉，勇于承担责任，总裁当面猛喝可口可乐，赢得了社

---

① 对于中国企业危机处理的失败，我国理论界一般把失败的原因仅归为危机处理能力的不足，还没有从品牌声誉机制的角度进行分析的。

② 十天十地：声势惊天动地，广告铺天盖地，分公司满天遍地，市场昏天黑地，经理花天酒地，资金哭天喊地，经营缺天少地，职工怨天怨地，垮台同行欢天喜地，还市场经济蓝天绿地。

会的好感。而三株采取的是对保健品行业具有致命性的不了了之方式，而且，据资料介绍，三株在人命官司发生之前，曾因公开诋毁同行、假冒科学家名义宣传产品、夸大产品功效等行为，屡屡受到政府部门查处、消费者和媒体公开揭露，多次官司缠身。因此，三株的公众形象和信誉远远不及可口可乐。

上述对比表明，危机发生后，顾客、媒体、竞争者等市场利害相关者并不受三株左右，有时甚至与三株的愿望背道而驰，三株显得力不从心，无可奈何；而这些市场利害相关者基本上被可口可乐"牵着鼻子走"，至少不会主动伤害可口可乐，可口可乐显得游刃有余。

因此，三株的失败既与其缺乏危机处理能力有关，又与其缺乏品牌声誉有关。由于三株缺乏品牌声誉，媒体群起攻之、争相传播，市场基本上不愿意向它提供处理危机所需的时间和条件。由于没有时间差，危机还没有结束，三株就已崩盘。

（2）提供转型期间所需的资源控制机制

畅销书《执行：如何完成任务的学问》①的作者博西迪和查兰在另一本书《转型》中指出，在这个变革快如闪电、形势瞬息万变、竞争激烈、价格下滑、利润被压缩的时代，企业面临两种抉择：要么转型，要么破产。但是转型谈何容易，它至少取决于三点：一是进行正确的转型，这是前提；二是快速地进行转型，因为市场的转型很快，如果企业的转型速度不能超过市场的转型速度，企业还是不能适应市场，建立竞争优势，而转型速度的快慢与企业能否有效获得转型所需的市场资源有关；三是企业在转型的过程中能维持基本的现金流，这要求企业的销售不会因为转型而过度萎缩。而品牌的声誉力量能为后两点的实现提供强有力的支撑，从而有利于化解转型的失败风险。

五、全面管理与协同管理的管理路径

同时，关系矩阵（见表5-2）和三叶草控制图（见图5-4）揭示出对企业的创新推进、效率提升和风险规避分别进行全面管理和协同管理的主要路径，

---

① ［美］拉里·博西迪、拉姆·查兰：《执行：如何完成任务的学问》，机械工业出版社2003年版。《执行：如何完成任务的学问》之所以能畅销全球，一个关键点在于它打破了人们传统的企业家就是创新家和战略决策者的心智模式。

因为每一个控制要素都能对管理目标的实现产生某个或某些方面的影响，而企业创新推进力、效率提升力和风险规避力只有通过全面管理和协同管理，才能使它们实现统一与共生，且达到具有足够竞争力的程度。

比如，全面风险管理，关系矩阵和三叶草控制图表明，对风险规避发挥促进功能的控制要素有会计、审计、信息系统、企业道德、专利权、学习型组织、品牌、战略顾客、战略市场、法律机构、危机中心等，对风险规避能产生影响（有促进和促退两种可能）的控制要素有企业家、产权安排、治理结构、组织结构、运营系统、核心能力、企业文化、战略联盟等，这些要素共同构成了企业风险规避的控制体系，缺一不可。

各个控制要素对风险规避的具体功能贡献如下：

现金流——避免因资金缺乏使正常业务不能正常进行的风险；

企业道德——建立行为边界，避免企业和员工触碰雷区所引发的风险；

危机系统——及时识别、防范并化解各种危机；

法律系统——提高合同质量，避免欺诈和诉讼风险，及时化解诉讼危机；

专利权——获得并控制市场所有权，排挤竞争对手，避免被挤出市场；

品牌——提供危机处理平台，为创新提供价值实现通道；

会计与审计系统——动态评估和掌握潜在风险因素，及时采取化解对策；

企业文化——如定位在A区，就是单一的创新文化，这样的企业风险意识就很淡薄，如新疆德隆集团的企业文化；

企业家——如定位在A区，该企业家就是单一的创新家，容易导致企业的重大决策和日常经营管理不会把风险管理放在重要位置，如新疆德隆集团的唐万新、珠海巨人集团的史玉柱等；

…………

以上分析表明，企业风险生成的环节众多，企业至少应在上述各个关键环节上均做出精细的控制性安排，企业的经营才能获得基本的安全度，不会出现大的风险漏洞。

下面图5-5至图5-7系通过将关系矩阵中的全部控制要素按对创新推进、效率提升和风险规避的功能影响进行归并而得。其中，"促进"是指只产生正向促进作用，一般不产生抑制作用；"影响"是指可能产生正向也可能产生负向作用。

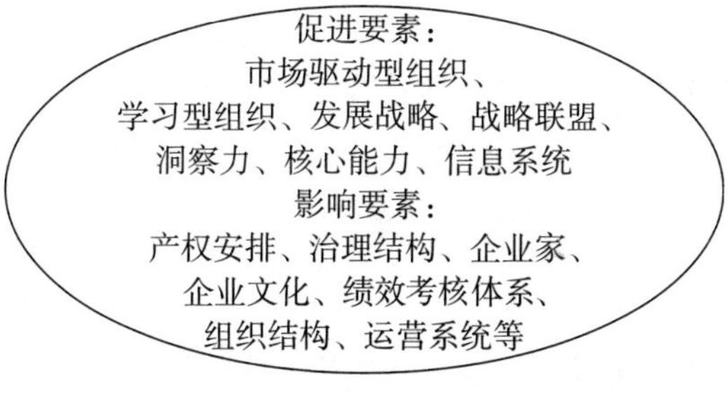

第五章　企业持续发展的整体管理：三个基本维度与共生型控制系统 | 105

促进要素：
市场驱动型组织、
学习型组织、发展战略、战略联盟、
洞察力、核心能力、信息系统
影响要素：
产权安排、治理结构、企业家、
企业文化、绩效考核体系、
组织结构、运营系统等

图 5-5　全面创新管理的促进要素和影响要素

促进要素：
会计、审计、信息系统、
企业道德、专利权、学习型组织、
品牌、战略顾客、战略市场、洞察力、
核心能力、法律机构、危机中心
影响要素：
企业家、产权安排、治理结构、
组织结构、运营系统、绩效考核体系、
企业文化、战略联盟等

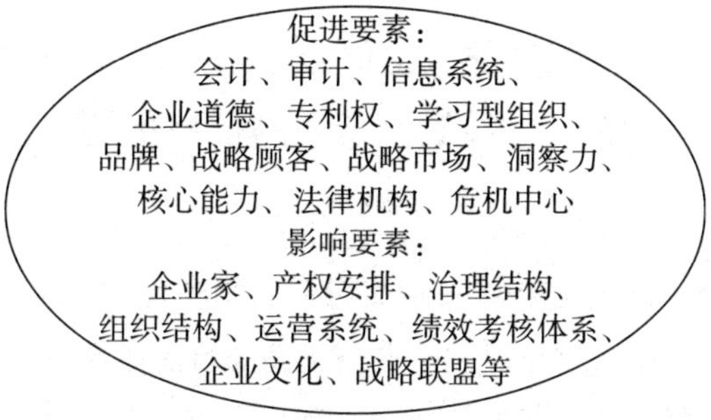

图 5-6　全面风险管理的促进因素和影响因素

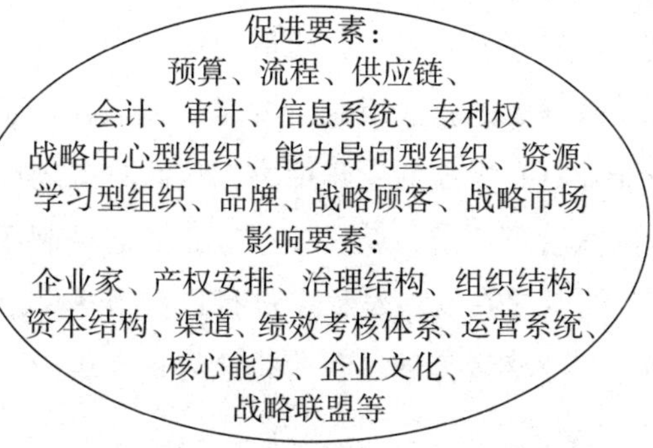

促进要素：
预算、流程、供应链、
会计、审计、信息系统、专利权、
战略中心型组织、能力导向型组织、资源、
学习型组织、品牌、战略顾客、战略市场
影响要素：
企业家、产权安排、治理结构、组织结构、
资本结构、渠道、绩效考核体系、运营系统、
核心能力、企业文化、
战略联盟等

图 5-7　全面效率管理的促进要素和影响要素

图 5-5 至图 5-7 中的控制要素分别构成了创新推进型控制系统、效率提升型控制系统和风险规避型控制系统，分别体现的是全面创新管理、全面效率管理和全面风险管理，每个控制系统中的控制要素间又存在功能分工，一些要素

间存在功能的相互传导关系。比如，风险规避型控制系统的控制要素就可以划分为三种功能类型。

经营性风险规避型控制要素：专利战略、品牌、战略顾客、战略市场、核心能力、渠道、战略联盟、资本结构。

管理性风险规避型控制要素：会计、审计、企业道德、信息系统、运营系统、法律顾问。

制度性风险规避型控制要素：产权安排、企业家、治理结构、组织结构、企业文化。

第二节 全面创新管理、全面效率管理与全面风险管理的统一与共生：华为的控制系统

持续发展的企业是否是以及如何实现全面创新管理、全面效率管理与全面风险管理的统一与共生，这里以一个典型案例来验证和说明。

对于案例的选择，确立了如下标准：第一，必须是具有超级竞争特征的行业中的企业，因为只有在这样的行业中，企业才会特别持续高度关注创新、效率和风险规避并努力实现它们的协同共进，否则，不可能既获得竞争力，又获得成长安全，实现持续发展。第二，必须是已获得持续发展的企业，由此可检测超级竞争条件下持续发展的企业所施行的是否为三叶草型管理。结合这两个标准，还可知所选企业具有极强的管理能力，从而具有理论抽象和经验推广的价值。通过深入考察其管理细节，就可知所选企业的控制系统的结构，建立一个管理标杆。第三，必须是在发展过程中进行过被市场广泛认可的管理转型的企业，由此可判断，三叶草型管理是否为企业管理变革的一种必然选择，从而可知是否具有普适性。

华为是一个完全满足以上三个标准的企业。第一，华为所在的通信设备制造业是典型的技术密集型和资金密集型行业，参与竞争的在位企业不仅数量较多而且大多为国内外实力强大的企业，竞争十分激烈，企业的发展显著依赖于创新、效率和风险规避。第二，华为成立于1988年，专门从事通信网络技术与产品的研究、开发、生产与销售，致力于为电信运营商提供固定网、移动网、数据通信网

和增值业务领域的网络解决方案，是中国电信市场的主要供应商之一，已成功进入全球电信市场，2007年实现销售额160亿美元。近七年来，华为销售额的复合增长率超过30%，海外销售额的复合增长率达110%，总资产的复合增长率达32%，实现税金（含海关两税）的复合增长率达20%，资产负债率现为55%，历年被深圳市人民银行评估机构认定"AAA"级银行资信。华为是公认的创新型企业，在创业阶段、快速成长阶段和今天的规模化与国际化发展阶段，在技术、市场、管理、组织、战略等方面均有受到业界推崇的创新性举措，申请的专利数量连续多年居国内企业前茅，其创新精神和创新力一直享誉市场。华为是典型的风险规避型企业，在创立以来的17年当中，华为只出现了美国思科公司提起的专利侵权诉讼这一有惊无险的重大危机，没有像同时代的许多明星企业那样因危机爆发而死去，联系华为作为一个民营企业从事着高风险性行业的现实，没有风险规避，华为不可能获得成长安全、避免重大危机的生成。华为还是一个效率型企业，据资料介绍，华为的销售额不到海尔的一半，但盈利额却是海尔、联想和万科的总和，华为的这种业绩是在以高投入、高薪酬水平和一流办公条件等为特点的高成本运作条件下取得的。对于华为高盈利的获得，不外乎两种可能的解释：一是行业的利润率较高，二是公司经营管理的效率较高。如果仅仅是前者，无法解释华为高盈利的持续性，因为行业的高盈利容易吸引投资者的进入而使利润平均化，华为所在行业的竞争十分激烈，因此，华为效率提升的能力就成为解释其持续高盈利能力的关键。第三，华为在获得10年的高速增长后，在1998年开始了以全面实施《华为基本法》（以下简称《基本法》）为主要内容的管理转型，在学术界和企业界均产生了深远影响，受到一致好评。

上面的分析表明，从经营管理的结果来看，华为是三叶草型管理的企业。下面从经营管理的过程来考察华为是否是以及如何实现三叶草型管理。

一、《华为基本法》的性质与功能

以新疆德隆的崩盘对比华为的持续发展，凸显华为当年制定和切实施行《基本法》、推动管理转型的高瞻远瞩。《基本法》具有怎样的性质与功能呢？中国人民大学一位参与制定《基本法》的教授回忆与华为创始人和总裁任正非交流的过程时谈到，任正非是一个思维敏捷、极具创新意识的人，经常会有一些突发性的、创新性的观点提出，但随着企业的扩张、人员规模的扩大，企业高层与中基层接触机会减少，任正非发现自己与下层的距离越来越远，无法及时了解下属的工作状况和想法，而员工也越来越难以领会他的意图。下面的人天天忖悟老板在想什么，觉得老板的话越来越难以听懂、老板在说鸟语；老板则觉得下面的人日益缺乏悟性，"笨得像头猪一样"。由于双方语言不同，缺乏有效的沟通渠道，"鸟"发出的信息无法准确及时地传递到"猪"那里，同样，"猪"的想法也无法及时准确地为"鸟"所知晓，这导致华为在高速成长过程中，老板与员工之间对企业发展方向、发展前途、价值观等超级竞争条件下企业整体管理的基本维度与共生型控制模式的理解经常出现偏差，很难达成共识。员工们因理解不了老板的意图而倍感困惑，老板也因不能被理解而痛苦。最初，为解决这一困局，任正非决定制定华为的管理大纲——《基本法》，在公司内部建立共同的语言系统。在制定《基本法》时，任正非提出了进一步的要求：当一个企业转变为一个大公司时，其管理就要由企业家型管理转变为职业化管理，但是职业经理阶层必须有一个价值评价的基础，否则，人越多越帮倒忙，最终会导致更多的迷茫；《基本法》是为了规范和发展内部动力机制，促进各种动力沿着共同的目标形成合力，是使华为持续发展的一种认同的记录；《基本法》提供一种思维方式和评价体系，提供认识客观事物的原则与方法，统一内部的战略政策和思想；《基本法》是模糊、混沌中的一条光束，大家都逐渐向它靠拢；《基本法》既是处处做势，也是处处做实，偏离《基本法》的做实是无用的；《基本法》是解决矛盾对立统一的度和方向，是解决问题的思维方向。从任正非的最初动机和这些要求可窥见：制定《基本法》是从控制的角度提出的，《基本法》所要展示的是华为未来控制系统的蓝图，推行《基本法》的实质和实现管理转型的路径是重构促使华为持续发展的控制系统。

二、华为的三叶草控制

华为管理的精华集中体现在《基本法》里。以《基本法》为线索，通过对华为经营管理的重要单元进行考察分析，我们得到了华为的主要控制要素、决定控制要素形态与功能的结构因子与三位功能的关系矩阵（见表5-3）。将表5-3中的控制要素和控制因子置于图5-2中，可以得到十分近似于图5-4显示的三叶草控制标杆图，因此，从经营管理的过程来看，华为也是典型的三叶草型管理的企业。

1. 创新导向型控制系统——全面创新管理

通信设备制造业是一个高科技密集型、资金密集型和竞争极为激烈的行业，具有行业领先的创新力是确保企业生存以及确保企业进入行业领先地位的前提。无创新力，谈论效率问题、风险问题或其他问题均毫无意义。

从众多企业的失败可明显看出，对于以持续创新为目标的企业管理，应当解决如下关键管理问题：一是使企业持久地具有创新的动力，否则，企业不可能适时启动创新活动；二是确保开展"真创新"，避免"伪创新"或"错误创新"，因为很多曾被推崇为创新型企业的企业之所以失败，事后分析，败因恰恰是原来被市场推崇的那些所谓"创新"举措，它们实际上是"伪创新"；三是确保创新活动成功进行所需的资源和提高创新活动的效率；四是拥有开展创新活动的组织知识。

为了确保足够强大的持续创新力，华为采取的主要控制性措施是：（1）建立持续创新的持续压力。华为确立了成为世界一流设备供应商的市场定位，把顾客满意度作为衡量一切工作的准绳和各项考核指标体系的核心，这意味着华为要始终比绝大多数竞争对手做得更好，同时还要不断满足不断变化的顾客需求，从而形成了创新的持续压力。（2）建立了创新活动的启动原则。所谓创新是指通过经营要素的重新组合给企业带来价值的追加，如果不能带来价值的追加，就只能称为"伪创新"或错误创新。为了避免"伪创新"或错误创新，华为规定在六方面因素的交集上开展创新活动。六个因素是：顾客价值创造；有利于成为世界一流设备供应商；符合技术发展大趋势，符合市场变化大趋势，符合社会发展大趋势；资源共享；可形成自主知识产权的领先核心技术体系；有利于进占大市场和战略市场。华为从六个方面可寻找到很多的创新源泉，但只在六个方面的交集上开展创新。这种创新决策同时体现了市场导向、能力导向和风险规避导向，从而有利于实现创新、效率和风险规避的统一。（3）实施"压强原则"。华为以超过主要竞争对手的强度配置资源，要么不做，要做就极大地集中人力、物力和财力，实现重点突破。在技术创新上，华为集中了全公司40%的员工、一万余名工程师从事研发，每年拿出不低于全公司销售收入的10%、相当于中国数所顶尖大学总和的经费用于研发。（4）建立创新型文化场和激活知识资本。华为奉行的价值观是：劳动、知识、企业家和资本共同创造了公司的全部价值；尊重知识、尊重个性、集体奋斗；人力资本不断增值的目标优先于财务资本增值的目标；经过周密策划、共同研究，即使创新活动失败，也应得到鼓励，而不应受到指责。这种文化显然有利于产生对创新活动最关键的要素——人力资本的激励。

2. 风险规避导向型控制系统——全面风险管理

通信设备制造业系高风险行业，在这个行业中的企业对成长安全的诉求较一般行业中的企业更为强烈。华为从事国际化经营，风险因素更多。如果不能进行足够的风险规避，导致中国许多创新型企业崩盘的那些危机更容易发生。

表5-3 华为的控制要素、控制因子及其三维功能产出

控制要素	控制因子（决定控制要素形态与功能的结构因子）	IP	EP	RP
产权安排	竞争力导向（按生产要素贡献）	+★	+★	+
企业文化	愿景：实现顾客的梦想，世界级领先企业，世界一流设备供应商	+★		
	竞争与战略观：顾客满意度是衡量一切工作的准绳	+★	+★	+★
	质量（产品与服务）是华为的自尊心	+★	+★	+
	发展拥有自主知识产权的世界领先的技术支撑体系	+★	+★	
	世界一流设备供应商，永不进入信息服务业	+★	+	
	以顾客价值为前提，只进入资源共享业务领域		+★	+★
	进占战略市场和大市场		+★	+★
	生产要素价值观：劳动、知识、企业家和资本创造了公司的全部价值	+★	+★	+★
	人力资本增值优于财务资本增值	+★	+★	
	企业成长观：可持续发展	+★	+★	+★
	达到和高于行业平均和主要竞争对手的增长速度	+★	+★	
	合理的利润率和利润目标，不单纯追求利润的最大化		+★	+★
组织模式	市场驱动型组织：顾客价值牵引，一流设备供应商	+★		
	能力导向型组织：进入能力相关、资源共享业务领域		+★	+
	学习型组织：以世界先进企业为标杆	+★	+★	+
	战略中心型组织：重大决策的依据是公司的宗旨、目标和基本政策		+★	
企业家	身兼创新家、执行者和高度风险规避者的任正非	+★	+★	+★
企业道德	工作态度	+	+★	
	归属意识	+	+★	
绩效体系	公司可持续发展目标	+★	+★	+★
	竞争力导向：能力、责任、贡献和工作态度	+★	+★	+★
	向优秀员工倾斜	+★	+★	+★
	末位淘汰	+★	+★	+★

续表

控制要素	控制因子（决定控制要素形态与功能的结构因子）	功能产出		
		IP	EP	RP
知识产权	核心技术专利权		+★	+★
核心能力	每年10%的销售收入用于研发经费	+★		
	TQM	+	+★	+
	市场整体响应能力		+★	+★
品牌	定位：一流电信设备供应商		+★	+★
	运营原则：做实与作势的协调	+★	+★	
顾客资产	普遍客户原则	+★	+★	
	利益共同体	+★	+★	
战略联盟	自己控制自主知识产权		+★	+★
	与世界一流企业合作	+★	+★	
信息系统	IT网络	+	+★	+★
供应链	以客户为中心的集成供应链		+★	
预算	全面预算体系：全部经营活动的依据		+★	
流程	顾客满意度是业务流程各环节考核指标体系的核心		+★	
	IPD（集成产品开发）		+★	
	ISC（集成供应链）	+★		
会计	财务四统一：流程、制度、监控、编码	+	+★	
	海外财务会计架构	+	+★	
审计体系	计划、统计与审计的闭合循环	+	+★	
危机系统	危机意识			+★
	预警系统			+★
	快速反应机制			+★

关于风险规避，华为在几乎可以预见到的能生成危机的所有环节，都确立了规避性政策措施：(1)永不进入信息服务业，这使华为成功地避免了多元化陷阱。(2)寻求主流价值观认同，这有利于避免企业与人们普遍遵循的心理契约发生冲突，避免企业与社会的冲突。(3)强调集体奋斗和不迁就有功的员工，表明对于道德规范问题，任何人都不能例外，这有利于提高执行力和防止道德风险。(4)发展拥有自主知识产权的世界领先的电子和信息技术支撑体系。对于高科技行业

和激烈竞争性行业，这既能建立持续竞争力，又能避免掉入知识产权侵权诉讼陷阱所引致的市场风险。这一点为华为在与思科的专利诉讼中化险为夷起到了关键性作用。如果华为没有执行这一技术战略，华为在与思科的专利诉讼中，后果可能不堪设想，因为专利诉讼已成为跨国公司经常用来打压甚至挤出竞争对手的"核子武器"。(5) 顺应技术发展的大趋势，顺应市场变化的大趋势，顺应社会发展的大趋势，这有利于避免大的风险。比如，如果技术发展的基本方向发生改变，就会导致原来巨大的专用性投资变成沉淀成本的风险。(6) 始终保持造势与做实的协调发展。实践一再证明，造势而不做实企业会短命；做实而不造势，产品同样难卖，同样会给企业带来风险。(7) 衡量价值分配合理性的最终标准，是公司的竞争力和成就以及全体员工的士气和对公司的归属意识。竞争力是现代企业发展更是通信设备制造企业发展最根本性的管理问题，竞争力的丧失意味着企业的死亡，因而提高竞争力是避免企业死亡风险的基本途径。(8) 公司优先选择资源共享的项目。产品或事业领域多元化紧紧围绕资源共享展开，不进行其他有诱惑力的项目，避免分散有限力量及资金，这使华为既能通过规模经济提高效率，又能避免盲目做大的陷阱。(9) 重视品牌、营销网络、服务和市场份额的建设，为市场地位提供关键性支撑，这有利于降低新产品上市失败和市场萎缩的风险。(10) 在内涵做实的基础上进行外延的扩张，在做好事先准备的条件下捕捉新的机会，这有利于避免高速增长的陷阱。(11) 在任何涉及华为标志的合作形式中保持控制权。(12) 允许员工在紧急情况下便宜行事，为公司把握机会、躲避风险以及减轻灾情做贡献。但是，在这种情况下，越级报告者或便宜行事者必须对自己的行为及其后果承担责任。(13) 对关系公司生存与发展的重要领域实行有效的控制，建立起大公司的规范运作模式。(14) 管理流程闭合，形成管理的反馈制约机制。坚持推行和不断完善计划、统计、审计既相互独立运作，又整体闭合循环的优化再生系统。这种三角循环贯穿每一个部门、每一个环节和每一件事。在这种众多的小循环基础上组成中循环，由足够多的中循环组成大循环。(15) 建立预警系统和快速反应机制，以敏感地预测和感知由竞争对手、客户、供应商及政策法规等造成的外部环境的细微但重要的变化，处理公司高层领导的不测事件和产品原因造成的影响公司形象的重大突发事件。

3. 效率导向型控制系统——全面效率管理

在降低成本、提高效率方面，华为确立的原则是：(1) 奉行"质量是我们的自尊心"的价值观，实施全面质量管理（TQM）。（2）优先选择资源共享的项目，产品或事业领域多元化紧紧围绕资源共享展开，不进行其他有诱惑力的非相关多元化项目和经营，避免分散有限力量及资金。（3）确信只有大市场才能孵化大企业，把选择大市场作为产业选择的基本原则。（4）依靠研究开发的高投入获得产品技术和性能价格比的领先优势，通过大规模席卷式的市场营销，在最短的时间里形成正反馈的良性循环，充分获取"机会窗"的超额利润。不断优化成熟产品，驾驭市场上的价格竞争，扩大和巩固在战略市场上的主导地位。（5）坚持"压强原则"，在成功关键因素和选定的战略生长点上，以超过主要竞争对手的强度配置资源，要么不做，要做就极大地集中人力、物力和财力，实现重点突破。（6）在超大规模销售的基础上建立敏捷生产体系，因地制宜地采用世界上先进的制造技术和管理方法，坚持永无止境的改进，不断提高质量，降低成本，缩短交货期和增强制造柔性，使公司的制造水平和生产管理水平达到世界级大公司的基准。（7）按照规模经济原则、比较成本原则和贴近顾客原则，集中制造关键基础部件和分散组装最终产品，在全国和世界范围内合理规划生产布局，优化供应链。（8）实施全面预算控制。对产品成本实行目标成本控制，在产品的立项和设计中实行成本否决。把低成本的绩效改进指标纳入各部门的绩效考核体系，与部门主管和员工的切身利益挂钩，建立自觉降低成本的机制。

4. 功能复杂性控制要素的平衡管理

有些要素，如三叶草控制 G 区中的控制要素，能同时影响两个以上维度的功能，我们称之为功能复杂性控制要素，它们决定了三种控制的耦合性和协同性，是化解三维管理的冲突、实现统一的关键。对于这类要素，华为在功能和结构的选择与安排上基本奉行平衡管理原则，其结果是华为的每个控制要素对创新、效率和风险规避的统一均不产生明显的帕累托损失。这种平衡管理在表 5-3 中可清晰看出，下面的管理原则体现得尤为明显：

运营模式。广泛吸收世界电子信息领域的最新研究成果，虚心向国内外优秀企业学习，在独立自主的基础上开放合作地发展领先的核心技术体系，用卓越的产品自立于世界通信列强之林。这显示了华为的学习型企业、自主创新型企业、市场导向型企业特征。

选择成长领域。有利于提升公司的核心技术水平，有利于发挥公司资源的综合优势，有利于带动公司的整体扩张，同时，顺应技术发展的大趋势，顺应市场变化的大趋势，顺应社会发展的大趋势。

价值分配。华为认为劳动、知识、企业家和资本创造了公司的全部价值，通过转化为资本的方式，使劳动、知识以及企业家的管理和风险的累积贡献得到体现与报偿；华为在顾客、员工与合作者之间结成利益共同体，强调人力资本不断增值的目标优先于财务资本增值的目标，构建按生产要素分配的内部动力机制。华为价值分配的依据是可持续性贡献、突出才能、品德和所承担的风险。

组织建设。所追求的目标是五个"有利于"：强化责任，确保公司目标和战略的实现；简化流程，快速响应顾客的需求和市场的变化；提高协作效率，降低管理成本；信息的交流，促进创新和优秀人才的脱颖而出；培养未来的领袖人才，使公司可持续成长。

职工薪酬结构。每个构成部分与一个主要考核指标挂钩：工资分配实行基于能力主义的职能工资制；奖金的分配与部门和个人的绩效改进挂钩；安全退休金等福利的分配依据。

三、华为的三维管理特征

从上面的分析可看出华为三维管理的特征：华为为了获得具有国际竞争力水平的创新力、效率提升力和风险规避力，达到创新力、效率提升力和风险规避力统一的帕累托最优，一方面在创新、效率和风险规避的每一方面安排了强有力的、全序列的控制性措施，为同时确保创新力、效率提升力和风险规避力提供了坚实基础，同时避免了创新导向型控制、效率导向型控制和风险规避导向型控制的关键性漏洞；另一方面，对能同时影响创新、效率和风险规避的控制要素均做出了平衡性规定，即使华为的创新力、效率提升力和风险规避力均达到足够的强度，又不会出现创新力、效率提升力和风险规避力均表现不足或者此强彼弱的情形，从而使华为同时强烈地表现为高度的创新推进型企业、高度的效率提升型企业和高度的风险规避型企业，而不是单一的创新型企业。

第三节 结论与讨论

在超级竞争条件下，创新型企业成为学界和企业界高度推崇的管理目标，但是，来自市场的尴尬是，近十年来，在我国迅速失败的那些著名企业恰恰基本都是创新型企业。因此，超级竞争条件下以持续发展为目标的企业整体管理到底应同时持续关注哪些基本维度以及如何得以同步实现，是亟待研究的理论性、实践性和基础性均十分明显的管理难题。本研究表明，持续发展的企业同时表现为创新型企业、效率型企业和风险规避型企业，即三叶草型管理的企业，实现三叶草型管理的路径，是通过关键控制要素，特别是功能复杂性控制要素的组合管理，建立以创新导向的控制系统、效率导向的控制系统与风险规避导向的控制系统相耦合的三叶草控制。

本研究涉及现代企业管理的基本思路与范式问题。三叶草型管理展示了现代企业管理的三个基本维度，表明超级竞争条件下以持续发展为目标的企业整体管理不是单一的创新型管理、单一的效率型管理（也可叫执行型管理）或单一的风险规避型管理，而是三者协同共进的三维管理。强调其一、忽视其他，只会产生"流星"式企业、"小老树"式企业或"过山车"式企业。同时，它融合了企业发展的创新决定论、战略管理决定论、执行与细节决定论、蓝海战略论、危机与风险管理论等前沿理论的核心思想，为管理者甄别管理时尚的价值与局限性，驾驭、简化和深化企业的日常经营管理，提供了一个有效的理论工具。

三叶草控制模型和三叶草控制标杆图的价值在于，首先是展示了三维管理的路径、重点和难点所在，为管理者进行管理问题的诊断、管理路径的寻找以及进行管理变革与突破时，为采取对多个控制要素的组合管理和系统管理提供了指南。其次是提供了新的学术研究思路。三叶草控制图 G 区中的控制要素——产权结构、治理结构、发展战略、绩效体系、企业家职能、运营系统、战略联盟、学习型组织、信息管理系统、洞察力和核心能力等，均能对创新、效率和风险状况产生边际影响，并决定其他控制要素的布局与形态，是管理优化与重组的重点与难点，以往对这些要素的研究大多以单一功能维度为导向，客观上带来了各种观点的芜杂。而在超级竞争条件下，应注重从三维导向复合的角度对它们进行研究，比如，企业文化不仅要研究单一的创新文化、执行文化和风险文化，更要研究三维复合型文化，企业家不仅要研究作为单一的创新家、执行者或风险规避者的企业家，更要研究三维复合型企业家。再次是表明控制系统是现代企业同时实现多维管理目标的管理路径，较之卖方市场条件下的企业，现代企业在追求持续创新时，不是不需要控制或少一些控制，关键是建立什么形态的控制，以持续发展为目标的企业控制系统必须同时产生创新推进、效率提升和风险规避三种功能，这突破了仅以效率和风险规避为诉求的传统管理控制理论。关系矩阵则表明，影响企业创新、效率和风险状况的管理因素众多，有些因素能同时对创新、效率和风险产生复杂性影响，企业要想持续发展，就要实行全控制要素管理、组合管理和系统管理。

　　三叶草型管理并非个案现象，我们以三叶草型管理的理论与工具分析中国海尔、美国 GE 等企业的管理模式，同样取得了十分满意的结果。当用于分析新疆德隆集团的失败时，很快发现该企业是极度的创新型企业，基本不是效率型企业，明显不是风险规避型企业，其企业家职能、企业文化、治理结构、发展战略、绩效体系、组织模式等功能复杂性控制要素，均不是位于三叶草控制的 G 区而是 A 区，品牌、核心能力、现金流管理、企业资源等，均处于缺位或畸形状态，因此，导致其失败的并非媒体所称的某一种原因，而是系统性原因。这些说明了三叶草型管理具有坚实的实证基础，是超级竞争条件下以持续发展为目标的现代企业整体管理的一个基本范式。

第六章　企业持续发展的最优业务组合：从加减关系转为乘除关系

业务组合是企业持续发展的基础，是企业成长过程中最重要和最具挑战性的战略决策之一，也是学界和企业界长期激烈争论的战略问题之一。本章要探讨的问题是，随着市场形态的转变，以企业持续发展为导向的最优业务组合的战略逻辑发生了怎样的转型，超级竞争条件下最优业务组合具有怎样的决策模型、演进规律和演进方向，追求持续发展的企业应建立具有怎样结构关系的业务组合。这些都是业务组合战略关注的基本问题。

本章所获得的基本结论是：(1) 不能抽象地和静态地谈专业化和多元化孰优孰劣以及是否应该专业化或者多元化的问题，这些都是伪命题。企业最优的业务组合取决于具体企业的原有战略、市场环境和企业能力三者状态的组合，在三者状态的不同组合下，企业最优的业务组合是不同的。企业在发展的不同阶段、在不同的市场条件下，三者状态的组合是动态变化的，因而最优业务组合可以是各不相同和动态变化的。(2) 在缺乏竞争的卖方市场环境下，多元化与专业化是简单的加或减的关系，专业化和多元化均可以成功，业务组合不会成为战略管理的对象，而在超级竞争条件下，无论业务领域增加或减少对原来业务都可能产生相乘或相除两种效应，而不再是简单的加或减的关系，多元化与专业化就不应是对立而应是统一的关系。当两者是统一的关系时，各业务之间就会产生相乘效应；反之，当两者是对立的"跷跷板"关系时，各业务之间就会产生相除效应。(3) 在超级竞争条件下，专业化经营到一定程度后的必然结果和一般趋势是多元化，成功的多元化经营必定是归核化、专业化和多元化的统一与共生，即专业化集成的多元化。随着市场环境的日益不确定，任何一个长青企业最终的最优业务组合的确定性演进方向是归核化、专业化和多元化的统一与共生。这种业务组合解决了超级竞争条件下持续困扰企业持续发展的三个关键问题：一是化解产业生命周期和环境冲击所可能导致的单一业务波动所产生的企业生存风险，获得成长安全，利用新的成长机会，因此，需要业务领域的多元化；二是化解因激烈竞争而带来的企业在多个业务领域建立持久竞争优势的挑战，因此，需要归核化和专业化；三是最大限度地降低成本，拓宽盈利空间，以对抗因竞争激烈所带来的盈利空间不断缩小的趋势，因此，需要综合利用能产生经验曲线和规模经济效应的归核化经营与专业化经营，以及能产生范围经济效应的多元化经营。（4）业务组合应当遵循从归核化到专业化再到多元化的演进路径，也就是说，企业必须首先把自己的经营领域放在核心专长或核心能力的支撑之上，形成核心业务，并使核心业务做强做大，在市场上进入领先地位；在此条件下，如果产业的成长空间已开始制约企业进一步发展，且有强大资源和能力，就应进入新的产业；对谋求持续发展的企业来讲，业务组合优化的目标是形成一个理想的产业平台，它应当包括进占有吸引力的产业，进占有比较优势的战略价值链环节，进占产业内的有利位置并在产业里形成相对位势，形成合理的业务组合，四者不能偏废。

本章结论具有重要的理论与实践价值，它们实际上构成了一个关于现代市场条件下企业最优业务组合战略的新的一般性理论框架，是关于公司层战略的现代观点；不仅廓清和统一了关于最优业务组合战略的理论纷争和各种观点，而且能从理论逻辑与方法论上为现代企业进行业务组合战略的决策提供一个有生命力的工具。

第一节 业务组合战略研究的误区与现实需求

按照经典战略管理的观点，业务组合战略是指公司为了获得竞争优势而对业务组合进行选择与管理的战略行为，它关注两个关键问题——公司应该在哪些业务中经营和应该如何管理这些业务。① 业务组合是企业成长过程中最重要和最具挑战性的战略决策之一，也是学界和企业界长期激烈争论的战略问题之一。

对于最优业务组合问题一直存在"把鸡蛋放在一个篮子里"与"放在不同篮子里"孰优孰劣之争；对于多元化经营的战略利益一直存在"东方不亮西方亮"或"多元化经营是一种组合投资"的观点；通常把企业增加一项业务看成是做加法，相反看成是做减法；在回答企业的成败与业务组合战略的关系时，常常有"某某企业是多元化的成功"，或者"某某企业是专业化的成功"的说法。这些争论和观点流行于各种文献，已成为人们的心智模式，影响深远。

同时，伴随市场环境的日益不确定而产生的关于企业最优业务组合的争论，产生了三种较有影响的观点。一是专业化与多元化的对立论。如姜汝祥在2003年出版、后多次重印的畅销书《差距：中国一流企业离世界一流企业有多远》中就指出："做公司的目的无非是做大做强，而做大做强的出路只有两种：要么专业化，要么多元化。"② 显然，这种观点把专业化与多元化看成对立的关系，似乎搞专业化经营的企业就不能搞多元化，搞多元化经营的企业就不能搞专业化。二是多元化战略的一般否定论。如钟朋荣在给2005年出版、后多次重印的畅销书《解构德隆》所写的序中指出，"尽管在国内外也有多元化成功的案例，但我坚信，对于大多数企业来说，多元化是陷阱，专业化才是成功之道。道理很简单，因为一个企业的资源有限，企业领导人的知识、精力有限。一个人不是神仙，不可能什么都懂，唐万新也不例外。德隆的失败，给那些极力主张多元化的人又上了很好的一课"③。三是多元化与专业化的绩效比较论。如戴维·贝赞可等在著作《公司战略经济学》中谈道："在对多元化经营公司进行研究时，学者们采用了各种原理和不同的研究方法，但是结果却是相当的一

---

① [美] 迈克尔·A. 希特、R. 杜安·爱尔兰、罗伯特·E. 霍斯基森：《战略管理：竞争与全球化》，吕巍等译，机械工业出版社2006年版，第125页。
② 姜汝祥：《差距：中国一流企业离世界一流企业有多远》，机械工业出版社2003年版，第191页。
③ 钟朋荣：《德隆的教训》，见唐立久、张旭：《解构德隆》，浙江人民出版社2005年版，序一。

致：虽然多元化经营在达到一定程度时可能是有效率的，但多元化的利益来源是不清楚的；在多元化经营中实现效率也是困难的；广泛的多元化通常与更糟糕的业绩水平相关联。"① 这些观点要么出自近几年的畅销书，要么出自权威学术著作，在学界和企业界的影响均比较大。

然而，笔者发现，上述争论所涉及的其实是伪命题，上述观点乍看起来很有道理，但细究起来，在现代市场条件下基本是错误的。要想厘清关于公司最优业务组合战略的这种混乱局面，关键是要揭示市场转型后企业业务组合的战略逻辑发生了怎样的变化，因为不同的市场条件下，业务组合"最优"的逻辑是不同的，还要揭示现代市场条件下企业最优业务组合具有怎样的决策模型、演进规律和演进方向，由此可以建立基于现代市场条件的最优业务组合战略的一个一般理论框架。

第二节 长青企业业务组合战略的演变：以 GE 和格兰仕为案例

案例一：GE 的业务组合战略②

GE 在杰克·韦尔奇担任董事长和 CEO 期间，曾连续五年被美国《财富》杂志列在"全美最受推崇公司"首位，一直以超出标准普尔指数 500 家公司平均年增长率的速度增长，韦尔奇因此而被誉为"全球第一 CEO"。学术界和企业界公认，GE 在杰克·韦尔奇任 CEO 期间之所以能持续发展，其推行的业务组合优化战略功不可没。因此，韦尔奇时代 GE 的业务组合战略成为全球许多企业效仿的标杆。由于 GE 涉足众多的产业门类，学界和企业界一般把 GE 视为企业应该进行多元化经营的强有力证据。

---

① [美] 戴维·贝赞可、戴维·德雷诺夫、马克·尚利：《公司战略经济学》，武亚军总译校，北京大学出版社 1999 年版，第 210—202 页。
② 本案例的资料来源：(1) 杨春学编著：《以变求新》，辽宁人民出版社 1997 年版，第 65—102 页；(2) 肖海林等：《韦尔奇时代 GE 的产业平台战略》，载《经济管理》，2004 年第 13 期；(3) www.ge.com.cn。

(一) GE 跨越不同市场环境的业务组合演进与韦尔奇的抉择

1. 业务组合的历史演进

爱迪生时期（1879—1892 年）①

1878 年，爱迪生发明并生产出第一只电灯泡，第二年爱迪生电力照明公司宣告成立，生产发电厂、电灯及零组件。由于照明是一个系统工程，包括发电、送电、用电三大环节，故爱迪生公司成为一个垂直一体化企业，而不是一般意义上的专业化企业。

科芬时期（1892—1922 年）

1892 年，爱迪生电力照明公司与汤姆逊·休斯顿公司合并成立 GE 公司，后者生产交流电器，与前者生产直流电器相关且互补。这表明，GE 成立之日，就是一个电力生产与应用的垂直一体化企业。科芬扩大爱迪生的理想，把产品线扩大到几乎所有应用电力的领域，包括电动机车、变压器、电扇、蒸汽轮机、小家电（烤面包机、电烤箱、电熨斗等）、电机等，使 GE 成为以电力生产、传送、使用为轴心的多元化企业。

杨格、斯沃普、威尔逊、里德时期（1922—1950 年）

GE 加大了多元化步伐，超出电力领域，先后进入塑料、发动机和大家电行业。

科迪纳时期（1950—1963 年）

GE 进入核能发电、航天领域。科迪纳领导 GE 把握第二次世界大战后新市场和新科技的蓬勃发展，在"全力冲刺"口号的鼓舞下，GE 开发的新产品和新市场增加了 20 倍，成为美国最大的多元化经营企业。

博尔奇时期（1963—1972 年）

博尔奇及 GE 增长委员会归纳出美国经济的九大增长领域，并制定了全面发展九大产业的战略，使 GE 营业额的增长率超越 GNP 的增长率。在此战略指导下，GE 进一步扩大经营领域，尤其是在三大资本密集的新行业——电脑、核能、航空发动机中投入巨资，并根据麦金西公司（Mckinsey &. Co.）的研究结果，在公司内部建立了"战略经营单位"（SBU），将公司内三百五十多个部门

---

① 各个时期前的人名均系该时期 GE 的董事长、总裁或 CEO。

归并到 46 个具有竞争力的"战略经营单位",结果是 1972 年的营业额和盈利均比 1963 年增长了一倍。

琼斯时期（1972—1980 年）

GE 经营的主要行业有矿业、石油开采与提炼、照明器材、家用电器、中央空调、电缆与车辆、电机、电力运输、涡轮机、工业电子、塑料、发动机、医疗设备、金融服务、半导体、贸易、广播电台、航空、建筑机械、机床、地毯、草地设施、工厂自动化设备等,总计达六十多个,堪称典型的大规模多元化企业。琼斯退休时,GE 只有 1/3 左右的企业在市场上是领先的,很多业务惨淡经营,即使如此,其任期内的增长目标仍略高于 GNP 的增长率。琼斯于 1979 年和 1980 年两次被评选为"当今商界最有影响的人"。

韦尔奇时期（1981—2001 年）

韦尔奇认识到主要市场的增长已经减缓,科技发展加快,全球竞争日益激烈,为此,领导公司重构了业务组合,保持了长达 20 年的高速增长。

2. 韦尔奇的抉择——"三圆圈"和"数一数二"战略的逻辑

韦尔奇认为,"一些只能提供中下等级产品或服务的公司将越来越没有生存的空间。在经济低增长的环境中,胜利者将是这样的公司,它们能辨认出哪些产业在未来会有真正的发展,并坚信所投入的每个事业都能保持第一名或第二名的优势。这些公司将以精简的人事、低下的生产及经销成本、高质量的产品及服务、技术创新和全球行销观念作为它们胜利的根基"。

韦尔奇就任董事长后的第一把火,就是对业务做出重新评价:"不论新的或旧的事业,将公司内的人事、组织分成（a）成长事业部门和（b）有问题部门两种。无论哪一种部门,都要求其改革的成果和充分的回报。"

依据这种以收益率和成长潜力为标准的评价,将各事业部门予以分类:

（1）成长型产业部门,这是 GE 公司未来的中枢部门,当前需要增加巨额投资的部门;

（2）成熟、利益收获期产业部门,这类产业已无发展的潜力,但因不需要再追加投资,营业额本身就代表利益;

（3）成熟、低收益产业部门,由于这类产业的前景和收益都没有潜在发展的可能,已没有必要再进行投资;

（4）衰退产业部门，这类产业不仅没有发展的可能，而且为维持其生存和经营，还需要大量投资。

1982 年，韦尔奇采用三个圆圈确定了高于一般增长幅度的三大事业类别：高技术、服务和传统事业（见图 6-1）。在圆圈之内的事业是韦尔奇有意继续保有及经营的事业，共有 15 项，它们已是或有可能成为市场上数一数二的事业，所有落在圆圈之外的企业都需要整顿、关闭或出售。

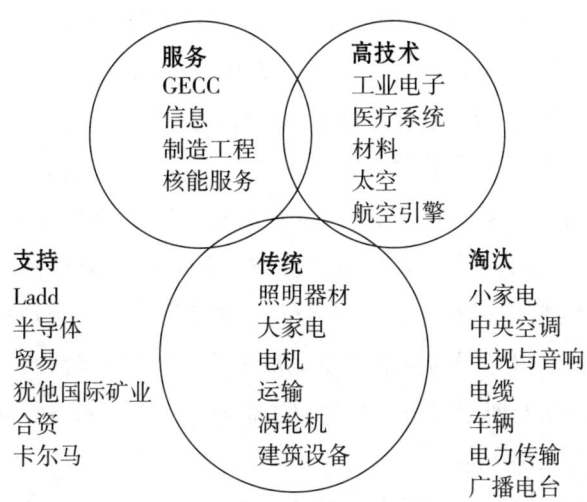

图 6-1　韦尔奇划分的 GE 三大事业类别（1982 年）

有一位美国学者曾问韦尔奇，如何判定哪些事业该摆在圆圈的里面或外面，是靠直觉还是有具体的衡量标准？韦尔奇回答："我是从竞争的角度来判断。一个事业在市场中所处的位置如何？它的强势与竞争的关系怎样？它的弱势又在哪里？竞争对事业的冲击有多大？我们改变竞争形势的可能性？任何一个事业你都可以先勾画出一个全球竞争的市场环境、市场规模、市场的主要参与者及市场占有率。然后你可以问：你在过去的两年做过什么增进你在市场中相对地位的事？今后两年你打算再做些什么？你的主要对手在过去两年的市场占有率变化情形？他们的市场基础与你的作比较，优劣如何？你今后两年最担心的竞争形势的变化如何？在搞清楚诸如此类的问题后，你可以发现，你的竞争位置是否很容易受到伤害？对手是否会很快超过你而把你击倒？如果你发现你未来扳回的胜算不大，那不如赶快退出这场竞争。"

(二) 韦尔奇时代 GE 业务组合战略的逻辑

1. 韦尔奇时代前的 GE 走向多元化的逻辑

电灯泡这一全新产品要想形成市场规模，就必须有发电和输电的配套，但在 19 世纪 80 年代，发电和输电设施是电灯泡走向市场的瓶颈，没有企业可提供，爱迪生要实现"照亮全国"的愿望，就不可避免地同时进入发电、输电和用电三个领域。因此，GE 的前身——爱迪生照明公司一开始就是高度一体化和多元化的企业，GE 多元化格局的形成具有明显的路径依赖特征。加上爱迪生照明公司当时和后来所处的市场属于缺乏竞争的卖方市场，因而爱迪生照明公司进入发电和输电领域，只要坚持产品导向的经营理念和模式就能获取期望的利润。由于直到 20 世纪 50 年代，美国市场从总体上仍属于卖方市场，暴利机会多，竞争激烈度低，这就为像 GE 这样拥有强大资本实力与技术实力的企业进行多元化扩张提供了前提条件。虽然后来市场逐步转向竞争激烈的买方市场，但是市场竞争的激烈程度还不足以对 GE 这样的能力强大的公司构成决定性挑战。因此，卖方市场环境和强大企业能力共同决定了韦尔奇时代前的 GE 必然走向多元化，GE 直到琼斯时期始终是一个盈利的企业，一个不断增长的企业，GE 历任总裁或 CEO 均表现出色。

2. 韦尔奇时代 GE 业务组合优化战略的逻辑

韦尔奇的业务组合优化战略用"市场环境、企业能力和原有战略的组合"的分析工具，可以得到很好的解释。

市场环境（主要包括宏观环境、行业环境、行业所在的生命周期阶段、任务环境、企业在市场中的竞争地位等）是促使韦尔奇进行产业调整的主要原因，因为韦尔奇上任时的市场与前任琼斯时期及以前的市场具有明显的不同，已是明显的买方市场、日益全球化和日益开放的市场，市场竞争日趋激烈，产品和产业的生命周期日益缩短，成长性产业已发生转移，即韦尔奇时代的 GE 所面对的市场是高度不确定的市场，这就促使 GE 必须调整业务组合，其结果必然是进入成长性行业，向优势行业集中，向行业领导地位迈进。

从企业能力来看，如果一个行业已到了成长极限，同一行业内基于所在行业的各个企业之间的低成本能力和差异化能力的差距就会缩小；如果一个企业仅仅是生产低端产品，企业保持独特能力的可能性就会降低；如果企业出现能力富余，就会损失机会收益。因此，对于能力强大的 GE 来讲，韦尔奇就必然促使 GE 从衰退性产业撤出，进入成长性行业；从低端产品市场撤出，进入高端产品市场。

从原有战略来看，韦尔奇上任时的 GE 是一个涉足众多行业并在部分行业跻身全球领先地位的实力雄厚的大型跨国公司，这就决定了韦尔奇上任后的 GE 必然继续是一个多元化经营的企业，只是程度与构成的不同而已，而原来采取的战略决定了企业战略的演进具有路径依赖的特征。

业务组合战略演进对"市场环境、企业能力和原有战略的组合"的依赖特征，决定了其他企业效仿 GE 的战略必须特别谨慎小心，不能停留于 GE 业务组合战略演进的表象，而要洞悉演进背后的逻辑。否则，容易陷入模仿 GE 业务组合战略的陷阱。

（三）GE 业务组合战略的妙处与启示

韦尔奇时代 GE 的业务组合战略到底具有怎样的特征？显然，GE 既是归核化的企业，也是专业化的企业，同样是多元化的企业，GE 的成功之妙就在于实现了三者的统一与共生。从韦尔奇的业务组合调整的指导思想来看，"三圆圈"反映了归核化思想，"数一数二"反映了专业化思想；从 GE 整体的业务组合结果来看，GE 又无疑是多元化企业。而且，GE 的多元化是相关多元化，不是无关多元化，因为 GE 拥有一流的经营管理能力和一流的品牌，能在看似无关的业务之间实现资源共享、能力与知识的传递，把无关多元化经营变成相关多元化经营，这一点是一般人所忽视的，也是一般企业无法学习和做到的。韦尔奇业务组合调整的思路表现为这样的演进路径：归核化→专业化→多元化。此外，GE 是由二十多个产业集团组成的，从大集团来看涉足众多产业门类，但是 GE 每个产业集团的业务领域则相当集中，即每个产业集团是相对专业化的，各产业集团又相对独立，这表明 GE 又是一个由专业化产业集团虚拟整合的多元化集团，即专业化集成的多元化。

因此，试图静态地分析 GE 的业务组合，把 GE 抽象地归为专业化企业或者多元化企业容易误入歧途，我们不能超越市场环境、企业能力和原有战略的组合来一般性地讨论专业化和多元化孰优孰劣的问题，亦即专业化的业务组合或多元化的业务组合均只是表现形式，其背后的决定因素是市场环境、企业能力和原有战略的组合。GE 能给我们有价值的启示来源于韦尔奇业务组合战略的逻辑，而不是 GE 业务构成本身。事实上，市场上多元化企业和专业化企业均有大量成功和失败的例子。GE 的实践表明：在充满竞争的超级竞争条件下，企业生存与发展的方式与路径、竞争的生态、内核和范式已发生深刻变化，业务组合战略应当遵循从归核化到专业化再到多元化的演进路径，也就是说，企业必须把自己的经营领域放在核心专长或核心能力的支撑之上，形成核心业务，并使核心业务做强做大，在市场上进入领先地位；在此条件下，如果产业的成长空间已开始制约企业进一步发展，且仍有剩余能力和资源，就应进入新的产业；对谋求持续发展的企业来讲，业务组合优化的目标是形成一个理想的产业平台，它应当包括进占有吸引力的产业，进占有比较优势的战略价值链环节，进占产业内的有利位置并在产业里形成相对位势，形成合理的业务组合，四者不能偏废。

案例二：格兰仕集团的业务组合战略①

格兰仕集团经过 30 年的创业与发展，由先前那个以手工操作洗涤鹅鸭羽毛起家的小作坊企业演变为年产值超过 250 亿元（2007），品牌价值达 258 亿元（2006），产品覆盖全球一百多个国家和地区，迄今连续 10 年全球微波炉产销量世界第一，近四万人正在致力于推动微波炉、空调、生活电器、日用电器及相关配套产业全球化发展的世界知名家电生产企业。

（一）业务组合的历次转型与转型期之间的稳定发展

创业和纵向拓展（1978—1992 年）：从专业化到纵向一体化。

创立初期的专业化成长阶段（1978—1982 年）：1978 年 9 月，格兰仕创始人梁庆德带领十余人创办桂洲羽绒制品厂，第二年产值 46.81 万元，到 1982 年，年产值近 150 万元。

纵向拓展初期阶段（1983—1986 年）：1983 年，桂洲羽绒厂与港商、广东

---

① 本案例资料"（一）"和"（二）"重点参考文献：(1) 李烨、李传昭、罗婉议：《战略创新、业务转型与民营企业成长——格兰仕集团的成长历程及其启示》，载《管理世界》，2005 年第 6 期。该文从战略创新与业务转型的视角研究了企业持续成长的内在机理，虽然该文着眼点不是研究业务组合的决策问题，却给本书的研究提供了部分很重要的资料性信息，在此表示感谢。为了避免本书作者的偏见，尊重该文的资料信息及分析。(2) 毛蕴诗、欧阳桃花、魏国政：《我国家电企业的竞争优势——格兰仕的案例研究》，载《管理世界》，2004 年第 6 期。(3) www.galanz.com.cn。

省畜产进出口公司合资兴建的华南毛纺厂建成并投产。1984 年，桂洲羽绒厂扩建，水洗羽绒生产能力达 600 吨，年产值达三百多万元。1985 年，桂洲羽绒厂更名为桂洲畜产品工业公司。

纵向拓展深化和产品多元化发展阶段（1987—1992 年）：1987 年，与港商合资成立华丽服装公司、与美国公司合资成立华美实业公司，生产羽绒服装和羽绒被直接出口。1988 年，公司产值超过 1 亿元。1989 年，与港商合资的桂洲毛纺有限公司投产。1992 年，桂洲畜产品工业公司更名为广东格兰仕企业（集团）公司，总产值达到 1.8 亿元。至此，公司业务包括毛纱出口、纱线染色加工、羽绒被、羽绒服等的生产经营。

第一次业务转型（1992—1997 年）：从纵向一体化到多元化。

1992 年，格兰仕作出了战略变革的重大决策，决定实行跨行业多元化经营，随即进入以微波炉为主导产品的小家电行业。到 1997 年年底，格兰仕集团的销售额中，微波炉业务占比已接近 80%，成功完成了从以轻纺业为主转变为以家电业为主的战略转型。

第二次业务转型（1996—2000 年）：从多元化回归到专业化以及专业化的稳定发展。

到 1995 年，微波炉生产业务超过了轻纺业务，成为新的主营业务，标志着格兰仕第一次业务转型取得了阶段性成功。1996 年，格兰仕加快了轻纺行业的收缩步伐，把资源逐步集中在微波炉业务上，以进一步做大、做强微波炉业务，同时标志公司开始回归专业化成长道路。

自 1998 年始，格兰仕微波炉全球市场占有率节节攀升，于 1999 年在美国成立微波炉研究所；向市场推出新开发的品种百余种，其产品融入新开发出的专有技术；聘请 Anderson 公司为集团财务顾问；当年微波炉销售量达 600 万台，国内市场占有率达 67.1%，居第一位，欧洲市场占有率达 25%。

第三次业务转型（2000 年至今）：从专业化再到多元化以及多元化的稳定发展。

经过四年多时间的专业化发展，到 2000 年，格兰仕集团微波炉生产能力达到 1200 万台，居全球第一。格兰仕携 20 亿元巨资进入制冷行业并选择空调生产作为切入点，构筑新的支撑格兰仕持续发展的主营业务，标志格兰仕由先前的专业化战略转向多元化战略。

2004年，格兰仕在世界首创的光波空调风靡全球，出口名列前茅，跻身世界主要空调制造商行列。2005年，"全球最大专业化空调研制基地"落户格兰仕，这个占地3000亩的超大规模空调研制基地集中开发、生产光波空调，同时具备全球领先的空调核心配套能力。格兰仕计划将空调年产销规模扩张到1500万台，创建微波炉之后的又一个"世界冠军"。

生活电器是格兰仕继微波炉、空调之后的第三个支柱产业。2005年以来，养精蓄锐多年的格兰仕生活电器从"只做外销"转向"内外销赛马"，组建了从研发、技术、生产到营销的专业人才队伍，集中研制和销售高档电饭煲、电磁炉、电烤箱、电热水壶等生活小家电。2005年和2006年，格兰仕生活电器均以100%以上的增长率向全球市场扩张，其中电烤箱、电饭煲、电磁炉等产销均已达到世界领先水平。

2007年，格兰仕自主开发的高端冰箱、洗衣机等日用电器开始驰骋国际市场。

（二）格兰仕业务组合决策的逻辑与决定因素

1. 由纺织行业向微波炉行业转型的决策

20世纪90年代初，随着行业竞争日渐加剧，我国轻纺行业开始步入成熟期，有些分行业甚至进入到了衰退期，整个行业遭遇第一次行业大洗牌，一些倚赖服装加工和原材料低层次出口的企业开始游离出来，重新寻找出路，其中包括格兰仕。而90年代初我国的微波炉市场正处于萌芽阶段。微波炉当时在我国还属于奢侈品，随着我国经济快速发展、国民收入快速增长，只要把微波炉的价格降下来，就可能变成一种大众型小家电消费品，市场潜力巨大。此时，格兰仕经过十多年的艰苦创业和积累，进入了集团化发展阶段，业务销售额突破亿元大关，也有了较高的知名度。初步成功的梁庆德总结了多年发展的经验，清醒地意识到，"羽绒制品、毛混纺纱这些产品的附加价值和档次较低、市场竞争大，企业要扩大发展，必须另辟新径"。公司历经一年的市场调查，发现国内极具诱人前景的微波炉市场几乎都是洋品牌，没有企业处于垄断性竞争地位，存在结构性机会。经反复论证，1992年3月，格兰仕提出了业务组合调整方向，即把以轻纺业务为主体的企业转变为以家电业务为龙头的多元化复合型企业，选择微波炉生产作为进入家电行业的"桥头堡"，以低成本竞争战略建立竞争优势。

由于微波炉行业完全不同于纺织行业，从哪里切入，怎么进入，现有轻纺业务是保留还是退出，如果退，何时退、怎么退，这些均事关转型的成败和效果。对于第一个问题，由于微波炉是一个全球化程度较高的行业，且生产技术已较为成熟，因此，格兰仕依据自身资源和能力实际，首先选择了当时我国具有比较优势同时对微波炉成本具有决定性影响的制造环节作为切入点，同时采取整合利用外部资源而非白手起家的方式实现高起点进入。这样，格兰仕克服了自身的资源缺陷和行业的进入壁垒，很快就进入了微波炉行业，顺利完成转型的第一步。对于第二个问题，格兰仕采取了对纺织业务先维持后完全退出的战略。选择这一战略，据李烨等的研究（2005年），主要是基于以下几点原因：（1）尽管当时轻纺行业已步入成熟期，竞争很激烈，但由于格兰仕采取的是一体化经营战略，且资产不能直接转为微波炉生产所用，存在较高的退出障碍。（2）尽管当时微波炉在我国是一个正处于导入期的新兴行业，但在西方发达国家已经进入成熟期，且当时国内市场几乎被洋品牌垄断，因此，格兰仕选择进入该行业，既是机遇又面临着较大挑战，若一开始把所有资源都押在微波炉上，必然存在较大风险。（3）由于微波炉业务短时难以为格兰仕创造利润，反而需要不断向其投入各种资源，因此，必须保证公司经营有持续的现金流，而公司轻纺行业的相当一部分经营业务还处于"金牛区"，恰好可以为微波炉业务提供持续资金支持。（4）轻纺行业作为格兰仕创业发家的基地，从感情上很难割舍，尤其是最初一起创业的老员工。（5）随着微波业务的快速成长，在为格兰仕不断创造利润的同时，也需要投入更多的资源和精力去应对日益激烈的市场竞争，并保护和进一步拓展其市场地位。因此，直到1998年，由于轻纺行业利润水平日趋微薄和格兰仕战略发展的需要，格兰仕才决定并于第二年彻底退出轻纺行业，实现了全面向家电行业转型的战略目标。

2. 坚持微波炉行业专业化发展的决策

1996年，格兰仕在微波炉业务的销售收入占集团全部收入的份额突破70%，在2000年更接近100%，表明格兰仕在1996—2000年期间进行的是典型的专业化经营。在2000年之后尽管有几年微波炉业务仍属于主导业务，即公司的业务组合仍属于专业化，但公司已在实施业务组合的战略转型，在巩固微波炉业务全球霸主地位的前提下，不断扩大空调业务的收入份额。业务转型的时间点选择是转型决策的一大难点，能直接决定转型的效果甚至成败，为什么格兰仕没有在 1996 年而是直到 2000 年才进入空调业务领域？这可从市场竞争的需求与格兰仕的能力差距中找到其战略的逻辑：（1）根据康荣平等（2001 年）的研究，由于中国市场环境总体上从卖方市场转变为买方市场，包括微波炉生产企业在内的中国企业的成长从 1997 年下半年开始已从先前的权力主导（1978—1991 年）阶段（市场到处是空白，企业只要获得经营权力，搞好生产就很容易地成长起来）、市场主导（1992—1997 年）阶段（企业仅靠经营权力已不够，还必须面向市场，依靠有效的营销战略，提高市场竞争力才能顺利成长）进入到"能力主导阶段"，然而，格兰仕尽管成长很快，在 1996 年其微波炉在全国的市场占有率就已达到 35% 以上，但还只是具备短期获利的优势能力，离亚核心能力尚有差距，离核心能力还有较大差距。① 因此，格兰仕仍需要集中精力培育和建立核心能力，以应对日益激烈的市场竞争。（2）尽管格兰仕已成为全国微波炉行业的领头羊，但它还需要建立更加牢固的行业进入壁垒、进一步扩大市场领先的竞争优势，同时还需要建立在全球微波炉市场领先的竞争地位。1996 年 8 月和 1997 年 10 月，格兰仕在全国范围内大规模、大幅度地降低产品价格，获得一箭三雕之效：一是使不少竞争者退出微波炉行业；二是扩大了中国微波炉市场的总体容量；三是极快地提高了格兰仕的市场占有率。1998 年开始，格兰仕集团将战略重点转向国际化，到 2000 年年底，格兰仕微波炉在全球的市场占有率达到 30%，是全球第二位企业的两倍多。

3. 由小家电行业向大家电行业转型及转型后多元化稳定发展的决策

20 世纪 90 年代末，一场史无前例的全球产业结构大调整拉开序幕，跨国公司开始将一些低附加值的产品和工序外包给一些劳动力成本低廉的不发达国家和地区以实现价值链重构。同时，进入 2000 年，无论是国外还是国内，微波炉行业整体已经走向成熟，行业的平均利润率不断下降。虽然格兰仕微波炉的销售额在不断增加，但其利润率并没有同比例增加，在个别年度还有所下降。几经价格战的洗礼后，微波炉已变身为"微利炉"，众多实力相对弱小的微波炉生

---

① 所谓亚核心能力，康荣平、柯银斌（2001 年）认为，这种能力主要是：选准并迅速形成"利基"的能力。它由以下要素构成：（1）战略选择能力，指根据主客观条件及发展趋势，选准潜在的利基点；（2）迅速调动现有资源投入"攻击点"的能力；（3）善于借用外部资源弥补价值链中的薄弱环节；（4）敢与貌似强大的竞争者对抗，并能找到对方弱点，在局部形成以多胜少；（5）持之以恒的战略实施能力。

产企业因挨不过寒冬到来的严酷，纷纷退出。同时，有实力、建立了可以在不同业务共享的战略性资源与能力和在既有业务领域面临发展瓶颈的企业谋求进入微波炉行业，美的就是如此。美的在空调行业快速成长时，将空调业务作为主营业务，一方面可以继续利用空调行业的成长机会，一方面可以培育和建立可在相关行业共享的战略性资源与能力。而在2000年之后，空调行业竞争日益激烈，同时美的已发展成为实力强大且具有核心能力的企业，因此，此时美的有能力和凭借显著的范围经济效应（通过共享在空调业务中建立的资源和能力）突破格兰仕的垄断性地位，从而使得微波炉行业由先前的两雄争斗（格兰仕和LG）转为三英角逐（格兰仕、LG和美的）。随着各个行业竞争的加剧，微波炉行业还会有新的类似于美的的强大竞争者进入，突破格兰仕建立的进入壁垒。面对这种态势，处于全球微波炉市场龙头地位的格兰仕再次高举转型大旗，携巨资进入空调行业。进军空调行业，既可以回避进一步在微波炉行业扩大生产所带来的日益显著的规模不经济，又可以使公司在新业务中共享已积累形成的战略性资源与能力，获得具有战略性价值的范围经济，这样使格兰仕既可以获得新的成本降低，保持成本优势，又可以获得新的成长机会。

尽管空调行业已是一个处于成长后期的行业，无论国内还是国外市场竞争都很激烈。但与微波炉行业不同的是，空调行业市场容量大，利润水平也较微波炉行业高，且随着人们生活水平的提高，还具有较乐观的成长空间。另外，随着全球化进程的加快和我国成功加入WTO，以跨国公司为主体的大型家电制造业企业也逐渐加快了向我国转移制造环节的步伐（如西门子、松下、LG等），格兰仕作为中国较早同国际家电企业合作的家电企业之一，正好可利用这一难得机遇。

与第一次转型不同的是，首先，空调生产尽管与微波炉生产不同，但都属于同一个大行业——家电行业，品牌和渠道等资源可以共享，知识和能力可以相互传递；其次，2000年的格兰仕，无论是自有储备资源数量还是从外部获取资源和整合资源的能力都已大大提高，能够实现对空调行业的高起点进入，快速提升自己在空调行业的市场竞争地位，最终成为继微波炉之后的"又一个世界冠军"。

从2000年到2003年，格兰仕空调生产业务的发展十分迅猛，不到三年时间，格兰仕即与海尔、格力等老品牌一起站在了我国空调出口的最前沿。2004

年度一开局,格兰仕空调出口销量就一举超过海尔。到了 2003 年,空调生产还只占格兰仕集团收入的 25%,利润却占了 33%(微波炉占 60% 左右),空调业务的高速成长潜力和较强的盈利能力预示着在不久的将来必定会取代微波炉成为格兰仕主营业务(2003 年微波炉销售量上升而收入和利润却较 2002 年下滑的事实,预示着微波炉业务已转入成熟期)。在人民币持续增值、美国次贷危机以及国际原油价格持续攀升的不利条件下,2008 年冷冻年度开启以来,格兰仕空调在 2007 年度外销巨量增长的情况下,依然保持着同比 33% 以上的较大增幅,与格力、三星、LG 等企业同列国际空调出口前列,并在数量上将追随品牌甩出了几十万台到上百万台。

(三)格兰仕业务组合战略演变的启示

从上述格兰仕业务组合战略的演变与决策中可以明确地得出如下启示:

历史地、动态地看,长青企业的业务组合不是固定不变的,格兰仕就已经经历了从专业化经营,到无关多元化经营,再到专业化经营,最后到现在的相关多元化经营的动态转变。学界曾普遍认为格兰仕的成功在于专注于微波炉制造的专业化经营(毛蕴诗等,2004 年)。但是上面的分析表明,限于某一业务的专业化经营只是格兰仕在其持续发展过程中某一时期的战略选择,如果内外环境发生了质的变化,这一战略选择就会改变,而不会永远坚持仅限于某一业务的专业化经营,其关键在于战略转折时间点的把握。同时,专业化经营和多元化经营均只是表象,其本质是企业是否具备了在某个行业的强大竞争能力,以及是否建立了领先的竞争地位。当不具备且市场具有吸引力时,企业就要先通过专业化经营来建立,不宜进入新的业务领域;当具备时,企业就拥有了进入其他行业经营的一个关键的必要条件。因此,把企业的成败简单地归结为专业化经营或者多元化经营,是容易引起混乱和被证伪的。推动格兰仕业务组合战略转变的主要因素,一是市场环境,二是企业能力,三是原有战略,三方面因素的组合决定了格兰仕业务组合的动态变化。但从某个时点上观察一个企业的业务组合,可能是专业化、相关多元化或无关多元化,因此,专业化与多元化根本不存在超越特定条件的孰优孰劣的问题,抽象的争论没有意义,静态地去判定一个企业的业务组合是属于专业化或多元化是不可靠的。认为专业化的绩效好于多元化的观点,对宏观经济的发展来讲是确定的,但是对微观企业个体来讲,则是不确定的。利用"市场环境、企业能力和原有战略的组合"的决策模型，可以强有力地解释华为技术有限公司为何二十年来一直坚持限于通信设备制造行业的专业化经营直到现在才开始进入其他业务领域、深圳万科企业有限公司为何由早期的多元化经营历经十年转型为现在的限于房地产行业的专业化经营、美国微软公司为何早期长期限于计算机操作系统的专业化经营后增加其他业务的多元化经营，并准确地预测这些企业业务组合的未来走向。

　　随着竞争的日益加剧，由于产业发展是有生命周期的，一个产业的发展还有可能受到突发性环境因素巨大变化的冲击，它们都是单个企业一般无法改变的，企业就需要至少两个处于生命周期不同阶段的业务来消除单一业务波动所可能带来的对企业生存的致命影响，因此，基于企业持续发展的要求，企业的业务组合从长期来看会最终走向多元化。但是在开展多元化经营之前，企业应该有通过专业化经营的资源和能力特别是核心能力的培养过程。当企业具备了能力条件时，如同 GE、格兰仕、微软那样，会采取高起点进入的方式切入新的业务领域中去，使企业能够在继续维持原有业务竞争地位的前提下，利用在原有业务中建立的资源和能力对新业务的乘积效应，使新业务快速地做强做大，最终形成由各个业务的专业化经营所构成的多元化经营。正如格兰仕集团执行总裁梁昭贤所指出的，对于空调，同样"要用专业化、规模化、集约化这样的思路去做"，格兰仕从微波炉延伸到空调"也是专业化里面的多元化""专业化集成的多元化"。因此，从企业持续发展的要求来看，多元化以及专业化与多元化的统一与共生是企业业务组合演进的必然趋势，不能简单地提倡专业化或者多元化。

　　格兰仕之所以进入空调行业和空调行业的制造环节，是因为 2000 年的空调与十年前的微波炉相同，正由奢侈品转变为生活必需品，成本领先战略是企业在这个转变中建立竞争优势的根本性途径，成本降低的关键在制造环节，而格兰仕恰恰已经建立了家电产品制造环节强大的低成本竞争能力。同时，格兰仕致力于最终"能够拥有多个、若干个世界单项冠军"[①]，"踏实地专注于制造行业，专注于一个全球的制造中心"[②]。这些均说明格兰仕走的又是归核化道路。由于任何企业的资源和能力都是有限的，在充满竞争的现代市场条件下，只有

---

① 转引自邓德海、周健：《制造奇迹》，江西人民出版社 2004 年版，第 282—295 页。
② 转引自邓德海、周健：《制造奇迹》，江西人民出版社 2004 年版，第 282—295 页。

在自己最擅长的、已经建立或较容易建立核心能力的领域经营才可能建立持久的竞争优势，因此，归核化是现代市场条件下业务组合战略的一般趋势。综合前面的观点可得出结论：归核化、专业化和多元化的统一与共生是充满竞争的现代市场条件下追求持续发展的企业业务组合的确定性演进方向。

格兰仕在 2000 年重新开展多元化经营，从上面的分析可以看出，这时的业务转型是在格兰仕的微波炉业务不可能进一步提高市场份额、微波炉行业进入成熟期、公司已经形成强大竞争能力的背景下进行的，因此，可以认为，成功的多元化战略应该是专业化经营到一定时期的自然的结果，专业化经营到一定程度后必定走向多元化。

格兰仕第一次转型（从纺织行业转型为小家电行业与纺织行业并举）之前能在纺织行业取得较大成功，以及转型后的头几年在自身能力还比较弱的条件下仍能既成功地实现对纺织业务的维持与盈利，又能使微波炉业务快速成长，这说明在市场竞争不太激烈的情况下，新老业务之间是一种相对简单的加或减的关系，即便是能力不强的企业，专业化和多元化仍均能取得成功，也即业务组合不会成为管理的对象。但是，在实现第一次转型的几年后，微波炉行业的竞争明显加剧，格兰仕采取了彻底退出纺织行业、集中精力进行微波炉专业化经营，说明在竞争激烈的条件下，同一公司下的不同业务之间在各项业务能力都不强的情况下就会出现相互牵扯的相除效应，格兰仕在微波炉行业建立了强大竞争能力后，高起点进入空调行业并实现了微波炉业务稳定发展与空调业务快速成长的发展势头，成功之妙在于利用了微波炉业务的经营能力对空调业务的乘积效应。这表明，在充满竞争的环境中，同一公司下不同业务之间不再是加或减的关系，而是相乘或相除的关系，业务组合就必须成为管理的对象，管理的目的是利用和构建相乘效应，避免相除效应。

第三节　结论：现代的观点——一个一般理论框架

通过对 GE 和格兰仕的案例研究，可以得出以下几点较为明确的结论：

第一，现代市场条件下企业最优的业务组合决定于三个基本因素——市场环境、企业能力和原有战略的组合，在三者各种状态的不同组合下，企业最优的业务组合是不同的，不能抽象地和静态地谈专业化和多元化孰优孰劣和是否应该进行多元化的问题，否则，这是一个伪命题；企业在发展的不同阶段、在不同的市场条件下，三者状态的组合是动态变化的，因而最优业务组合可以是各不相同的（见图6-2）。

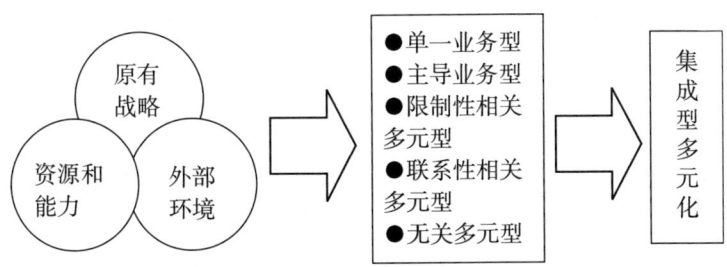

图6-2　业务组合的决策模型、最优业务组合类型和长青企业
最优业务组合的最终演进方向

第二，在缺乏竞争的卖方市场环境下，多元化与专业化是简单的加或减的关系，专业化和多元化均可以成功，业务组合不会成为战略管理的对象，而在充满竞争的现代市场条件下，无论业务领域的增加或减少对原来业务都可能产生相乘或相除两种效应，而不再是简单的加或减的关系，多元化与专业化就不应是对立而应是统一的关系。当两者是统一的关系时，各业务之间就会产生相乘效应；反之，当两者是对立的"跷跷板"关系时，各业务之间就会产生相除效应。

第三，在现代市场条件下，专业化经营到一定程度后的必然结果和一般趋势是多元化，成功的多元化经营必定是归核化、专业化和多元化的统一与共生，即专业化集成的多元化。随着市场环境的日益不确定，任何一个长青企业的最优业务组合的确定性演进方向是归核化、专业化和多元化的统一与共生。这种业务组合解决了现代市场条件下企业持续发展面对的三个相互冲突的问题：（1）化解产业生命周期和环境冲击所可能导致的单一业务波动所产生的企业生存风险，获得成长安全，以及利用新的成长机会，因此，需要业务领域的多元化；（2）化解因激烈竞争而带来的企业在多个业务领域建立持久竞争优势的挑战，因此，需要归核化和专业化；（3）最大限度地降低成本，拓宽盈利空间，以对抗因竞争激烈所带来的盈利空间不断缩小的趋势，因此，需要综合利用能产生经验曲线和规模经济效应的归核化经营与专业化经营以及能产生范围经济效应的多元化经营。

第四，业务组合战略应当遵循从归核化到专业化再到多元化的演进路径，也就是，企业必须首先把自己的经营领域放在核心专长或核心能力的支撑之上，形成核心业务，并使核心业务做强做大，在市场上进入领先地位；在此条件下，如果产业的成长空间已开始制约企业进一步发展，且有强大资源和能力，就应进入新的产业；对谋求持续发展的企业来讲，业务组合优化的目标是形成一个理想的产业平台，它应当包括进占吸引力的产业，进占比较优势的战略价值链环节，进占产业内的有利位置并在产业里形成相对位势，形成合理的业务组合，四者不能偏废。

本章结论具有重要的理论与实践价值，它们实际上构成了一个关于现代市场条件下企业最优业务组合战略的新的一般性理论框架，是关于公司层战略的现代观点；不仅廓清和统一了关于最优业务组合战略的理论纷争和各种观点，而且能从理论逻辑与方法论上为现代企业进行业务组合战略的决策提供一个有生命力的工具。

附录：格兰仕的业务组合战略——格兰仕副董事长兼执行总裁梁昭贤访谈录[①]

问：在家电产业，有的企业说要做到前三名，有的说要做到前五名，而格兰仕为什么一定要做到第一名？

梁昭贤：目前在家电这样一个微利时代，如果你不能够做到第一，首先，你很难生存；再有，你也很难盈利。一般我理解目前在每一个产业如果是超过了后三名的话，它是很难有生存和发展的空间，哪怕成功都是暂时的。所以我们感觉到，要做就一定要做深、做透、做大、做强，要做到最好，要做到全球最大。所以一方面是我们的追求，另一方面，从客观上讲，因为竞争需要也只能够做强做大才有出路。在当今的微利时代，看谁有真正绝对的优势。而你要有绝对的优势，就一定要做大做强。

问：很多企业成功以后都有一种推崇高科技、追逐高利润的倾向，格

[①] 转引自邓德海、周健：《制造奇迹》，江西人民出版社2004年版，第282—295页。略有删节。

兰仕有没有这种想法？

梁昭贤：我想格兰仕有一种理解。在全球化经济中，我们不可能什么都去做，只能够专注于制造，专注于微波炉，要迅速把微波炉做大、做强，我们才有生存和发展的空间。作为我们做制造业，一方面靠总成本领先，另一方面，更重要的是靠我们走专业化的道路，在制造业上有一个很清晰的定位。作为格兰仕也很清楚，我们只是做一个全球的家电制造中心，我们绝对不涉足做终端，做流通，做销售网络。在这方面，格兰仕是很清楚的。如果格兰仕每个行业都涉足，我想格兰仕是没有出路的，必死无疑。

小而全、大而全，我感觉那是农民式的企业，是不可取的。纵观全球500强企业也是，大部分都是专注于某一样东西。最简单的，就是一个可口可乐和一个麦当劳，都是专注于某一样东西。所以我想格兰仕专注于制造方面是坚定不移的，不会有任何的选择的余地。

问：在国际化经营的过程中，格兰仕是如何处理 OEM 和自创品牌的关系的？

梁昭贤：在国际化经营的过程中，格兰仕一开始是不太强调做自己品牌的。我们首先是用 OEM 来起步，贴人家的品牌，为人家服务，也是通过一种先易后难的方式去做。所以我们从 1995 年开始，全方位为国际上跨国公司 OEM 生产，通过 OEM 生产，去迅速占领市场。这一点我感觉到我们那几年推进起来都比较顺畅。作为全球的跨国公司，为什么要选择格兰仕做 OEM？格兰仕确实是符合他们的采购原则，格兰仕能够做出最好的产品，做出最便宜的产品。

由于格兰仕专做制造，所以 OEM 的生产规模是越来越大。通过 OEM 的生产，有些公司感觉有必要开始推格兰仕品牌。推格兰仕品牌的前提就是通过 OEM 生产，他感觉到你的品质、技术、服务都有了，他才愿意推你的品牌！所以，我们在整个国际化经营道路上，是以 OEM 作为一个基础去推进的。

问：对格兰仕来讲，OEM 和自创的品牌，您觉得哪个重要？

梁昭贤：格兰仕在中国市场，肯定是强调品牌占有率，要真正搞好品牌的建设。如果在自己家门口自身的品牌建设都做不好，我想你再去推进所谓的全球化、国际化就很难。但是在整个国际化经营中，格兰仕是非常注重 OEM 生产的，特别是格兰仕发展到现在，全球三台微波炉里面有一台是格兰仕生产制造的。如果都打格兰仕品牌，可能在所有的市场经济国家，格兰仕都要面临反垄断（倾销）起诉。

目前格兰仕产品三分之二是出口。在国际市场上，即使有些跨国公司要求做格兰仕品牌，格兰仕也适当控制在一个合理的范围，主要原因就是法律问题。所以我感觉到 OEM 和做品牌，在海外市场都重要，但是要把握一个度。

问：在国际化经营中，格兰仕成功的关键是什么？

梁昭贤：我想最重要一点，就是能够走专业化、规模化、集约化的道路，专注于制造，能够不断派生出各种可比优势，从而形成一种国际竞争能力。在国际市场，不在乎你产品有多少，最关键的是你的产品要做到价廉物美，那点是最重要的。

作为众多的中国企业，都走多元化道路，他们做出来的产品一大堆，但是没有一个核心产品，所以每一个产品在国际上都没有竞争能力。这样，你的国际化就很难推进，我是这样来理解的。

问：格兰仕在短短的几年时间内就把微波炉做到全球第一名，您认为成功的关键因素是什么？

梁昭贤：我感觉到非常关键的一点，就是我们的战略定位。我们的战略定位就是走专业化道路，走规模化道路，走集约化道路。这可以说是格兰仕多年发展、成长的一个最关键的因素。

问：格兰仕进入空调业时，空调业的竞争环境与当时进入微波炉行业时显然不同，很多人担心格兰仕在空调行业不能做到像在微波炉行业那样成功，格兰仕是如何考虑的？

梁昭贤：首先我们感觉到空调行业没有一个垄断型的企业，更没有寡头型的企业。所谓的第一品牌，一线的品牌，他们的占有率都在十几个百分点，所以，给我们很大的空间。另一方面，对于跨国公司来讲，空调是一个传统标准化的产业，特别是这两年，中国和韩国企业的迅猛发展，跨国公司感觉到，在空调那个产业里面，空间不会很大，他们很快会做出战略的调整。对于国内企业来讲，泡沫比较严重。因此，两方面都给格兰仕一个很好的发展机遇。所以，我们认为空调正从一个奢侈品变为一个生活的必需品，它的市场空间、市场容量很大，不管是中国市场还是海外市场，它的空间都很大。更重要的是，我们的竞争对手没有真正绝对的优势。对格兰仕来说，用专业化、规模化、集约化这样的思路去做，我们的空间很大，所以我们通过多方面的论证，选择了空调。

问：格兰仕如何看待专业化与多元化？格兰仕是如何处理多元化与专业化的关系的？

梁昭贤：格兰仕一直都很强调要走专业化的道路，今天我们从微波炉延伸到空调，也是专业化里面的多元化。做任何事情都要全情投入！当一个事情做好了，你才去做第二个事情，所以，我们也是非常同意，要把鸡蛋放在一个篮子里面。如果一个人、一个企业思路不清、定位不清，要同时做众多的产品、众多的项目，每一个产品、每一个项目都想做大做强，我想那个机会就很少。

问：您作为格兰仕新一代的领导人，能不能为我们展望一下，未来的格兰仕将会是什么样的前景？

梁昭贤：作为格兰仕，我想未来我希望能够拥有多个、若干个世界单项冠军，也是按照走专业化集成的多元化道路，能够不断派生出多个全球单项冠军，这就是我的理想和目标。

问：格兰仕有没有想过有一天能够成为中国在世界上最著名的家电品牌？

梁昭贤：我想那是格兰仕人追求的共同目标。希望终有一天，格兰仕能够成为国际的知名品牌，但是我们还是应该踏实地专注于制造行业，专注于一个全球的制造中心。通过制造中心的定位来不断推动企业发展。

问：您能不能总结一下，在格兰仕发展过程中最成功的经验和教训是什么？

梁昭贤：我想格兰仕最大的资本就是人才，所以我们非常强调"人才是格兰仕第一资本"，这也是格兰仕那么多年赖以生存和发展的根本法宝。作为教训，我想关键就是一个企业的定位。企业的定位如果定得不准，它会失去所有的优势。所以格兰仕最成功的经验和教训，我想一个是人，一个就是企业定位。

问：您认为中国的企业在未来的国际市场、国际经营的格局当中应该有什么样的地位?

梁昭贤：我感觉中国这样改革开放发展下去，它会是一个全球制造的中心。在全球制造中心这样的一个定位，这样一个基础里面，每个企业怎么样去给自己一个清晰的定位，选择好自己的产业，选择好自己的项目，能够做强做大，这是最关键的。

第七章　企业持续发展的持续竞争优势：从单一来源转为四面体成长

本章要研究的是企业持续发展的直接支撑——持续竞争优势的来源及其管理的转型问题，为持续竞争优势建立一个能整合各种主要流派的观点，同时又能与超级竞争环境和具体的管理实践有效对接的理论工具和管理工具。

长期以来，对于何为企业持续竞争优势的来源及决定因素，理论界大多试图从单一角度、单一因素上，或企业生产属性或企业规制属性，或企业外部或企业内部来寻找终极答案，也就形成了流派纷呈、观点紊杂的格局，没有产生一个可以用来指导实践操作的、可靠的管理理论与架构。实际上，这种研究思维只有在卖方市场条件下才是有效的，而在以超级竞争为特征的买方市场条件下，很难获得稳定性高的成果，产生的往往是管理时尚。本章以超级竞争为背景条件，在对传统竞争优势来源理论进行考察、批判和整合的基础上，并重地从企业的两个基本属性，即生产属性和规制属性上，以及从动态性、层次性和复杂性的结合上，提出了基于企业持续竞争优势的产业平台、制度平台和市场权力概念，构建了以产业平台、制度平台、核心能力和市场权力为核心要素的企业持续竞争优势四面体结构模型和管理架构，并且，通过对超级竞争特征和格兰仕案例的分析，证实了四面体成长管理的可靠性。四面体反映和包含了超级竞争条件下持续竞争优势来源的构成、层次关系和使竞争优势得以持续的动态机制，它是持续竞争优势管理的轴心和抓手，也反映了市场转型为超级竞争后企业持续竞争优势的管理趋势。

第一节　竞争优势来源的理论及其批判与整合

20世纪80年代初期，迈克尔·波特提出了竞争优势的产业分析理论。在波特看来，企业的竞争优势或盈利能力是两个因素的函数：企业参与竞争的产业的吸引力和企业在该产业中的相对位势。企业的收益可以分为两大块，即产业效应和位势效应。产业的吸引力和产业效应的大小主要取决于由五种竞争力量①相互作用所形成的产业结构，并最终决定产业的利润潜力。如果把产业结构看成既定，那么成功的企业肯定是那些在该产业中具有相对位势的企业。企业获得相对位势的基本途径就是成本领先或者差异化。

1988年，库尔（Cool）和雅各布森（Jacobsen）发现，在美国医药行业，同一战略集团的不同企业之间存在显著的绩效差异。1991年，鲁梅尔特（Rumelt）发现，同一产业内不同企业间的利润差异甚至大于产业间的利润差异，其他一些学者也得到了类似的研究结果。显然，这些结果用波特的理论是无法解释的。而且，波特的产业分析理论还容易产生一个不好的影响，即诱使一些企业进行无关多元化经营，过度地看重市场运作而忽视企业内在素质的提高，在买方市场条件下难以形成持续竞争优势。为此，理论界通过实证研究提出了持续竞争优势的核心能力理论，认为在复杂多变的市场竞争中，企业只有建立了异质的核心能力，才真正掌握了市场主动权，核心能力是企业持续竞争优势的根本性来源。核心能力理论产生以来，引起了广泛的关注和研究，但这一概念现已被泛化，很多文献中出现的核心能力概念已经不是最初由普拉哈拉德和哈默尔提出的核心能力概念。普拉哈拉德和哈默尔认为，核心能力能衍生出人意料的产品，竞争优势真正来源于管理者把全公司的技术及生产技能统一到竞争能力中，这种竞争能力能使单个业务很快适应市场环境的变化。普拉哈拉德和哈默尔认为，多样化公司如同一棵大树，树干和主枝是核心产品（Core Products），分枝是业务单位（Business Units），树叶、花朵和果实是最终产品（End Products），提供养分、维系生命和稳固树身的根系就是核心能力（Core Competence）。核心

---

① 五种竞争力量是指购买商、供应商、替代竞争者、潜在竞争者和在位竞争者。

能力是组织的一种积累性学识，特别是如何协调多种多样的生产技能和如何整合多重技术源流的积累性学识。判断核心能力的标准至少有三个：第一，一种核心能力能提供进入多样化市场的潜能；第二，一种核心能力应当为最终产品的顾客提供明显的使用价值；第三，一种核心能力应当让竞争者难以模仿。这是本书所秉持的核心能力概念，它确保企业能在特定的业务领域建立竞争优势。

实际上，波特产业分析理论中的位势效应已表明了存在于产业内的盈利性差异，只不过波特认为这种差异来自企业的外部条件，而鲁梅尔特等则认为来自企业能力的差异；产业内不同位置——如高端和低端、集群内和集群外——存在着先天性的盈利性差异。企业能力的不同为企业进入产业内的不同位置提供了前提条件并加深不同位置的盈利性差异，因此，波特的理论与鲁梅尔特的观点之间并非是许多文献中所说的排斥关系，而是一种互补关系，两者应当实现统一。

针对产业分析理论，本书提出产业平台概念，其针对现代市场竞争的含义：一是进入有吸引力的产业，因为不同产业具有盈利潜力的差异；二是进入有比较优势的战略价值链环节；三是进入产业内的有利位置并在产业里形成相对位势；四是形成合理的产业构成，即业务组合。之所以在波特的产业分析理论之外增加进入有比较优势的战略价值链环节和产业构成这两个要素：一是因为激烈的市场竞争不可能让企业在每个环节都能产生价值，同时，市场形态向买方市场的转变和信息技术的发展已使这两种选择日益可行；二是因为在绝大多数情况下，企业要持续发展就不可避免地进入多个产业门类，以抵御产业生命周期和外部环境冲击的影响以及利用剩余能力和不同业务间的协同效应，这就涉及产业构成的合理性问题。显然，产业平台既是企业竞争和企业发展的结果，又是竞争优势和盈利能力的重要来源。

无论是核心能力还是产业平台，反映的主要是企业的生产属性，而企业除了生产属性外，还具有另外一个基本属性，即规制属性，规制同样决定着企业的资源配置效率，进而影响企业的竞争优势。竞争战略的结构学派和能力学派在研究企业竞争优势来源时暗含着这样一个前提假设：企业的各种生产要素所有者，特别是人力资本所有者，均有足够的激励和凝聚力来建立企业竞争优势。但事实上不少企业是缺乏这个前提的，很多企业的失败是制度的失败。因此，我们研究企业持续竞争优势来源时，不应忽视各种生产要素所有者的激励问题和生产要素的效率流动问题。企业制度的作用不仅限于解决各种生产要素所有者的激励问题，它对企业持续发展能发挥多方面的作用，比如，上市公司就天然地更容易从资本市场积聚资金。要指出，这里所说的制度是一个广义的概念，除了包括产权结构安排、治理结构安排、组织结构安排、管理制度等狭义制度外，还包括企业文化，在中国不少企业还包括企业家①在内。针对企业制度对持续竞争优势的不可替代的重要作用，本书提出制度平台概念，意指企业的制度要素及其结构要进行优化，只有达到能带来竞争优势的效率高度，才能体现对竞争优势的增量贡献。就我国企业的总体来讲，制度平台主要包括公司制度、治理结构、企业文化、绩效考核体系、制度化的营运系统等。

第二节 持续竞争优势的第四个基础性来源——企业的市场权力

一、企业发展的另一种解释

通常，竞争优势所带来的结果就是企业的发展。一般认为，企业的发展就是企业组织规模和生产规模的扩大、人员数量的增加。但是，对企业发展的这种定义事实上是极具风险的，因为规模大不一定实力强；规模小不一定实力弱。而从市场的角度讲，企业的发展应是企业的社会经济价值的扩增，亦即表现为企业能向更广泛的市场利益相关者提供更多更有价值的资源。因为不论企业规模大小，只有其社会经济价值扩增了，来自市场的认可度才能更高，企业与市场的各种交换才能更加顺利地实现，现金流量和利润才能更多地产生，否则，企业就会逐步萎缩，以至从市场中消失。

把企业的发展定义为社会经济价值的扩增指的是企业在物质世界中的发展，是以实体企业对有形资源的配置能力为直接支撑的，表现的是发展的物质属性。对于企业来讲，还有一个同样重要的发展，即企业在精神世界中的发展，指的

---

① 不同的企业家有不同的风格、偏好、价值观、行为模式等，企业家处于企业高层，必然会影响企业和企业员工的经营风格、偏好、价值观、行为模式等，因此，企业家具有类似于企业文化的隐形契约作用。如果是强势企业家，制度的作用就会打折扣。

是企业在企业外部人的观念中和形象上的发展，因为企业外部人一般不会直接接触实体企业，往往是通过市场上的最终产品，甚至仅仅是通过广告、互联网、媒体、书本、口碑来感知企业的，所感知的企业实际上只存在于人们的意识之中，是一种虚拟状态的企业。但由于这种感知对人的行为影响巨大，并决定企业与市场的各种交换关系的初始状态，进而影响企业实体的发展，因而企业就必须使自己处于一种良好的被感知状态。纵观全球，杰出的企业无一例外地在广泛的企业外部人中处于良好的被感知状态，所以它能更有效地从市场获取各种资源和销售产品与服务，尽管真实的物理状态的企业人们其实并不知晓。企业在物质世界中的发展和在精神世界中的发展，两者的关系是：前者是后者的基础，两者互为前提，互为结果，互相促进，互相制约；长期看，两者必须动态平衡，短期看，后者更容易实现，如广告"标王"所带来的效应。

二、持续竞争优势的新来源——企业的市场权力

当企业在精神世界中处于一种良好的被感知状态时，企业就拥有了入围权、行动权、发言权、支配权等权力，这就决定了市场中的企业不是机会均等的，并由此出现源于机会差异的马太效应。本书把这类权力称为企业的市场权力，它表明企业具有使市场利益相关者产生预期行为与效果的能力。

企业的市场权力最终来源于企业的社会经济价值，因为来自感知的权力的作用仅限于促使更多短期交易发生，而持续交易则要决定于交易各方是否能在前次交易中从对方获得实实在在的有价值的资源。企业与市场短期交易的实现也可能直接取决于企业的社会经济价值，比如，当企业形成了垄断竞争地位时，除了与他发生交易外，别无他选。

企业的市场权力是一种隐形契约，能维持企业与市场的长期关系，使企业组织边界缩小，市场边界扩大，有利于企业经营的专业化；能使企业获得权力租金；能减少风险和危机发生的机会和增强企业抗击风险与危机的能力；能使企业得到更多的市场机会，获得特殊的、额外的和廉价的资源，从而往往决定企业的未来和企业间命运的分野；市场权力使企业与市场的各种潜在交换一开始就大面积地处于唤醒状态；市场权力是企业参与和支配网络组织的筹码等。这些无疑使企业获得了多途径来源的竞争优势，并促进产业平台和核心能力的演进，使竞争优势叠加和连续化。

市场权力与品牌力是既有联系又有区别的概念。企业品牌的价值主要在于其市场权力（张曙临，2000年），因而品牌力强的企业，其市场权力一般也比较强；但是具有市场权力的企业，品牌力则不一定强。比如，某个企业仅仅是因为政府管制而垄断了某种关键资源，或仅仅因为处于某个战略群组中，其市场权力很强，但没有品牌力。市场权力包括企业在市场上获得的一切影响和支配利益相关者行为的支配性力量，比如，企业可通过诚信经营、建立核心能力或核心专长、建立垄断性竞争地位、占据有利市场位置、品牌运营、关系营销、战略资产锁定、成为行业标准、与名牌企业联盟等途径获取市场权力。品牌力只是市场权力的一个重要来源，但它是高质量的来源。市场权力的观点突出表明，企业要获得持续竞争优势，就必须在市场上进行立体运作，获取一切可以获取的力量。但是，千方百计地提升企业品牌地位，是企业获取市场权力最常规的、最主要的和最基本的途径。

第三节　持续竞争优势四面体结构模型及其内涵和意义

市场权力、产业平台、制度平台和核心能力可以形成一个特殊的持续竞争优势核心慢变量矩阵（见图7-1）。同时，四个慢变量之间的协同作用可形象地表述为四面体形关系结构（见图7-2），而四面体关系结构里包含了竞争优势得以持续的内在逻辑。

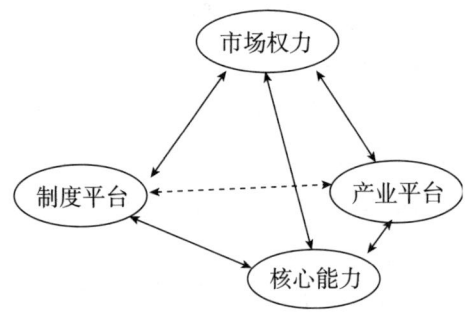

图7-1　持续竞争优势慢变量矩阵　　图7-2　持续竞争优势四面体形结构模型

(1) 产业平台、制度平台、核心能力和市场权力涵盖了企业的生产属性和规制属性，扩展并结合了竞争优势基于规制与生产两个基本属性的内生论和外生论，它们均是影响企业持续竞争优势的慢变量因素，亦即竞争优势不仅来自外部环境，而且来自内部条件，同时以慢变量因素为支撑。当它们同时具备且彼此对称形成一个类似于呈正四面体形①的支撑关系结构时（见图7-2），企业在市场竞争的湍流中最稳定。

(2) 产业平台、制度平台和核心能力构成了企业经营管理的"金三角"。动态地看，它们相互作用，共同创造企业的社会经济价值，产生市场权力。企业竞争优势最显见的表现就是市场权力，市场权力越大，表明企业对外部市场的规制力越强，企业发展就会越稳定。而市场权力消失，产品就不能获得市场，外部资源的获取就更难或成本更高，因而企业的发展就不能实现，因此市场权力是企业发展状况的晴雨表。市场权力一旦产生，将为企业发展带来资源优势和现金流，促进产业平台、制度平台和核心能力的发展，使企业的竞争优势得以持续和进一步增强，形成缪尔达尔良性循环。产业平台、制度平台、核心能力和市场权力之间存在六个相互增强或增弱的环路，其中一个要素出现故障，就会影响其他要素，它们之间的协同作用决定企业竞争优势的强度和持续性。

(3) 四面体的一个特殊作用，在于为企业局部蜕变或度过市场危机提供缺位支撑机制，即当企业存在某方面缺陷需要进行突围或发生市场危机时，四面体的其他方面可以支撑企业在突围期间正常运转，创造了突围的时间差。由于现实中的企业在长期发展过程中，不可避免地要进行包括产业、制度、能力等在内的各种局部蜕变和克服各种市场危机，因而缺位支撑机制不可缺少，否则，企业就会"一步输步步输"，即其中一个方面出现问题就会对企业发展产生很大甚至致命性的影响，这正是某些企业的竞争优势不仅强大而且能持续的奥妙所在。比如，美国 GE 公司从电气行业进入无关联的金融服务业，如果没有原来的市场权力和制度平台的支撑，这种缺乏新进入行业核心能力的产业调整势必难以成功，GE 就会出现发展的大起大落。又比如，海尔兼并武汉冷柜厂，兼并前武汉冷柜厂的产业平台、制度平台、核心能力和市场权力几乎处于零状态，兼

---

① 企业要持续发展需要发挥人力资本的作用，表面上看四面体没有包含人力资本，实际上人力资本的行为和价值已经包含在制度平台和核心能力中了。

并后成立的公司首先是凭借海尔的市场权力即通过向缺乏产业平台、制度平台和核心能力的武汉冷柜厂输入市场权力，以"傍名牌"来销售产品，然后通过不断夯实产业、制度和能力使企业走上持续发展之路。

（4）四面体四个要素的功能各有不同，功能的互补与协同是竞争优势得以持续的又一内在机制。市场权力是打入市场的尖刀和楔子，是竞争优势最直接的表现，是企业发展状况的晴雨表，并给企业带来资源优势，使企业实现满意的市场销售；产业平台蕴藏着企业盈利的潜在空间，好的产业平台使企业具有获取利润的天然优势；核心能力和制度平台保证了企业的技术效率和代理效率，使企业的资源配置富于效率，潜在利润最大限度地变成现实利润。

（5）四面体是可以成长的。公司成立之初，四面体比较小和不规则，经过以四面体为导向的经营管理，较小的和不规则的四面体就能发育成较大的和规则的四面体，使企业的发展更稳定。在企业发展的过程中，有时由于市场环境的突然变化，原先规则的四面体的某一个或几个核心要素变得不适应，甚至成为障碍，这时如果及时予以调整、修补和完善或者创新，四面体又变得规则起来。因此，四面体成长管理是企业持续发展管理的轴心和导向。

第四节　四面体成长管理的实证性检验

为了检验四面体模型的可靠性，笔者用杰克·韦尔奇任通用电气 CEO 期间的管理实践、格兰仕的管理模式和推动海尔集团 24 年持续发展的管理活动作为案例进行检验，证实了四面体成长管理在持续发展型企业的管理实践上是广泛存在的。本章仅以格兰仕集团从 1978 年开始到 2007 年期间的经营管理为例作一简要分析。①

---

① 有关格兰仕的案例资料来自公开出版的书籍、论文和格兰仕公司网站，它们是：1. 邓德海、周健：《制造奇迹：格兰仕 25 年持续成长和全球第一的管理实践》，江西人民出版社 2004 年版；2. 邓德海、子月、王淳丰：《格兰仕商道》，广东经济出版社 2006 年版；3. 李烨、李传昭、罗婉议：《战略创新、业务转型与民营企业成长——格兰仕集团的成长历程及其启示》，载《管理世界》2005 年第 6 期；4. www.galanz.com.cn。本书在引用时尊重原文。

第七章 企业持续发展的持续竞争优势：从单一来源转为四面体成长

格兰仕集团的前身是 1978 年建立的广东顺德桂洲羽绒厂，恰好诞生于我国改革开放政策的启动之年。近 30 年来，在现任集团董事长兼总经理梁庆德的带领下，伴随着改革开放政策的逐步深化，先前那个以手工操作洗涤鹅鸭羽毛起家的小作坊企业，已演变为年产值超过 250 亿元（2007 年），近 4 万名格兰仕人正在致力于推动微波炉、空调、生活电器、日用电器及相关配套产业全球化发展的企业。纵观格兰仕富有传奇色彩的 30 年持续成长历程，如果将格兰仕的全部经营管理活动进行结构分析，就会发现格兰仕像一个技艺高超的钢琴手，根据企业内外条件的变化适时地协调地弹着四个"键"——市场权力、产业平台、核心能力和制度平台，由这四个"键"弹出了格兰仕持续发展的"进行曲"。

在市场权力方面，在其创业和纵向拓展（1978—1992 年）阶段，格兰仕顺应国家对民营企业的产业导向政策，同时当时市场形态属于卖方市场，再加上与港商、美国公司的合资，以及将企业更名为格兰仕企业集团公司，这些均有利于提升其对市场上的利益相关者的影响力。1992 年格兰仕总产值达到 1.8 亿元，对于当时那个时代，这已是一个很大的企业，何况它还是一个民营企业。因此，对于当时其所经营的羽绒服装行业来讲，市场权力实际上是十分强大的。当其在 1992 年开始业务转型，从服装行业转入小家电行业，一方面，其原来的资源和能力（至少资金实力）可以为格兰仕高起点进入新行业提供基础；另一方面，作为服装经营企业的格兰仕由于其强大的市场权力又能为其整合利用面向新行业的市场资源提供保障。因此，当时的市场环境、格兰仕的资源和能力以及市场权力，是其能成功进行业务转型的基础。进入微波炉行业后，通过与国际著名品牌合作，引进世界先进生产线，提升自己的声誉和影响度；通过大规模生产，提升对供应商和客户的影响力；通过提高市场占有率，提升对竞争对手以及行业的控制力；通过在世界各地设立研发中心、发展自主品牌并不断提升自主品牌在全部品牌销售量中的比例，进一步改进其在市场上的声誉和形象。当其开始重新进行多元化经营时，格兰仕提出把自己打造成全球名牌家电生产制造中心，使自己从"世界工厂"走向"世界品牌"的格兰仕、从"中国制造"走向"中国创造"的格兰仕和全球研发、全球布局的格兰仕，再加上其"努力，让顾客感动""从优秀到卓越""精益求精，永创第一"等经营宗旨、理念和价值观，都可以向市场传递极具感召力的信号，从而进一步提升市场权力，具备与格兰仕发展战略相适应的市场权力。因此，可清晰地看出，伴随格兰仕的发展，格兰仕不断地设法获取、打造和提升其市场权力。格兰仕近年来赢得国家相关部门和机构认可的荣誉包括"中国名牌""国家免检产品""重合同守信用单位""家电出口明星企业""全国质量效益型企业""中国最具生命力百强企业""国家轻工局争创国际名牌优势企业""中国最大500家大企业集团""中国企业信息化500强""中国电器十大质量品牌""中国驰名商标10大标王"等，同时，格兰仕近三十年来保持持续快速发展的现象被国内外经济专家、学者及媒体称为"格兰仕现象""格兰仕奇迹"，这些都会扩大和增强格兰仕的知名度、美誉度，从而使格兰仕具有强大的市场权力。

在产业平台方面，产业调整、优化与提升也是格兰仕管理的一个主旋律。格兰仕先后经历了创业和纵向拓展（1978—1992年）阶段的从专业化战略到纵向一体化战略，二次创业和第一次转型（1992—1997年）阶段的从纵向一体化战略到多元化战略，国际拓展和专业化成长阶段（1996—2000年）的从多元化战略回归到专业化战略，三次创业和第二次转型（2000—至今）阶段的从专业化战略再到多元化战略等的业务转型。其产业平台战略体现如下特点：第一，进入有吸引力的行业，格兰仕之所以1992年决定进入小家电行业，1996年开始加快退出羽绒服装行业，正是基于这种战略上的考虑；第二，进入有比较优势的战略价值链环节，格兰仕根据国际产业转移的趋势和中国劳动力资源便宜的特点选择了生产环节，通过生产环节的规模化经营获得了竞争优势；第三，努力使自己在所进入的行业成为冠军企业，其微波炉的市场占有率连续多年居世界第一，进入空调行业不久即跻身世界主要空调制造商行列，生活电器中的电烤箱、电饭煲、电磁炉等产销均已达到世界领先水平；第四，形成合理的产业构成，为了避免规模不经济和反垄断调查，获得范围经济，再加上微波炉已拥有较强的资源和能力，2000年后又开始相关多元化战略，进入空调、生活家电等业务领域。目前，格兰仕正在致力于成为多个行业的冠军企业。

在制度平台方面，格兰仕的制度平台优化基本上可以归结为本章在前面界定的几个方面。首先是产权安排。格兰仕在1994年4月成功地完成了产权制改革，与很多企业仅由少数高管购买不同，格兰仕由当时公司所有的中高层人员及镇政府共同出资将企业买下，镇政府之后逐渐退出，使公司变成完全的产权清晰的民营企业和现代公司制企业。购买公司产权的人员后来成为长期推动格兰仕持续发展的中坚力量。其次是管理制度。格兰仕的做法是：每个时期都要调整报酬制度，目标是要让有功人员得到应得的奖励；采取与行业相比倒三角的薪酬考核体系，即高层人员的薪酬低于同业平均水平、中层人员等于或高于同业平均水平、底层人员高于同业平均水平，且高中层人员差距不大的薪酬制段；采取稳健经营原则，丰年奖金工资多发一点，但不发光，以备歉年之用，实现职工收入每年都有增长；主要从内部提拔管理人员等①。再次是组织制度。格兰仕在企业高速成长的过程中，对组织管理问题一直保持高度的警惕。通过坚持"集团式的企业，用工厂的方式管理"，并且不断引入"扁平化""分裂繁殖"等创新的内部管理机制，以实现高效率和低成本。最后是企业文化。格兰仕已形成特有的"苦行僧"文化，强调稳健经营、危机意识、做冠军企业、"不做500强，要做500年"等，秉持"努力，让顾客感动""从优秀到卓越""精益求精，永创第一"等经营宗旨、理念和价值观。格兰仕企业文化一直被业界啧啧称赞，其之所以能产生优秀文化，与三点密切相关，一是1994年格兰仕刚改制完毕即遭遇厂区被洪水全部淹没的重大危机，格兰仕人在总裁梁庆德的带领下，依靠"士气人气"克服巨大困难迅速恢复生产，这有利于企业形成艰苦奋斗、同舟共济、敢于迎接挑战的文化氛围；二是总裁梁庆德、常务副总裁梁昭贤的人格魅力、表率作用、稳健经营的理念以及一系列朴素的观念；三是企业的发展战略和竞争战略，格兰仕在创业以来的30年间的发展战略目标是从一个行业的冠军到多个行业的冠军，采取的主要是低成本竞争战略，特定的战略决定了特定的企业文化。

在核心能力方面，格兰仕集团到1992年时在轻纺行业中采用一体化的经营战略，不仅在出口订单的承接上，而且在国内市场（主要是珠江三角洲地区）的开拓方面均具备一种短期的获利能力。这种基本能力是格兰仕于1993年正式进入微波炉行业的重要基础和条件。到1996年，格兰仕的规模生产、全国性的营销网络已经形成。但是，这时格兰仕的获利能力只能认为具有短期性质，其主要原因在于格兰仕的微波炉产品中并无自主技术成分，单靠生产与销售上的规模经济获得的地位难以持久。到1999年，格兰仕集团在微波炉全面市场上的占有率高达60

---

① 需要说明的是，从公开披露的资料来看，格兰仕虽然采取了与行业相比倒三角的薪酬考核体系，但实际上，中高层人员还存在长期激励即来自拥有公司产权的激励。这也说明，格兰仕较早地采取了现代公司治理机制。

%，并且不断有自主技术的新产品推向市场；电饭煲产品的全国市场占有率也名列前3名，并且开始推出电风扇产品。这表明，格兰仕集团在小家电行业的全国市场具有中期获利的优势能力，即拥有亚核心能力。① 到了2004年，格兰仕在世界首创的光波空调风靡全球，出口名列前茅，跻身世界主要空调制造商行列。2005年，"全球最大专业化空调研制基地"落户格兰仕，这个占地3000亩的超大规模空调研制基地集中开发生产光波空调，同时具备全球领先的空调核心配套能力。2005年以后，养精蓄锐多年的格兰仕生活电器从"只做外销"转向"内外销赛马"，组建了从研发、技术、生产到营销的专业人才队伍，集中研制和销售高档电饭煲、电磁炉、电烤箱、电热水壶等生活小家电。近两年，格兰仕生活电器均以100%以上的增长率向全球市场扩张，其中电烤箱、电饭煲、电磁炉等产销均已达到世界领先水平。2007年，格兰仕自主开发的高端冰箱、洗衣机等日用电器开始驰骋国际市场。格兰仕以与微波炉相同的业务模式在空调领域一举成功的事实表明，格兰仕在家电生产和配套方面拥有了极强的核心能力，核心能力的传递可以突破本来竞争较为激烈的空调行业的进入壁垒并迅速建立竞争优势，再从格兰仕能不断率先开发出高端微波炉、空调、冰箱等产品来看，格兰仕在研发上也已经拥有极强的核心能力。以上是从效果来推断格兰仕核心能力动态成长的，如果从格兰仕采取的战略举措来看，格兰仕产生和不断提升在生产和研发两方面的核心能力是必然的：第一，格兰仕集中于生产环节，客观上能不断地获得与生产有关的知识积累；第二，OEM生产，可以获得世界优秀企业的知识和经验；第三，在世界各地成立多个研发机构。

第五节 四面体模型与超级竞争的契合性

超级竞争是客户主导的经济，市场竞争的内核和范式明显不同于厂商主导的经济，因此，持续竞争优势四面体结构模型只有反映了超级竞争的特征，才

---

① 康荣平、柯银斌：《格兰仕集团的成长、战略与核心能力》，载《管理世界》，2001年第1期。

能具有真正的可靠性。

在超级竞争条件下，市场竞争日益表现为合作的竞争，如供应链之间的竞争、企业网络之间的竞争、集群之间的竞争、联盟之间的竞争，日益表现为品牌之间的竞争、生态链之间的竞争。而企业进入供应链、网络、集群或联盟等，建立品牌与市场生态的目的或好处就是要获得自己在市场竞争中的入围权、行动权、发言权、支配权，即市场权力。在超级竞争条件下市场竞争更为激烈，表明市场资源更为稀缺；当市场资源更为稀缺时，市场权力的拥有者就更容易获得市场资源。因此，市场权力在超级竞争条件下对企业竞争优势起决定性作用，市场权力的概念与超级竞争的特征是吻合的，或者说正是超级竞争的出现，市场权力才具有意义，才能凸显特殊价值。

超级竞争条件下竞争的激烈性，决定了以下几点：（1）企业难以在价值链的所有环节创造顾客价值，企业不再是以生产的产品和提供的服务而是以参与的流程来定义自己[①]，因此，企业必须选择自己有比较优势的战略环节；（2）在产业内的众多企业中，只有那些处于领先地位的企业才有可能控制产业发展方向和产业市场的规则，总是拔得竞争的头筹；（3）一般只有在高端产品领域、在新产品领域才能获取较高的利润率；（4）企业受资源、能力等的限制，更难以在多个行业进行成功的竞争。因而在超级竞争条件下，产业平台的结构要素和产业运作模式不同于厂商主导的经济时代，四面体中的产业平台概念丰富和发展了迈克尔·波特的产业分析理论，反映了超级竞争的特征。

超级竞争条件下的企业竞争突出表现为智力资本的竞争，因而智力资本必须在制度安排上予以充分考虑，比如，"资本雇佣劳动"的产权安排就可能要被"资本与劳动共同治理"甚至被"劳动雇佣资本"所取代；智力资本的关键部分是人力资本，而人力资本又只有在以人为本的文化"场"中才能发挥作用，因而企业文化在制度结构中必须被置于十分重要的地位；超级竞争条件下，一个明显的发展趋势是更多员工远离公司作业，更多的员工分散于更广泛的地理区域乃至全球不同国家和地区作业，这就要靠团体归属感、共同的价值观和信

---

① [美] 迈克尔·哈默：《企业行动纲领》，赵学凯等译，中信出版社2002年版，第42—69页。

念来维系；必须充分利用资本市场、职业经理人市场的特殊作用，因而必须采用现代公司制度。因此，四面体中的制度平台反映了超级竞争的特征。

超级竞争条件下的市场竞争变化多端，只有当企业具有了异质且不易失去的能力时，企业才能持续地建立竞争优势，才算掌握了市场竞争的主动权。事实上，核心能力理论正是伴随着市场竞争的发展而提出的。显然，如果市场竞争不激烈，这一理论就没有多大价值。核心能力不仅是赢得竞争的"杀手锏"，还是企业参与市场网络组织的"入场券"，在超级竞争条件下，"一统天下"的层级组织正逐步为网络化组织所替代，表面上占据网络节点的是企业，实际上是企业的核心能力和核心专长，网络化组织实际上是核心能力或核心专长的俱乐部。企业如不参与到网络化组织中来，就会失去市场机会，就难以提升资源配置效率。因此，四面体中的核心能力契合超级竞争的特征。

由于四面体四个要素涵盖了企业的生产属性和规制属性，扩展并结合了竞争优势的内生论和外生论，它们的功能各有不同，功能的互补与协同是竞争优势得以持续的一个内在机制，又由于四面体四个要素均契合超级竞争的特征，因此，从规范性角度讲，以四面体成长为导向的管理将为企业带来持续竞争优势。

第六节 从四面体结构模型到竞争优势构成要素模型

有的战略管理教科书认为，企业竞争优势的基本构成要素是卓越的效率、品质、创新和客户响应。而竞争优势能够保持多久，取决于三项要素：模仿壁垒、竞争对手的能力和产业环境的动态机制。[1]

它们的相互关系如图 7-3 所示。

---

[1] ［美］C. W. L 希尔、G. R. 琼斯：《战略管理》，孙忠译. 中国市场出版社 2005 年版，第 87—105 页。

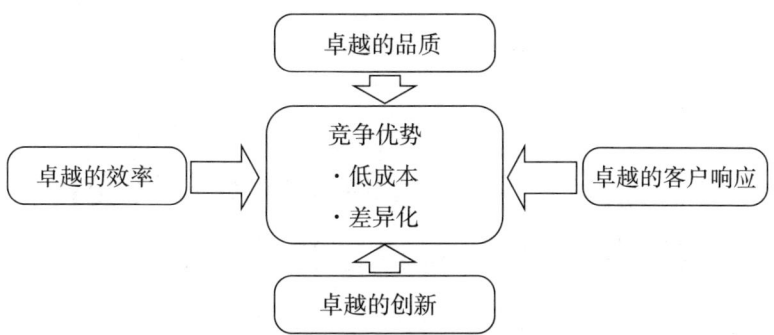

图 7-3　竞争优势的基本构成要素模型

那么,竞争优势的基本构成要素模型与四面体模型是什么关系?两者是一致的关系,前者是指竞争优势直接表现在哪些方面,是竞争优势的表现形式和载体,后者是指竞争优势的来源、竞争优势是如何生成的,即前者是后者的结果、是后者的函数,亦即如果没有强有力的市场权力、产业平台、核心能力和制度平台及存在于它们之间的相互支撑关系,就不会有卓越的效率、品质、创新和客户响应;当四面体获得了成长,就必然会有卓越的效率、品质、创新和客户响应。

而对于竞争优势能够保持多久取决于三项要素,即模仿壁垒、竞争对手的能力和产业环境的动态机制的观点,这是从竞争对手的角度提出的。显然,如果企业的四面体能够动态成长,就会使模仿壁垒提高,使竞争对手需要更强的能力,更能把握产业环境的动态机制并在其中不断地赢得主动。

因此,从管理的路径上讲,持续竞争优势管理应当以四面体成长为导向和抓手。

第八章　企业持续发展的最优所有权安排：从风险承担导向转为竞争力导向

本章要廓清的问题是，超级竞争下以持续发展为导向的企业所有权安排到底应该怎样安排才是最优。之所以研究这个问题，是因为这一问题曾在我国经济学界引起激烈和广泛的争论，同时，它又是企业持续发展最基本的制度安排，对企业持续发展具有重要影响。本章以超级竞争为背景条件，构建和发现与企业持续发展诉求相适应的企业所有权"最优"安排的逻辑与形态。

本章获得了以下具有创新性的研究结论：（1）超级竞争条件下，最优企业所有权安排的逻辑起点是竞争力，而非风险承担，或者说最优的规范性标准是能否带来企业竞争力的提升，而不是企业失败后谁更有条件和更适于承担风险。现代企业的逻辑是，以竞争力为导向的产权安排能导致风险的降低，以风险承担为导向的产权安排则会导致风险的增加。（2）市场中的企业并不存在也不应该存在恒定不变的和统一的最优企业所有权安排，竞争力决定因素的动态变化导致了最优企业所有权安排的动态变化，公司治理生态系统的不同导致了最优企业所有权安排的多样性，资本雇佣劳动、劳动雇佣资本和利益相关者共同治理均是特定条件下的最优企业所有权安排。（3）在超级竞争条件下，对于追求持续发展的企业来讲，只要是最优企业所有权安排就一般是以竞争力为导向的安排，适应于特定条件的资本雇佣劳动、劳动雇佣资本和利益相关者共同治理及他们的边际修正等最优企业所有权安排，均属于或统一于以竞争力为导向的企业所有权安排，或者说，以竞争力为导向的企业所有权安排通常是最优企业所有权安排。（4）公司治理结构是一个生态系统，最优企业所有权安排并不能孤立地存在，两者的状态互为依存。

第八章　企业持续发展的最优所有权安排：从风险承担导向转为竞争力导向

这一章重点讨论企业最优所有权安排问题，之所以要讨论这一问题，首先是因为企业的产权安排是企业最基本的制度安排，它直接影响到企业最重要的利益相关者的行为选择，而利益相关者的不同行为将最终决定不同的企业成长绩效，显然，企业持续发展应该有与其相适应的最优所有权安排。其次是因为企业最优所有权安排问题一直是近年来经济学研究的一个热点，国内在这方面的研究尤为活跃，但学界的研究处于一种混沌的状态，这不利于指导企业管理实践。企业持续发展提供了一个研究最优企业所有权安排的视角，从而有必要以超级竞争这一现代市场的基本特征为背景条件，从企业持续发展的角度对相关的理论予以廓清，以揭示持续发展导向下的企业最优所有权安排应该是怎样的安排。

对于最优企业所有权安排是怎样的安排，在学界提出的各种观点中，以北京大学张维迎教授提出的资本雇佣劳动论、北京大学周其仁教授提出的劳动雇佣资本论和中国人民大学杨瑞龙教授提出的利益相关者共同治理论在学术界最具影响力。① 笔者在进一步学习和研究这三种理论观点后却获得了三个发现：一是三种观点之所以各执一是，甚至针锋相对，是由于他们所依据的逻辑起点不同；二是从现代企业管理的主题——企业持续发展的范式的动态变化来看，三种观点特别是前两种观点都存在理论上的硬伤，都是以偏概全，都只适应于特定的企业，既容易证实又容易证伪；三是三种观点又都有其合理的内核，如果将这些内核依据以现代市场条件为背景的共同的逻辑基础予以整合，可正好形成既能反映现代企业持续发展要求，又适用于所有类型企业的最优企业所有权安排论。

对于最优企业所有权安排的研究，首先应明确两点：一是"最优"的规范性标准是什么，即依据什么标准来谈最优，标准不同，"最优"的形态自然不同；二是现实中客观上存在怎样的企业所有权安排的一般形成机制，同时，这种"一般形成机制"是否能使企业所有权安排一般都可达到"最优"的规范性标准。前者的意义不言而喻，而后者决定了理论成果是否具有实践价值和普适性，否则，"最优所有权安排"只不过是纯理论上的追求而对管理实践没有什么意义。离开了这两条，最优企业所有权安排问题就是伪命题。

---

① 资料显示，提出这三种观点的论文的他引率均列近二十年来国内经济学论文前三甲。

第一节　企业所有权安排最优的逻辑起点是竞争力而非风险承担

当财产（包括有形和无形财产）所有者以其财产出资组建了企业后，企业就成为与财产所有者相对独立的法人，财产所有者出资的财产就变成了企业法人的财产，企业通过独立运作使企业法人的财产得以持续增值，持续赚取利润，以持续回报出资的财产所有者。

财产所有者出资组建企业是"惊险的一跳"。各财产所有者之所以合资组建企业，是为了形成集体生产力，产生合作剩余，因而企业的产生一开始就是以效率为导向的，而效率在竞争条件下体现的就是竞争力。财产所有者通过权衡可预期时间长度内的风险与收益，决定是否出资和规定初始合约（公司合同和章程）的性质。风险与收益既决定于投资项目本身的好坏，又决定于项目运作的质量（现实中，一般是先有投资项目，后寻找出资者组建项目公司，而不是相反）。前者与公司治理结构无关，后者则与公司治理结构从而与企业所有权安排密切相关，并奠基于初始合约之中。企业作为相对独立的法人，一旦生成，也就获得了相对独立的意志，必须谋求自身的生存和发展，而在竞争日益激烈的现代市场条件下，竞争力是企业获得生存和发展的前提和保障。因此，从逻辑上讲，企业所有权安排应当以竞争力为逻辑起点和导向。

然而，资本雇佣劳动论的论证逻辑是：企业的剩余索取者也即企业的风险承担者，因为剩余是不确定的、没有保证的，在固定合同索取被支付之前，剩余索取者是什么也得不到的；个人的经营能力是私人信息，而易于观测的货币与实物资本是当事人个人经营能力有效的显示信号，所以资本家具有做企业家的优先权；非人力资本[①]具有抵押功能，而人力资本不具有抵押功能，不能被其他成员当"人质"，也就是非人力资本所有者具有在一定程度上对其他成员提供保险的能力，而人力资本所有者则不具有这种能力，由此非人力资本所有者的承诺比人力资本所有者的承诺更值得依赖（张维迎，1996年）。可见，资本

[①] 在张维迎、周其仁等的论文中，非人力资本概念指的是货币资本，本文除非引用他们的原话，一律用货币资本概念，因为现实中，非人力资本并非只有货币资本一种形式。

雇佣劳动论基本上是以风险承担为导向的，考察的是在风险已经发生的情况下的最优企业所有权安排，而对于促使企业实现风险的事先规避和降低的最优企业所有权安排又应当是怎样的情形并没有予以考虑。这显然与企业存在的初衷相悖。在超级竞争条件下，企业应首先实现风险的事先规避和降低而非首先考虑风险的事后承担，而实现风险的事先规避和降低的基本途径是建立持续竞争力，如果没有竞争力，企业剩下的就只有风险，谈风险承担及其他均失去了意义。所以，最优企业所有权安排如果以风险承担为导向，就只适应于非竞争条件，这种情形只存在于卖方市场中的企业和现代市场中特定行业和特定成长阶段的企业。因此，在现代市场竞争条件下，即使是以风险承担为导向，资本雇佣劳动论也不一定正确。

而且，资本雇佣劳动论的逻辑与公司制度的演变逻辑是相悖的。众所周知，有限责任公司取代无限责任公司是公司制发展史上的一场重大革命。而按照资本雇佣劳动论的论证逻辑，无限责任公司应该是比有限责任公司更具优越性的制度安排，不应该是后者取代前者。

张维迎的《所有制、治理结构与委托——代理关系》一文（简称张文）是为了澄清崔之元的文章可能引起的理论混乱而作的（张维迎，1996年）。不过，张文本身却存在自相矛盾之处。张文谈道："自80年代以来，研究企业理论的经济学家越来越认识到，企业所有权只是一种状态依存所有权（state-contingent ownership），股东不过是'正常状态下的企业所有者'，尽管从时间上讲，这个'正常状态'占到90%以上。令 x 为企业的总收入，w 为应该支付工人的合同工资，r 为对债权人的合同支付（本金加利息）。假定 x 在 0 到 X 之间分布（其中 X 是最大可能的收入），工人的索取权优于债权人。那么，状态依存所有权说的是，如果企业处于 '$x \geq w+r$' 的状态，股东是所有者；如果企业处于 '$x < w$' 状态，工人是所有者。进一步讲，由于监督经理是需要成本的，股东只要求一个'满意利润'（存在代理成本下的最大利润），只要企业利润大于这个满意利润，股东就没兴趣干涉经理，经理就可能随意地支付超额利润（如用于在职消费）。假定 π 是这样一个满意利润，那么还可以说，如果企业处于 '$x \geq w+r+\pi$' 的状态，经理是实际的所有者。正是这个意义上，布莱尔（Blair）认为，将股东作为公司所有者是误导的。上述分析也意味着，对债权人和工人来讲，成为'所有者'实际上是一件坏事，因为它意味着自己的合同收益无法保证

了。"从这一段文字可知，企业的风险承担者并不是只有货币资本所有者，人力资本所有者（经理、工人）及某些利益相关者（如债权人）也可能是风险承担者。他们能否成为风险承担者，取决于企业的经营绩效，而这在现代市场条件下是取决于竞争力的。所以，即使从风险承担导向来看，按照张文的论证逻辑，资本雇佣劳动的最优性也是经常不成立的。当然，张文提出了人力资本所有者与货币资本所有者在承担风险能力上的差异，但这种差异仅仅是人力资本所有者与货币资本所有者诸多差异的一部分。人力资本所有者与货币资本所有者在提升企业竞争力上的差异，人力资本与货币资本的专用性所导致的所有者激励上的差异等重要方面却没有被张文纳入分析框架。在新经济（超级竞争）时代，一个日益明显的趋势是，人力资本对竞争力的贡献越来越大，在越来越多的企业中已赶上甚至超过货币资本的作用。企业"占时间长度达90%的正常状态"靠的恰恰是竞争力的支撑。因此，货币资本所有者为了避免成为风险承担者，就必须给予人力资本所有者与其贡献相一致的所有权。在资本市场日益发达的情况下，货币资本日益成为通用资产，其所有者还拥有一个逃避风险的绿色通道，即企业出现经营风险的征兆时，将股票一卖了之，因而股东并不一定是企业的恒产者。① 而人力资本所有者正是由于其与人力资本不可分离，成为"人质"的可能性不仅存在而且很大。这使得人力资本所有者同样有动力来关注和推动企业的发展。因此，在竞争条件下，让劳动摆脱被雇佣的地位，有利于降低企业的系统风险，从而使风险承担者降低甚至失去承担风险的可能性，亦即以风险承担为逻辑起点的安排反而导致风险的增加。

张文谈道，"正是人力资本与其所有者的不可分离性为'资本雇佣劳动'提供了解释"。首先，"非人力资本与其所有者的可分离性意味着非人力资本具有抵押功能，可能被其他成员作为'人质'（hostage），而人力资本与其所有者的不可分离性意味着人力资本不具有抵押功能，不能被其他成员当'人质'"。其次，"人力资本与其所有者的不可分离性意味着人力资本所有者容易'偷懒'（shirk），而非人力资本与其所有者的可分离性意味着非人力资本容易受到'虐

---

① "恒产者有恒心"固然是对的，但在资本市场发达的条件下，股东的身份是容易改变的，是否恒产不是依据是否有物质资本而是依据企业是否仍有投资价值，而投资价值取决于竞争力，因此在高度发达的资本市场，"恒产者"其实是不存在的。

待'（abused）"。换言之，人力资本所有者不仅可以通过"偷懒"提高自己的效用，而且可以通过'虐待'非人力资本使自己受益。如果说人力资本所有者需要激励或监督的话，非人力资本需要一个监护人（custidian）。最后，"越是富有的人越没有积极性谎报自己的能力（或者说，越是贫穷的人越有积极性谎报自己的能力），因此，让资本所有者拥有当企业家的优先权，是保证真正具有企业家才能的人占据企业家岗位的重要机制，否则的话，企业家市场就会被大量的'南郭先生'所充斥。因此，'人力资本与其所有者的不可分离性'不仅不能成为对'资本雇佣劳动'的否定，恰恰相反，后者正是前者的逻辑"。但是，张文的逻辑推理存在严重的片面性，表现在：其一，人力资本同样可以充当"人质"，甚至这种"人质"的特性在某些情况下比货币资本的"人质"特性更强，而且这很可能正是企业所有者与经营者能够分离的重要基础之一。其二，"人力资本所有者容易'偷懒'，容易'虐待'非人力资本，如果资本家不拥有当企业家的优先权，企业家市场就会被大量的'南郭先生'所充斥"，这表明货币资本所有者与人力资本所有者组建企业对于货币资本所有者来讲是极具风险的，既然风险来自人力资本所有者，那为什么偏要货币资本所有者充当企业所有者呢？按照"剩余索取者即风险承担者"的逻辑，显然应由人力资本所有者来充当企业所有者，因为只有这样，人力资本所有者才有足够的动力使风险降到最小，避免自己成为风险承担者。现实中这样的事例并不鲜见。比如，香港新世界集团与武汉市政府在武汉长江二桥项目的投资合作上，新世界就只拿固定的合同收入而放弃剩余索取权与剩余控制权，因为 20 世纪 90 年代总体上外商和港、澳、台商在中国大陆投资新办一些项目的各种风险还是很大的（这种风险主要来自非市场领域），而武汉市作为风险的制造者就要扮演"劳动"的角色，千方百计确保投资效益，成为真正的风险承担者。

张文设想了经营者和生产者之间的三种企业所有权安排：（1）剩余索取权和控制权归生产者所有；（2）剩余索取权和控制权归经营者所有；（3）剩余索取权和控制权由生产者和经营者共同拥有。张文证明，最优安排决定于每类成员在企业中的相对重要性和对其监督的相对难易程度。如果生产者更重要、更难监督，第一种安排是最优的；如果经营者更为重要、更难监督，第二种安排是最优的；如果生产者和经营者同等重要、同样难以监督，第三种安排是最优的；如果两类成员同等重要、同样容易监督，第一种安排和第二种安排是等价的。这一结论背后的逻辑是给定契约不可能完备（从而不可能让每个成员对自己的行为完全负责），让最重要、最难监督的成员拥有所有权，可以使剩余索取权和控制权达到最大程度的对应，从而带来的"外部性"最小，企业总价值最大。如果把这里张文关于经营者与生产者的最优企业所有权安排的论证逻辑用于资本与劳动的关系，显然就不会得出资本雇佣劳动的结论，因为，至少劳动更难监督。至于资本和劳动谁更重要，则要视企业具体的条件而定。现代的一般趋势是，劳动的重要性在上升，有形资本的重要性在下降。

第二节 以竞争力为导向的最优企业所有权安排是怎样的安排

从规制的角度上讲，企业是契约的集合。一个契约的性质是契约双方谈判地位和谈判技巧的反映。如果双方谈判地位和谈判技巧相差悬殊，雇佣的情形就可能出现。资本雇佣劳动和劳动雇佣资本代表了两种极端情形，而且"雇佣"一词隐含地否定了货币资本所有者与人力资本所有者合作的可能性及这种合作广泛存在的事实，事实上集于一个企业的不同的理性所有者基于自身的利益将优先选择合作而非对抗，因为只有这样才能形成集体生产力，产生合作剩余，各方均能获得边际剩余。

问题在于什么力量决定谈判地位。无疑，在竞争日益激烈的现代市场条件下，谈判地位主要取决于自己拥有的生产要素的稀缺程度和其对企业竞争力的贡献程度，更稀缺和贡献程度更高——即权重更大的生产要素所有者的谈判地位更高，扮演强生产要素的角色，因而在谈判中可要求获得更多的企业所有权和控制权。从基于竞争力的规范角度讲，强生产要素与弱生产要素之间建立基于各自对竞争力影响权重的企业所有权安排，有利于提升企业竞争力，符合最大馅饼原则，是各生产要素所有者谈判的均衡解；从实证的角度看，强生产要素决定了其所有者的谈判地位较高，必然在与弱生产要素的制度安排中处于优势地位。现实中的资本雇佣劳动与劳动雇佣资本的治理结构都是谈判的结果，一般来说都是特定条件下的最优选择。

就谈判技巧而言，并非所有人力资本所有者的谈判技巧均高于货币资本所有者，因为在新经济（超级竞争）条件下，人力资本所有者已分化为差异明显

第八章 企业持续发展的最优所有权安排：从风险承担导向转为竞争力导向

的高级人力资本所有者和一般人力资本所有者，高级人力资本所有者如企业高层主管的谈判技巧一般会高于货币资本所有者①，而低级人力资本所有者如一般员工的谈判技巧则可能不如货币资本所有者。因此，单从谈判技巧来讲，资本与劳动通过谈判从所有权安排中获取额外好处的可能性是不确定的，从而，可明确地用作企业所有权最优安排判断依据的是生产要素对竞争力的贡献权重。

针对张维迎的资本雇佣劳动论，周其仁在其《市场里的企业：一个人力资本与非人力资本的特别合约》一文中提出了截然相反的观点，即大体上可以表述为劳动雇佣资本的企业所有权安排。② 周其仁甚至提出，"即使在古代，真正稀缺的也是企业家的人力资本而不是财务资本"。在周其仁看来，货币资本显示的是"消极货币"的本性，而人力资本则显示"积极货币"的本性，"因此即使是在古典企业里，与其说是物质资本家在雇佣劳动，不如说是具有企业家才能的人力资本家在非人力资本的影子里扮演关键角色罢了"。可见，周其仁彻底否定了资本雇佣劳动论，在其看来，自从人类社会产生企业组织以来，就是劳动雇佣资本的。

从张维迎和周其仁的分析来看，他们虽然都以企业的契约性为切入点，但他们却都忽视了实际的企业所有权安排（契约）都是人力资本所有者与非人力资本所有者谈判的结果这一关键事实，而存在于所有者之间的谈判正是所有权安排的一般形成机制和理解实际存在的企业所有权安排出现多样化现象的一把钥匙。既然是谈判，一般就是以所有者所持有的生产要素对所有者目标实现的贡献程度为基础。而且，张维迎和周其仁所指的人力资本并不完全相同，张维迎所指的人力资本包括高级人力资本和低级人力资本，而真正支持周其仁观点的主要是高级人力资本。周其仁在谈到消极货币和积极货币的差异时，似乎把人力资本等同于人力资本所有者、非人力资本等同于非人力资本所有者了。而事实上，非人力资本在其所有者运作下，并非总是表现消极货币的本性，它在现代市场条件下选择能给其带来机会收益的契约的途径是很多的，比如，行使退股权，而且知道，在竞争力几乎决定一切的现代市场条件下，企业的任何产

---

① 这样说的依据是，谈判能力是高级人力资本所有者的人力资本价值的重要体现，如果他不比非人力资本所有者的谈判能力更强，他就不会被非人力资本所有者聘用。

② 虽然周文没有直接用这句话，但如果套用张维迎的"雇佣"一词，周文的最优企业所有权安排十分接近劳动雇佣资本的含义。

出都是它与人力资本合作的结果,缺一不可,因而货币资本所有者将根据自己所持生产要素对竞争力的影响权重①努力达成理想契约。此外,人力资木在其所有者运作下,同样可以表现出消极货币的特性,甚至比货币资本表现得更消极,比如,张维迎所说的人力资本"偷懒"与"虐待"问题。周其仁的结论也容易证伪,即使在"企业家和企业管理的人力资本独立不但势在必行,而且经济上有利可图"的今天,资本雇佣劳动的情形也并不鲜见。比如,在那些技术含量低、操作简单、规模经济是主要竞争力来源的企业里,货币资本是绝对的强生产要素,其最优企业所有权安排基本上应采取资本雇佣劳动的形式。

但是,周其仁的观点真实地反映了人力资本与货币资本在企业中的相对地位的一般变化趋势,代表了未来的发展趋势(而非古典企业的情形),比较适合于新经济(超级竞争)条件下的企业。因为,对这类企业来讲,对比货币资本,人力资本特别是高级人力资本总体上不仅更稀缺,而且是竞争力的根本性决定因素,属强生产要素。在新经济企业里,最优企业所有权安排总的看日益趋向于劳动雇佣资本。但是在目前的市场条件下,很多新经济企业还不能采取劳动雇佣资本这种极端的企业所有权安排,因为货币资本常常仍是较强的生产要素。比如,许多高科技项目就是因为缺乏资金而无法实现产业化,从而使风险投资发展成为一种专门的行业。比较理想的方式是,高级人力资本、货币资本和低级人力资本之间建立基于竞争力贡献权重的企业所有权安排。即使采取劳动雇佣资本这种治理结构,其劳动也应主要限于高级人力资本,如企业家、技术与管理骨干等,低级人力资本可以通过其他方式,如管理制度、企业文化等形式间接地参与公司治理,这样有助于确保决策效率,适应多变的市场竞争。

由于各种生产要素对竞争力的影响权重是变化的,因而,在资本雇佣劳动与劳动雇佣资本之间自然存在一系列中间最优状态。当两者旗鼓相当时,就出现了两者共同拥有企业所有权的最优企业所有权安排情形。至于利益相关者共同治理模式,那只不过是一种扩大了生产要素范围的基于竞争力贡献权重的所有权安排而已,这种模式也是适应市场竞争的必然选择,是以竞争力为导向的。

---

① 在现代市场条件下,所有者目标可能存在差异,但均衡解是企业的持续发展——合作剩余的最大化,而持续发展以竞争力为支撑,因此,生产要素对所有者目标实现的权重就是对竞争力贡献的权重。

因此，在现实中，存在资本雇佣劳动、劳动雇佣资本、资本与劳动共同拥有企业所有权以及它们的边际修正等最优企业所有权安排，它们在市场里是同时存在的，只是分别存在于不同的企业，企业发展的不同阶段罢了，并不存在恒定不变的或统一的最优企业所有权安排。但不论何种最优所有权安排，通常都是以竞争力为导向的安排。

第三节　企业所有权安排的最优状态不能独立地存在

正如企业所有权是一种状态依存权一样，最优企业所有权安排是一种状态依存安排，是对特定的公司治理结构的生态系统而言的，撇开特定的公司治理结构生态系统，无法判断企业所有权安排是否为最优，因为同样的所有权安排放在不同的公司治理结构、生态结构中会产生不同的绩效，比如，孤立地讨论国有企业与民营企业的最优所有权问题，可能永远得不到一致的结论，因为两者的公司治理结构生态系统差异巨大。尽管"从奈特（Knight）开始，经济学家就认识到，效率最大化要求企业剩余索取权的安排和控制权安排应该对应"（matching），"这种对应是理解全部企业制度（包括治理结构）的一把钥匙"（张维迎，1996年）。但是，对如何对应，理论界形成了不同的观点，实际中也形成了不同的治理结构模式。周业安就试图通过实证比较研究来证明利益相关者模式优于其他模式，但其结果仅仅是："以利益相关者论为导向的企业的绩效可能更高，也就是说，至少大量的证据支持利益相关者论。"周业安之所以不能得出以利益相关者论为导向的企业绩效肯定更高的结论，笔者认为，原因是：尽管各种模式所体现的企业所有权安排存在差异，但在现实中，竞争中的大多数企业为了提升企业竞争力，就必须考虑竞争力是利益相关者合作的结果这一事实，于是通过公司治理结构生态系统而事实上实行了利益相关者共同治理。周业安比较的各种模式如果从治理结构生态系统看，其实都是或接近于利益相关者共同治理模式，因而周业安比较的各种模式表面上看有所不同，实则没有显著差异，从而它们的绩效不会出现明显的差异。

以美国模式为例。在《企业共同治理的经济学分析》一书中，美国模式被当作股东至上模式、单边治理模式和资本雇佣劳动模式的典型。笔者认为，美国模式是一种股东至上模式是无疑义的，但把它当作单边治理模式和资本雇佣劳动模式则值得商榷，因为：第一，美国模式的股东构成已发生变化，不再仅仅是货币资本所有者，人力资本所有者也成了股东，美国公司经理人员持有公司股票是一个普遍现象；第二，美国的许多公司出现了杠杆股东，即一个占股比5%的股东能控制或左右共同占股比达95%的数以万计的小股东，小股东实际上是难以参与公司治理的，其利益因而是难以保证的；第三，美国的许多知名公司事实上是经理人员而非股东控制着公司，CEO还承担了部分董事会的职权；第四，大量公司引进了外部董事，而外部董事不仅仅是股东的代表；第五，股票期权制度、独立审计制度、信息披露制度、外部市场控制、工会、市场合约等使公司的利益相关者间接地参与公司治理，其效果可能比某些利益相关者直接参与公司治理更好，否则，过多的利益相关者通过所有权方式直接参与公司治理会使决策效率降低，这不利于企业适应快速变化的市场竞争；第六，卓越的公司通过优秀的企业文化来使利益相关者参与公司的治理，许多公司已出现教派般的企业文化，文化力甚至超过了产权力。因此，要评价美国模式，不能只看企业所有权安排，而应该放在包括国家法律、法规、市场、企业内部在内的治理生态系统中来考察。应该说，美国模式从总体上看是一种比较典型的基于生产要素权重的企业所有权安排，与其说是一种股东至上模式，倒不如说是一种利益相关者共同治理模式，更准确地讲，美国模式是以竞争力为导向的模式。所以周业安据此进行的比较研究，没有产生所期望的明确结果。

第四节　最优所有权安排是动态变化的

资本雇佣劳动论与劳动雇佣资本论表明，资本与劳动的雇佣与被雇佣地位是不变的，前面的研究表明这些观点不能成立，下面再作进一步的论证。

公司所有权安排的选择决定于竞争力和收益与风险的边际比较。假定货币资本所有者在让出更多企业所有权给人力资本所有者之前，企业的竞争力为 C_1，企业实现目标的风险为 R_1，人力资本所有者的道德风险为 r_1，货币资本所有者对企业竞争力的享受比例为 P_1。让出更多所有权之后，竞争力为 C_2，企业风险为 R_2，道德风险为 r_2，享受比例为 P_2。那么，货币资本所有者所贡献的边际竞争力与承担的边际风险之比为：

$$\frac{\text{MC}}{\text{MR}} = \frac{P_2 C_2 - P_1 C_1}{(P_2 R_2 + r_2) - (P_1 R_1 + r_1)}$$

如果 $\frac{\text{MC}}{\text{MR}} > 1$，货币资本所有者就选择或同意让出更多所有权；如果小于1，则维持不变；同样，人力资本所有者也会进行类似的比较决策。通常，货币资本所有者让出更多企业所有权给人力资本所有者后，企业的竞争力会得到增强，即 $C_2 > C_1$；系统风险会得到降低，即 $R_2 < R_1$；货币资本所有者对竞争力和系统风险所分享的比例降低，即 $P_2 < P_1$；出现人力资本道德风险的可能性更大，即 $r_2 > r_1$。

由于市场和企业是不断变化的，这决定了企业为了保持和提升竞争力，货币资本所有者和人力资本所有者确保各自始终能获得机会收益，就必然要动态调整资源配置结构，从而不可避免地要调整企业所有权安排及企业治理结构生态系统。也可能是，企业在发展过程中，各生产要素所有者之间的力量对比发生了变化，因而，原来的企业所有权安排就要重新谈判，从而导致了最优企业所有权安排的动态变化。

当然，最优所有权安排的动态性观点并不否认基本治理模式的存在，现实中的公司治理模式都是对基本模式的边际修正。但是，对于一个企业来讲，规模很小与很大时或跨越不同经济形态和不同市场形态以及不同产业时，治理结构均会出现很大的差异，由此，不会出现不变的最优企业所有权安排。

第五节　来自公司法修改的逻辑证据

1999年颁布施行的《中华人民共和国公司法》第二十四条规定："股东可以用货币出资，也可以用实物、工业产权、非专利技术、土地使用权作价出资。……以工业产权、非专利技术作价出资的金额不得超过有限责任公司注册资本的百分之二十，国家对采用高新技术成果有特别规定的除外。"依据这条规定，张维迎提出的"资本雇佣劳动"论中的"劳动"永远处于被完全或部分雇佣的地位，企业的所有权安排就一般呈现为"资本雇佣劳动"的形式。而在

2005年修改并于2006年1月1日开始施行的新《中华人民共和国公司法》第二十七条规定："股东可以用货币出资,也可以用实物、知识产权、土地使用权等可以用货币估价并可以依法转让的非货币财产作价出资。……全体股东的货币出资金额不得低于有限责任公司注册资本的百分之三十。"按新法之规定,人力、技术、品牌、渠道等张维迎提出的"资本雇佣劳动"论中的"劳动",只要可以用货币估价并可以依法转让,就可拥有高达70%的出资比例,同时规定货币出资至少30%,由此,企业最优所有权安排会在资本与劳动之间出现多种最优形式,亦即会出现资本雇佣劳动、劳动雇佣资本和利益相关者共同治理以及他们的边际修正等系列形式,并非一定是三种所有权安排论所认为的某一种形式。具体采取何种安排,对于追求持续发展的企业来讲,正常情形下,将主要由各种生产要素对竞争力的影响权重和预期贡献来确定。新法对货币出资下限的规定则体现了"兼顾风险承担"的管理原则。

国家为什么对公司法做出这样的修改？因为随着市场竞争进入超级竞争状态,对于有些类型和行业中的企业,比如,以高科技企业来讲,以非货币和实物形态存在的资本,即无形资本,较之以货币和实物形态存在的资本,即有形资本,对于企业竞争力的提升,亦即对企业的持续发展更为重要。

因此,公司法修改的逻辑完全印证了本章所依据的逻辑和得出的结论。

第六节 结论与意义

通过上面的分析,本章得出如下几点结论：(1)超级竞争条件下,最优企业所有权安排的逻辑起点是竞争力,而非风险承担,或者说最优的规范性标准是能否带来企业竞争力的提升,而不是企业失败后谁更有条件和更适于承担风险。现代企业的逻辑是,以竞争力为导向的产权安排能导致风险的降低,以风险承担为导向的产权安排则会导致风险的增加。(2)市场中的企业并不存在也不应该存在恒定不变的和统一的最优企业所有权安排,竞争力决定因素的动态变化导致了最优企业所有权安排的动态变化,公司治理结构生态系统的不同导致了最优企业所有权安排的多样性,资本雇佣劳动、劳动雇佣资本和利益相关者共同治理均是特定条件下的最优企业所有权安排。(3)在超级竞争条件下,

第八章　企业持续发展的最优所有权安排：从风险承担导向转为竞争力导向

对于追求持续发展的企业来讲，只要是最优企业所有权安排就一般是以竞争力为导向的安排，适应于特定条件的资本雇佣劳动、劳动雇佣资本和利益相关者共同治理及他们的边际修正等最优企业所有权安排，均属于或统一于以竞争力为导向的企业所有权安排，或者说，以竞争力为导向的企业所有权安排通常是最优企业所有权安排。（4）公司治理结构是一个生态系统，最优企业所有权安排并不能孤立地存在，两者的状态互为依存。

本章所得出的结论具有重要的理论和实践价值。理论价值在于为产权研究提供了新的方法论指导，建立了共同的逻辑基础，有利于提高产权研究的绩效，具体表现在：（1）经济学试图找出统一的和恒定不变的最优企业所有权安排结构的努力是注定要失败的；（2）产权研究应根据不同市场条件、不同行业和企业发展不同发展阶段的竞争特征进行分门别类的研究；（3）产权研究应结合企业文化、公司治理结构等公司治理生态因素进行研究。实践价值表现在：（1）对公司竞争力具有关键影响的一切生产要素的提供者，企业应按其影响权重给予企业所有权；（2）企业要结合采用所有权安排、企业文化、公司治理结构、企业家选择、外部市场环境等公司治理生态因素来提升企业竞争力，并降低企业风险。

本章所得出的结论还具有明确的政策含义。提高自主创新能力已成为我国的国家战略，企业所有权安排以竞争力为导向，对于自主创新能力决定企业成败的行业，意味着对自主创新能力具有决定性影响的人力资本要素必然获得更多的企业所有权，从而有利于提高企业自主创新能力，相反，在这些行业，如采用僵化的资本雇佣劳动的产权安排，自主创新能力就可能是水中望月。由于竞争力的决定因素是动态变化的，所以，以竞争力为导向将为企业提供持续创新的动力机制。

第九章　企业持续发展的企业文化：从一维文化转为三维文化[1]

本章要探讨的是企业文化的转型问题。超级竞争环境与持续发展目标的交叉，为企业文化研究既提出了新的规范性要求，又提供了全新视角。迄今，尽管学界对企业文化进行了大量研究，但是在学界提出的众多企业文化类型中，还没有一种与这种交叉相适应。为此，本章将揭示持续发展型企业与非持续发展型企业相比，企业文化的功能维度有何不同，以及超级竞争条件下以持续发展为导向的企业应建立怎样类型的企业文化。

通过理论与案例相结合的分析，本章获得的结论是，满足这种交叉需求的企业文化是创新型文化、效率型文化和风险规避型文化的三维复合型文化，即三叶草型企业文化。

第一节　企业文化研究的盲区与华为的启示

好的企业文化具有导向、约束、凝聚和激励等作用。[2] 在一定程度上讲，企业管理就是企业文化驱动下的管理。从20世纪80年代以来，企业文化日益受到全球企业界和管理学界的重视，现在对企业文化的研究和传播可谓如火如荼。迄今，学界已提出众多的企业文化类型，并揭示了各类型企业文化的特征、形态结构及

---

[1] 本章由笔者与中南财经政法大学闻学教授合作撰写，特此致谢。
[2] 张德主编：《企业文化建设》，清华大学出版社2003年版，第40—41页。

其所适应的企业管理活动类型。① 具有代表性的有河野义弘（1992年）划分的五种类型：活力型、独裁活力型、官僚型、僵化型和独裁僵化型；迪尔和肯尼迪（1982年）划分的四种类型：强人文化、"拼命干、尽情玩"文化、赌博文化和过程文化；海伦（Heinem）根据三个标准，即企业作为一个控制系统的强弱、企业文化自身在企业中的牢固程度和一致程度以及企业文化和现有领导系统的关系，将企业文化划分为16种类型；科特（Kotter）和赫斯克特划分的三种类型：强力型、策略合理型和灵活适应型文化；高菲和琼斯划分的四种类型：网络型、共有型、散裂型和图利型文化；野村综合研究所（1986年）划分的四种类型：人际关系型、冒险型、战略型和官僚型文化；奎因（Guinn）划分的四种类型：家族式、发展式、官僚式和市场式文化；华拉奇（Wallach）划分的三种类型：官僚型、创新型和支持型文化；艾博斯（Ebers）划分的四种类型：合法型、有效型、传统型和实用主义型文化；康妮和芭芭拉划分的三种类型：鲨鱼型、夏裨鱼型和海豚型；布莱顿和莫顿划分的五种类型：权威型、团队型、俱乐部型、贫乏型和中庸型文化；梅泽正划分的四种类型：自我革新型、重视分析型、重视同感型和重视管理型。这些众多的企业文化类型基本是从文化的内涵或文化的表现形式来划分的。近年来，学界开始注意从功能的角度来研究文化，即根据企业管理的目标和要开展的管理活动的特征来研究与之相适应的企业文化应具有的特征和形态结构，提出了以创新力为导向的创新型文化、以执行力为导向的执行文化、以风险管理为导向的风险管理型文化等文化类型。但是，对于在以超级竞争为基本特征的现代买方市场追求持续发展的企业应该具有怎样的企业文化，却鲜有研究，在学界所提出的上述众多文化类型中，没有一种可以与之相适应。

尽管在学术上缺乏相应的研究，但是，中国的管理实践上已有成功的经典案例，比如，华为技术有限公司和青岛海尔集团。在本书第五章中介绍的华为技术有限公司于1996年开始制定、1998年正式颁布执行的管理大纲《华为基本法》实际上就是该公司的企业文化大典，亦即，华为为了实现管理转型，进而实现公司的持续发展，从与华为持续发展相适应的管理的需要出发，来确定文化的构成要素、形态结构，最后形成《华为基本法》，通过文化的主动转型来实

---

① 陈维政、张丽华、忻榕：《转型时期中国企业文化研究》，大连理工大学出版社2005年版，第15—26页。

现华为的持续发展。第五章表5-3显示，华为的企业文化最后形成了三种功能产出，也即华为文化是本章后面要分析的一种典型的三叶草型企业文化。

下面，先通过规范性分析提出超级竞争条件下以持续发展为目标的企业文化应该具有的功能维度，再以青岛海尔集团为案例进行验证，最后以一个失败企业——新疆德隆为案例，来比较分析两种类型的企业在企业文化的功能维度与形态结构上的差异。

第二节 企业文化的新模型：三叶草型企业文化的提出

第一、第五章均已提出，创新推进（Innovation Promotion，IP）、效率提升（Efficiency or Execution Promotion，EP）和风险规避（Risk Prevention，RP）是超级竞争中以持续发展为目标的企业整体管理的三个基本维度，从而超级竞争中以持续发展为目标的企业必须同时是创新型企业、效率型企业和风险规避型企业，即三叶草型管理的企业（见图9-1），而不是管理时尚制造者们所鼓吹的单一类型的企业。① 否则，只会产生"流星"式企业、"小老树"企业或"过山车"式企业。

德鲁克曾指出，"企业管理不仅是一门学科，还应是一种文化，即有它自己的价值观、信仰、工具语言的一种文化"②，这说明特定的企业管理能够产生特定的企业文化，两者具有映射的关系。因此，持续发展型企业的企业文化也必须提供创新推进、效率提升和风险规避三种功能，必定同时是创新型文化、效率型文化（或执行型文化）和风险规避型文化，而不是单一的其中某种类型的文化。

事实上，依据企业文化的单一功能导向，管理学界已经对创新型文化、执行型文化（本章称效率型文化）分别进行了大量研究。至于风险规避型文化问题，

---

① 据亚伯拉罕森（Abrahamson）等的研究，管理时尚是指短时间内大家普遍认为处于管理学发展前沿的某种管理技巧，通常具有简洁、虚伪的鼓励、符合潮流、表面新颖、被权威承认等特点，就像时装、音乐一样流行。

② 转引自陈维政、张丽华、忻榕：《转型时期的中国企业文化研究》，大连理工大学出版社2005年版，第10页。

第九章　企业持续发展的企业文化：从一维文化转为三维文化

由于创新对现代企业发展的极端重要性，创新精神与风险规避行为在人们的心智中一般被认为是此消彼长的"跷跷板"关系，为了确保企业的创新精神和创新力，理论的风向转到了创新，风险问题相对不被重视，学界迄今只在金融企业的管理领域中对风险规避型文化进行了专门研究，而在非金融企业的管理领域鲜有涉及。由于2004年上半年中国航空油料集团公司新加坡公司两个月内巨亏5.6亿美元，导致了国有资产的重大损失，我国国务院国有资产监督管理委员会开始高度重视风险问题，2006年6月专门出台了《中央企业全面风险管理指引》，首次提出全面风险管理和建立风险管理文化。不过，尽管学界和政府部门提出了创新型文化、效率型文化和风险规避型文化的概念，但迄今都是从单一功能的角度提出和研究的，而现实中的企业管理要求的却不是单一功能导向的企业文化，而是多维功能导向复合的企业文化。

基于以上分析，超级竞争中以持续发展为目标的企业模型、整体管理模型及文化整合模型可以表述为图9-3。图9-3显示，超级竞争中追求持续发展的企业，其企业文化是创新型文化、效率型文化和风险规避型文化耦合形成的三叶草型企业文化。

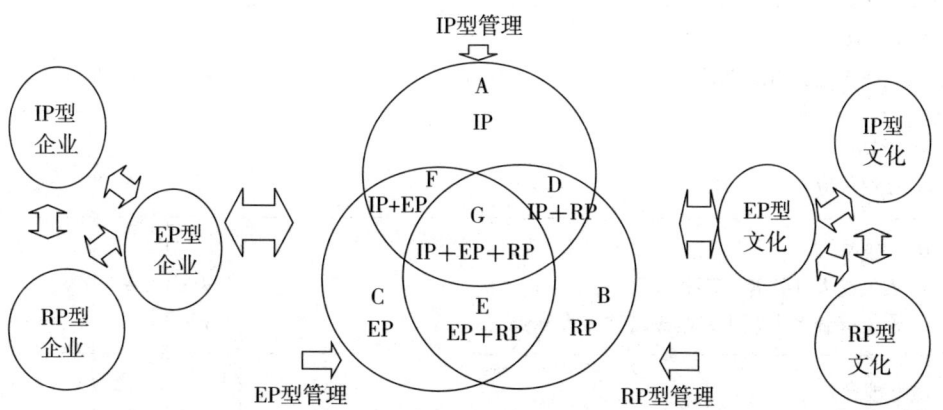

图9-1　三叶草型企业模型　　图9-2　三叶草型企业管理模型　　图9-3　三叶草型企业文化模型

注：IP：创新推进；EP：效率提升；RP：风险规避。

第三节 三叶草型企业文化的验证：以海尔为案例

长青企业的企业文化是否为三叶草型文化？如何构建三叶草型企业文化？三叶草型企业文化具有怎样的形态结构？下面是以海尔文化为案例的分析。

海尔作为中国优秀企业的代表，是一个典型的被文化驱动的企业，海尔的企业文化也一直广受市场和学术界推崇。由于海尔已取得24年（截至2008年年底）的持续高速发展，因此可以探测海尔文化是否为三叶草型文化，从而验证本章提出的企业文化整合模型，了解其企业文化元素的构成与形态。

根据海尔集团网站提供的海尔文化的元素信息，将这些元素按其分别对企业创新推进、效率提升和风险规避的功能贡献逐一进行解析，得到表9-1。

表9-1 海尔文化的元素构成、形态及其功能贡献

企业文化元素的构成及形态	功能产出		
	创新推进	效率提升	风险规避
海尔精神 1. 敬业报国，追求卓越	★	★	
海尔作风 2. 迅速反应，马上行动		★	
用人理念 3. 人人是人才，赛马不相马 4. 你能够翻多大跟头，给你搭建多大舞台	★ ★	★	★
质量理念 5. 高标准、精细化、零缺陷，有缺陷的产品就是废品	★	★	
品牌理念 6. 国门之内无名牌 7. 资本是船，品牌是帆	★	★	★ ★

续表

企业文化元素的构成及形态	功能产出		
	创新推进	效率提升	风险规避
营销理念 8. 先卖信誉，后卖产品		★	★
服务理念 9. 海尔人就是要创造感动 10. 用户永远是对的 11. 顾客的满意就是我们的工作标准	 ★ ★	★ ★	 ★
市场理念 12. 只有淡季思想，没有淡季市场；只有疲软的思想，没有疲软的市场 13. 紧盯市场创美誉 14. 绝不对市场说"不" 15. 用户的抱怨是最好的礼物 16. 以变制变，变中求胜	★ ★ ★ ★ ★	★ 	 ★
竞争理念 17. 只要保持高于竞争对手的水平，就能掌握市场主动权 18. 打价值战，不打价格战	★	★ ★	★
出口理念 19. 先难后易：首先进入发达国家，创出名牌之后，再以高屋建瓴之势进入发展中国家		★	★
资本运营理念 20. 东方亮了再亮西方		★	★
技术改造理念 21. 先有市场再建工厂，大市场呼唤海尔建厂		★	★
技术创新理念 22. 创造新市场，创造新生活 23. 市场的难题就是创新的课题	★ ★		

续表

企业文化元素的构成及形态	功能产出		
	创新推进	效率提升	风险规避
管理理念 24. 斜坡球体论 25. OEC 管理法 26. 市场链 27. SST 28. 10/10 原则：在一个团队中，总有 10% 的人工作成绩最优，10% 的人工作成绩最差，要用最优者帮促最差者，从而提高整个团队的市场效果 29. 80/20 原则：抓关键的少数，带动次要的多数	★ ★ ★ ★	★ ★ ★ ★ ★ ★	
兼并扩张理念 30. 吃"休克鱼"		★	★
资源观 31. 不在于企业拥有多少资源，而在于利用了多少资源		★	
竞合论 32. 竞合的基础是优势互补，竞合的方式是资源互换，竞合的结果是双赢发展		★	
拆墙论 33. 拆掉两堵"墙"：一个是企业和企业之间的"墙"，从竞争关系变成竞合关系；一个是企业内部员工和员工之间的"墙"，把职能关系变成市场关系	★	★	★
风险理念 34. 永远战战兢兢，永远如履薄冰			★
国际市场布局理念 35. 三个三分之一：国内生产国内销售三分之一，国内生产海外销售三分之一，海外生产海外销售三分之一 36. 三位一体：在海外建研发中心、生产基地和贸易公司，实现设计、制造和营销的"三位一体"本土化模式 37. 三融一创：融资、融智、融文化，创世界名牌	★ ★	★ ★	★ ★ ★

续表

企业文化元素的构成及形态	功能产出		
	创新推进	效率提升	风险规避
全员 SBU 的理念体系			
38. 创新的目标：就是创造有价值的订单	★		
39. 创新的本质：就是创造性的破坏，破坏所有阻碍创造有价值订单的枷锁	★		
40. 创新的途径：就是创造性的模仿和借鉴——即借力		★	
41. 创造有效供给就是创造市场	★		
42. 品牌是战胜经济衰退的唯一最有力的武器		★	★
43. 品牌并非是其本身的文字和图形，而是其内涵，用户那颗忠诚的心就是这个内涵的无价之宝	★	★	
44. 只有给员工提供个性化的创新空间，才能满足外部用户的个性化需求	★		
45. 专注于用户需求而不是专注于竞争对手	★	★	
46. 在市场竞争中，你不可能应付和压倒所有的竞争对手，但是可以领先于竞争对手		★	
47. 如果你想等待无序竞争的消亡，其结果只能是你与无序竞争一起消亡	★		★
48. 生于忧患，死于安乐	★		★
49. 管理是一种实践，其本质不在于"知"而在于"行"，其验证不在于逻辑而在于成果		★	

将表 9-1 中的文化元素的编号依据其发挥的功能维度逐一定位于图 9-2 中，即可得到图 9-4。从图 9-4 可看出，海尔文化从整体上看是典型的三叶草型企业文化，A、D、F 和 G 区中的文化元素对创新发挥促进功能，C、E、F 和 G 区中的文化元素对效率（或执行）具有提升作用，B、D、E 和 G 区中的文化元素促使海尔经营的风险最小化，通过企业文化对每一经营管理环节的规范及对多个环节的整合，使得海尔同时表现出具有竞争力水平的创新推进力、效率提升力（或叫执行力）和风险规避力。虽然无论海尔自身还是学术界都称海尔文化为创新型文化，但不为人知或不受重视的事实是，海尔文化同时还是效率型文化和风险规避型文化。

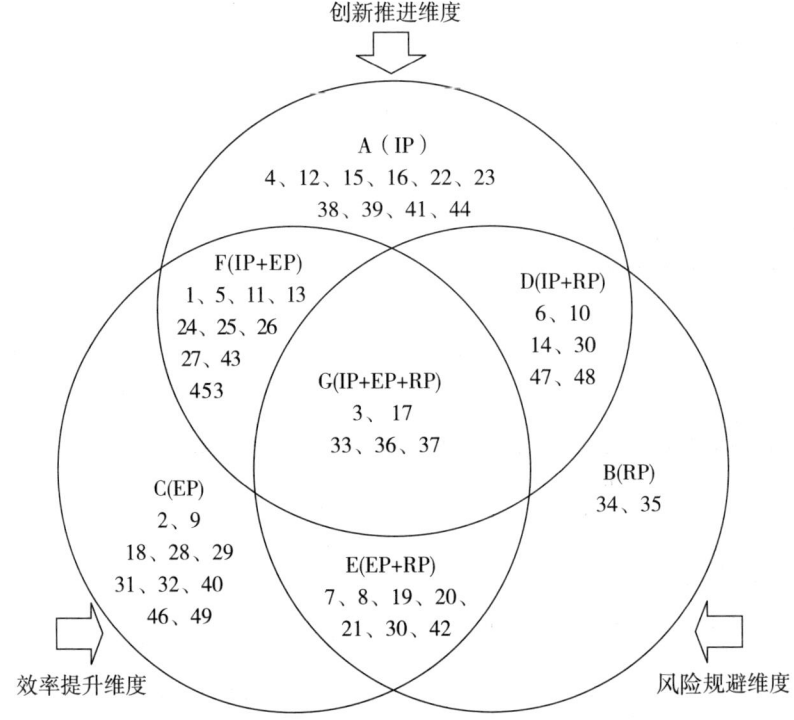

图 9-4 海尔文化的功能维度及文化元素的功能分布

第四节 三叶草型企业文化的缺失：德隆的败因解析

要进一步检测三叶草型企业文化模型的可靠性，还必须确认在失败企业里是否存在三叶草型企业文化。这里选择长期快速扩张、曾是中国最大民营企业、于 2004 年突然崩盘的新疆德隆为案例进行分析。

在 2004 年新疆德隆崩盘后，学界和企业界从不同角度、不同层面对其败因进行了反思，其中，唐立久和张旭在其《解构德隆》一书中对德隆文化进行了分析。以下内容引自该书第 171—178 页①，为体现客观性、真实性与完整性，引用时只对少量与本章的研究不相关的内容进行了删除。通过这一段文字，可

---

① 唐立久、张旭：《解构德隆》，浙江人民出版社 2005 年版，第 171—178 页.

以判定德隆的企业文化属于何种类型。

德隆文化之殇

"大气"之极

德隆认为,应该用"德"——精神的力量来实现对人和公司的管理、领导与控制。"以德兴隆,德厚业兴"的思想内涵就融合在公司的名称里,德隆文化似乎处在创造一种大事业的追求、大舞台的胸怀、大舰队的体制、大家庭的感受的氛围中。

德隆文化可谓"大气"之极,甚至超越了一个经济组织所能承受的责任范围,但也由此埋下了失败的基因。

第一,德隆文化始终强调对于不同类型的企业和不同国籍的管理者,必须秉持一种包容态度。唐万新曾对媒体侃侃而谈:"我们把德隆文化确定为俱乐部式的文化,在这里官不像官民不像民,并不一定要听命于领导人","关于文化差异,我们这里有说东北话的,有说西北话的,有说中国话的,也有说英国话的,差异有多大,但这一步走过去以后队伍就带出来了,就可以甩开膀子干了。"

企业愿景	在战略投资行业成为龙头;3~5年内成为全球500强企业之一;建立一个世界级的"企业精英俱乐部",汇集最多领袖级经营人才,成为联结中国与世界经济主流的桥梁,成为最具世界影响力的国际化战略投资公司
企业目标	创造中国传统产业新价值
企业哲学	以德兴隆,德厚业兴
企业价值观	追求成功的热情,善用简单的力量,实事求是的态度,尊重文化的包容
管理理念	经营企业就是经营人
产业整合	行业研究—确定目标—形成产业经营平台—取得行业领先地位—成为国际一流企业
企业宗旨	以企业精英俱乐部的方式在全球范围内积极寻找合作伙伴,同行业领头企业、领头人站在一起,为一流的职业经理人搭建事业平台;融合不同文化、崇尚个性与创新;提倡团队合作、不为繁文缛节束缚的平等开放型的俱乐部式公司氛围

德隆创业至今，没有将文化冲突对企业的破坏性给予充分的重视，只是一贯坚持"英雄主义原则"，尊重每个企业和企业家自己的个性，甚至主张"谁加盟了德隆谁就是当然的企业英雄"，结果企业整体组织里长出了无数个独立的英雄主义王国，在激烈的文化冲突中不仅没有发挥各自的组织功能，反而依附于"母体"，成为千姿百态的利益驱动体。因此，当德隆在众多不相关行业激进扩张的时候，其管理能力、产业整合能力、资源调度能力以及资金运用能力亦面临着极大的挑战，过度的扩张及不相关的多元化，最终将给这些企业带来不能承受之重，以致其最终走向崩溃，唐万新最终没有等到文化整合成熟的那一天，或许历史上也没有人能做到。

试图通过尊重与包容文化的差异，将被兼并企业和企业精英统一到德隆总体目标上，只是德隆一厢情愿的奢望而已。可以说，德隆将企业价值观建立在包容文化而非融合文化的基础上，违背了企业作为一个经济组织的自身发展规律，背离了企业在商业社会基本的生存法则。

第二，德隆的企业愿景是超现实的。"国际化战略投资公司"这种企业定位，目前在世界上尚未有过先例，包括世界500强也不敢在现阶段妄称成为具有世界影响力的战略投资公司。3～5年成为世界500强更是脱离中国实际的"空想主义"，中国企业的管理水平与世界500强的差距，不是一个文化尚未成熟、管理粗放的德隆就可以用3～5年时间消除的，这只是梦想而已。德隆一度宣称"德隆是做产业的，不是做企业的"，"汇集最多领袖级经营人才，成为联结中国与世界经济主流的桥梁"，这样的愿景已经超越了企业的责任范围。

企业愿景是建立在企业价值观基础之上的并且是全体员工所一直为之努力的目标，如果企业的共同愿景是真实的，它就会成为企业组织中凝聚人心的核心力量。愿景犹如灯塔，始终为企业指明前进的方向。愿景描绘的未来蓝图越翔实、丰富、栩栩如生，其所发挥的凝聚、导向作用就越大。反之，缺少员工共同认同的愿景，或者是大部分员工认为不现实的愿景，很难产生应有的激励作用。

第三，德隆把对企业目标的表述当作企业使命对待。德隆使命陈述不符合企业使命的基本要求和应有特性，企业使命是对企业存在意义的高度概括，是企业开展经营活动的依据。企业使命主要包括企业承担的经营责任、社会责任、历史责任。明确企业使命，就是要确定企业实现愿景目标必须承担的责任和义务，包括企业对应尽社会义务的公开承诺，是企业应负社会责任和义务的公告和宣言。每一个公司，无论其规模大小，都需要使命陈述来作为指导的源泉，如指南针般让其雇员、顾客甚至股东了解它代表谁的利益及它去往何方。德隆将企业目标确定为"创造传统产业的新价值"，没有锁定使命陈述的听众，导致外部对德隆种种猜疑不绝于耳，内部则无法真正使员工找到工作目标，产生上下一致的凝聚力。

德隆存在的理由到底是什么？它代表谁的利益？它将走向何方？"成为传统产业价值的发现者"，这更像一个政府的诉求，而且没有对社会繁荣和发展应尽义务的承诺。相反，为了完成这种不切实际的使命，德隆在融资手段上一度更注重"善用简单的力量"，甚至奉行"超越的现实主义"，"只要融到资金，就是最大的功臣"。任何企业都将追求最大限度的利润作为最基本的使命之一，但却不能忘记它是存在于社会基础之上的。可以说，没有社会责任描述的企业使命是不能够被外界所认同的，没有对社会的庄严承诺，企业开展经营活动也就失去了正确的依据，必将走向与社会环境格格不入的危险境地，一旦危机爆发，企业将孤立无援。

第四，德隆文化最重要的"基石"——企业精神和核心价值观模糊不清，失去了作为企业文化最重要的精神支柱。企业精神是企业在其成长过程中形成的代表全体成员心愿、意志的群体意识，是企业哲学、价值观念和道德观念的高度概括，是激发全体成员积极性和创造性的无形力量，反映了全体成员的共同追求和共同认识，是企业文化的旗帜。

价值观是企业对于客观事物的基本信仰，是关于好坏、善恶、美丑的判断，是企业生存与发展的指导思想和基本原则。核心价值观是企业始终恪守的价值标准和行为准则，是企业在追求经营成功过程中所推崇的最基本信念。它是被企业全体或多数员工认同的关于企业意义的终极判断，是企业文化相对固定的元素，不会随波逐流或者轻易改变。

在德隆的文化元素中，基本上没有对企业精神和核心价值观的集中阐述，而这却是企业文化体系中最为根本的价值理念。它回答企业如何存在和企业的基本行为准则，意味着用共同的信仰来指导统一的行动，意味着思想、文化间的紧密结合和渗透，意味着员工心目中的企业形象、企业在社会公众心目中的形象以及企业希望做到的让员工、顾客、股东和社会认同的企业形象。"以德兴隆，德厚业兴"的企业哲学，在德隆文化理念体系中处于核心地位，但却不能替代核心价值观。没有企业的核心价值观和企业精神作为企业文化的建设基础，重德治、忽视法制的价值取向，使德隆文化最终失去了根植的土壤，急速膨胀后遂被外界视为异类，辉煌的成就失去了炫目的光辉。

优秀企业追求的是务实的理想主义，德隆的文化诉求是超越现实的理想主义文化。在市场经济环境逐步完善的历程中，必定要受到来自内外部各种文化资源的冲刷与荡涤。在商业文明还远未建立起来的今天，德隆商业帝国终究会在畸形变化中崩塌！

唐万新的文化

德隆文化源自强势叛逆者唐万新，其文化的形成，几乎代表了所有中国现阶段的民营企业文化的特征。经营机缘、领袖人物的远见卓识和卓越才能凝聚了一批奉行同样价值观和行为方式的部下，在取得经营成功的基础上，又将公司的主要价值观念或职责规范公之于众，敦促所有部下遵从这些规定，使得越来越多的员工逐步具有了公司高层领导所具有的价值观念和行事风格，企业文化由此生成。

德隆倡导企业精英俱乐部的价值取向，注定了以唐万新为领导者的德隆文化的形成、发展、塑造是一个漫长的过程。德隆文化更多表现为唐万新文化，即个人英雄主义文化，那些派系林立的部门文化是构成德隆文化的并不和谐的元素。以唐万新个人"具有超强的磁场魅力""真正的灵魂人物"表现出来的个人图腾，才是德隆文化的真实写照。

中国传统文化强调人本精神，注重家庭、家族、国家；主张个人应该为国家做贡献，为民族利益、为家庭承担责任，不辞劳苦；强调和谐、统一性，以带来稳定的文化氛围；强调礼治，儒家的三纲经（民德、新民、业于天下）、八条目（格物、致知、诚意、正心、修身、齐家、治国、平天下）等都在强调修身积德。与西方注重逻辑分析的思维方式不同，中国人注重直觉体悟，沿袭到企业治理就表现为在西方企业里，更多的是按照企业的政策进行，而在中国企业里，尤其是家族企业里，集中表现为"人治"，德隆文化在某种程度上讲就是唐万新的强势的"老板文化"，亦即综合了传统、地域、历史、时代特征的唐万新的"个性文化"。

德隆因为才华横溢的精神领袖，创造了令世人瞩目的"德隆神话"，反映出强势文化在一定环境条件下可以极大地促进企业经营业绩。但当庞大的德隆有了个人魅力极大的唐万新，企业文化越来越多地表现为对个人的崇拜时，那些有理智、善思考的人会陷入迷途，德隆的经营风险就变得更大了。当危机真正到来时，没有人能够掌控全局，这种强势文化又极大地伤害了德隆。

中国企业在企业文化建设上，普遍存在或者片面强调精神文化以及物质文化建设，对制度文化建设普遍重视不够，其结果是过多强调"德治"，而忽略法制，对企业行为和员工行为约束太松。德隆崇尚个性，追求平等开放的文化氛围，实际上肯定了人与人的关系可以超越企业组织原则。

企业的成长力源于三种驱动：能人驱动、流程驱动、文化驱动。唐万新没有将个人魅力所形成的文化基因转化为德隆文化，至少没有解决如何使大多数管理人员真正将德隆所描述的企业理念付诸实践，即没有将能人驱动转化为流程驱动和文化驱动。

企业领袖是企业文化的设计者、倡导者和建设者，必须全面深刻理解企业文化的内涵及各部分内容的密切关系，不仅要利用各种机会、采取各种形式大力弘扬企业文化，而且要通过建立健全各项规章制度规范企业及员工的行为，使员工的思想和行为保持高度一致。只有这样，企业才能在制度的规范中逐步实现无为而治。

德隆文化还在形成阶段时，一些极为宝贵的、即将转化成为企业文化的优质基因就被"海纳百川，有容乃大"的错误价值导向所吞噬。治理结构缺失，无法及时纠正错误的决策，当唐万新以英雄主义的梦想带领这个急速膨胀的团队在资金链紧绷的"钢丝"上狂飙时，当内外部环境不断变化、行进的道路上充满荆棘，德隆这个不可一世的庞然大物经不住剧烈的震荡，在极短的时间内全面失控，猝然倒下。

文化整合之痛

德隆内部派系林立，不同理念、不同文化的冲突也使得德隆的管理陷入了某种程度的混乱。

20世纪90年代中后期，德隆进入了快速扩张期，大批高级人才的加盟使德隆一度兴旺。德隆内部的六种成分人群形成了德隆的泛家族企业特质。跟随唐万新创业的"元老派"、唐氏家族及元老派同学同事的"亲情派"、从党政机关下海的"官员派"、从海内外空降的"职业经理人派"、从各证券公司及其他金融机构挖来的"金融派"以及在并购过程中管理层留任的"高管派"。

在尊重文化差异、注重简单实用的价值取向下，德隆成为理想主义与英雄主义者的乐园。然而，来自六大派系的人群，其价值观和行事风格受民族文化、中国传统文化、当前社会文化、地域文化影响之深，显然超出了唐万新这个德隆文化设计师的想象力。

在德隆中高层人员中，来自金融机构的人员数量远多于实业出身的人。做金融的人其长处在于融资和并购，但对于并购之后的管理则缺乏实践经验。德隆出于对资金和企业规模的渴求，做金融工作的员工的薪酬远高于从事实业的员工，尤其是有融资能力的人，德隆一般都不吝重金奖赏。在物质激励过度的作用下，许多德隆员工都想尽办法去寻觅资金，而对于企业日常管理却较为淡漠和忽视。

由于德隆在并购中经常采用管理输出的办法，因此，在并购过程中起关键作用的人员常被派至并购对象单位坐上核心位置，成为掌管一方的诸侯，随后便会引进一批亲朋好友作为亲信。在这种机制下，找项目成了德隆管理层提升实际权力的一大捷径。于是，为了让自己的项目更容易得到批准，夸大项目前景、美化项目实际情况的事就不免时有发生。

上述六大派系各自为政，缺乏统一调配和指挥。同时，德隆高层放权过度，久而久之，德隆内部便形成了各种小山头，主要矛盾集中表现为"元老派""亲情派"与其他派管理层在文化、利益分配等方面的冲突。例如，"元老派""官员派"和"金融派"认为"海归派"盲目照搬国外模式，不注重企业实际情况，双方极难融合，甚至出现部分元老无奈出走的现象。

同时，不同的利益体相继出现在企业内部。2001年，德隆历史上极为特殊的董事局会议在风景优美的西湖召开。会议主要讨论"老三股"是否采取护盘战略，唐万新倾向于撤退，但德隆内部利益集团已经形成，许多高层和股东出于自身利益的考虑极力反对，会议通过了护盘战略。从此，德隆在资本市场、委托理财和产业整合上开始了"八个杯子七个盖"的豪赌游戏。之后便进入"老三股"熊市不跌反涨,渐进牛市却全面崩盘的"充满豪赌意味的悲情之旅"。

唐万新认为,德隆最核心的看家本领是整合能力以及企业立化(俱乐部式而非管束式的)和对资本市场深刻的认识。这是构成德隆核心竞争力的三大法宝,尤其是通过整合生产、整合销售、整合人才和战略并购,德隆创造了神话般的发展奇迹,巨大的成就为"俱乐部式文化"披上了华丽的外衣。"德恒证券审判"现场,让我们看到了德隆企业文化的真实面:相互推诿、一盘散沙。

在浮躁心态弥漫、追求暴富的经商行为短期化盛行的当今,社会生活中多种价值标准并存,人们失去了单一、至高无上的文化权威,赖以解释自己行为的文化根基发生了分裂。从另一角度看,这种多元文化的并存,使个人失去了对传统文化权威的引导。这是因为自我选择、自我规定并自我承担责任的自主意识并没有真正建立起来。市场经济体制的建立和完善需要确立个人的主体性,但处在文化转型中的中国人,正处在一个需要自己、又害怕自我的两难之中。在这两难之中,就失去了单一文化的依靠,从而构成了文化失范。当与社会上有不少人对老的优良传统普遍持怀疑和否定态度,中国传统民族文化受到西方文化冲击,有些人产生空虚、迷茫、信仰迷失,在这样的社会环境中,德隆的"六派人"必然会在这个"水泊梁山"似的俱乐部里张扬个性,显示出所有的美与丑。

可怕的是,这种多元并存的文化在德隆找到了理想的旧宿,也为信仰迷失人群的浮躁、不安、拜金主义、享乐主义、实用主义以及已经失去了社会行为的价值标准的个性文化的张扬和不良文化的滋生搭建了得以生存和膨胀的温床。

于是,一个个小"山头""国王"将浮躁的心态、冒进的做法演绎成为自己牟利益的"实用主义",一个个利益集团在危难中不仅没有帮助德隆渡过难关,反而抓住德隆不惜成本供血保命的软肋,肆意提高条件与德隆玩起了套利的游戏,整个管理团队无法再以获取长期的利益回报和企业的可持续发展为目标,操作过程中也逐步与中国传统的"诚信、务实、稳健"的企业哲学背道而驰,并且随时在毒害、吞噬着优秀企业文化的产生。在德隆需要改革时，需要"壮士断臂"求得生存时，这些自私自利的独立王国成为绊脚石。以商业目的为唯一价值标准的关联者在德隆最需要得到理解和支持的时候，却奔跑在利益追逐的末路上！

文化的融合是极为困难的，企业文化要在融合中逐步形成开放、创新的个性特色，而不是颠倒过来，那样就不能称之为企业文化，至多是"宋江情结"的翻版。德隆文化的"理想主义"基本脱离了现代企业制度的要求，甚至使德隆文化与制度规范形成了严重内耗，制度的空壳在包容的文化诉求中显得苍白无力，企业文化失去了耕耘的土壤。

因此，德隆的精英俱乐部在某种程度上变质为金融玩家游乐场，最终的结果是个人渔利、企业亏空。

从以上文字表述可以十分明显地看出，第一，德隆文化是一种单一的创新型文化，其文化特征与很多文献所提出的创新型文化的特征极为吻合，与海尔的企业文化倒是很相似；第二，德隆文化显然不是执行型文化，因为执行型文化强调凝聚力、整合性、协调一致的行动等，而海尔的企业文化明显不同；第三，德隆文化更不是风险规避型文化，因为在形成德隆文化的要素构成中，找不到任何像海尔文化那样关于道德的、风险的表述与规范。因此，德隆的企业文化是典型的只体现了创新导向的一维文化，在这样的企业文化中，对于风险的规避不可能成为战略制定者制定战略时和决策者决策时的关键考量因素，各种战略的陷阱不会获得重视，这样企业就容易产生各种危机，掉进各种陷阱。同时，一旦发生危机，企业就不能迅速形成协调一致的行动来对付危机，危机期间机会主义行为就会大量发生，企业变得不堪一击。德隆的情形的确如此。德隆自创业以来长期处于舆论的风口浪尖，非议较多，曾多次发生危机，但每次采取"拆东壁、补西壁"的方式得以化解，而没有从制度上、流程上、机制上进行解决，终究没能逃脱 2004 年 4 月份的危机而崩盘。长期为德隆提供管理咨询的经济学家钟朋荣在为《解构德隆》一书所写的序中写道，德隆比较明显地掉进了做大陷阱、多元化陷阱、多地化陷阱、两权分离陷阱、资本运营陷阱和负债陷阱。一个企业如果掉进了其中一个陷阱，就很难逃生，而德隆同时掉进了多个陷阱，失败在所难免。

通过德隆与海尔两个案例的比较分析，可以显见，德隆的一时成功靠的是创新力和创新型文化，德隆的最终失败是因为其缺乏风险规避力和执行力以及风险规避型文化和执行文化，三叶草型企业文化的有无决定企业的成败。同时，德隆案例表明，一维文化不能带来企业的持续发展，尽管一维文化特别是创新型文化和执行型文化在外部人士看来非常美妙，极富创新感。这也是对德隆失败原因的一个独特的和有力的解释。

第十章 企业持续发展的企业家行为：
从独眼龙型转为三只眼型

　　本章要廓清的问题是：针对"企业家就是创新家，不创新就不是企业家"这一主流意识，以及创新型企业家的失败是一常见现象这一基本事实，以超级竞争为背景条件，以企业持续发展为诉求，企业家到底应该有怎样的职能行为？廓清这一问题十分重要：一是从实体角度讲，企业家居于企业的管理高层，拥有重大决策权，一旦企业选定了企业家，企业家的价值观、思维模式、行事风格、道德修养等就可以逐步外化，改变企业的价值观、思维模式、行事风格和道德伦理等，亦即企业家的行为往往决定企业的行为。二是现有的企业家理论更多的是基于经济学和宏观经济整体发展的角度提出的，缺乏从微观企业个体管理的角度进行的分析。由于创新外部性的存在，两者对企业家职能行为的要求应当是不同的，因为微观企业并不是只要有创新就可以避免失败，而企业家不仅要设法使企业获得发展，还要设法使企业避免失败，同时，企业家创新行为的外部性在推动宏观经济整体发展的同时，却使自己的企业失去来源于创新的竞争优势，需要承担因自己的创新活动的失败所带来的全部损失。对微观企业个体的持续发展来讲，经济学上的企业家职能理论是可以借鉴的，但也是有严重缺陷的，不能不加区别地照搬。

　　本章所获得的结论是：在超级竞争条件下，追求企业持续发展的企业家不是单一的创新家，而必须既是极度创新家，又是强力执行者，还是高度风险规避者，即三只眼型企业家。长青企业家华为技术有限公司总裁任正非是典型的三只眼型企业家，他是宏观经济整体的持续发展和微观企业个体的持续发展都需要的企业家，而流星企业家北京科利华公司董事长宋朝弟显然不是三只眼型企业家，虽然他是宏观经济整体的持续发展所需要的企业家，但不是微观企个体的持续发展所需要的企业家。

第一节 企业家行为：经济持续发展与企业持续发展的不同诉求

自从18世纪法国经济学家理查德·坎蒂朗（Richard Cantillon）首先将"企业家"引入经济学的分析以来，不同的学者基于不同的角度和不同的研究诉求，对企业家给出了含义大相径庭的众多定义。现在的主流观点认为，企业家就是创新家，不创新就不是企业家。将企业家界定为创新家源于著名经济学家熊彼特对经济发展驱动因素的研究，熊彼特发现，推动经济发展的根本因素是创新，而实施创新的人就是企业家。他甚至认为，一个人只要停止创新了，就不再是企业家了。

但是，源于经济发展研究的企业家概念是否适用于微观企业的发展要求，即作为创新家的企业家是否也是推动企业发展的根本性因素，实际上，学界并没有专门的比较研究。本书第四章已经指出创新在宏观经济与微观企业之间源于创新自我增强循环的管理一致性和源于创新活动两面性的管理非一致性，表明对于宏观经济的持续发展，创新是充要条件，而对于微观企业的持续发展，创新只是必要条件。事实上，按照熊彼特对创新概念的界定，那些近十年来令中国社会广为关注的著名企业的失败，其之所以失败，其背后的推手大多是表现出鲜明"创新家"特征的"企业家"，比如，济南三株药业的吴炳新、郑州亚细亚的王遂舟、珠海巨人集团的史玉柱、新疆德隆的唐万新、北京科利华的宋朝弟等，在其声名鹊起的时候，他们身处企业的最高决策层，通过被社会津津乐道的创新举措使自己所在的企业快速崛起，被社会普遍认为是创新家的典型代表。然而，在他们的创新举措或开创的经营模式被其他企业广为模仿、他们的失败教训被社会广为吸取，从而推动了宏观经济发展的时候，他们所在的企业却失败了，甚至从市场上彻底消失了。

尽管经济学的主流观点将"企业家"抽象为一类履行特殊职能即创新职能的群体，但是，在现实的管理实践中的"企业家"概念，一般是指企业的高层主管，因此，从管理实践来看，企业家的行为问题实际上是指企业高层主管的行为问题，反之亦然。因而，从企业管理的角度上讲，对企业家行为的研究不能脱离"企业家一般就是企业高层主管"这一基本认知，否则，理论界只会向企业界传递混乱的信息。毕竟，微观企业个体只是宏观经济的一个细胞，两者的发展机制存在显著的差异,后者要通过前者的相互竞争,以一部分企业的持续发展和另一部分企业的失败来实现。因此,经济发展视角中的企业家理论并不能取代企业发展视角中的企业家理论,两者具有不同的诉求。

第二节 企业持续发展视角下的企业家职能模型
——三只眼型企业家

迄今,经济学和管理学对企业家职能、能力、素质、企业家机制等展开了大量研究,提出了很多理论观点。与企业持续发展最直接相关的是企业家的职能问题。在众多的企业家理论中,基本都把创新列为企业家的主要职能,认为企业家区别于一般经营者的职能就是创新。由于创新理论的开创者——熊彼特把企业家界定为创新家,把创新界定为企业家的唯一职能[1],加上熊彼特的经济发展理论的广泛影响和创新对现代企业的日益重要性,因而在人们的心智模式中,企业家就是创新家[2],就是战略的决策者,人们一般不去深入思考企业家的其他职能。

被人们忽视的是,熊彼特的企业家概念是一个职能概念而非实体概念,按

---

[1] 熊彼特(1934年)指出:"每一个人只有当他实际上在'实现新组合'时才是一个企业家,一旦他建立起他的企业后,也就是当他安定下来经营这个企业,就像其他人经营他们的企业的时候,他就失去了这种资格(企业家资格)……因此,充当企业家并不是一种职业,一般来说也不是一种持久的状况,所以企业家并不能形成专门意义上的社会阶层。"

[2] 熊彼特的企业家概念实际上是一个职能概念,并非企业管理学通常所指的实体概念。在熊彼特的企业家定义中,企业家是一个动态概念,也不限定他处于什么实体职位,因而不一定是企业高层主管。由于熊彼特的创新论具有持久广泛的影响,因此,企业家就是创新家成为人们普遍的心智模式。人们还可能混淆了经济学意义的企业家概念和管理学意义上的企业家概念。从宏观经济发展的角度上讲,由于创新具有外部性,开展创新活动的微观个体越多(成功了会扩散,失败了则提供教训),经济发展的速度越快,因此,创新可以认为是经济发展的唯一源泉。但是,对于微观企业个体来讲,如果企业追求持续发展,那么,创新是一柄双刃剑,只有创新是不够的。因为创新活动本身对开展创新活动的企业来讲存在失败风险甚至是致命性失败风险的可能,企业可能因为开展创新活动而衰退甚至死亡;同时,一个创新力极强却成本控制力很弱的企业在现代市场仍然不能获取市场平均利润;再者,市场存在不确定性,这种不确定性要求企业还具有风险规避和危机管理的能力。因此,管理学意义上的企业家,其主要职能不是一维而是多维的,比经济学上的企业家概念更为复杂。同时,管理学意义上的企业家通常限定在企业高层主管,首先是一个实体概念。

熊彼特的逻辑，即使一个人不是企业高层主管，只要他行使创新职能就是企业家。然而在现实的管理实践中和在人们的心智里，企业家首先是一个实体概念，即企业家首先是指居于企业高层的决策者和管理者，因为只有高层主管才有行使企业家职能所需的权威。如果把企业家首先理解为一个实体概念的话，企业家的职能就会视所在企业的类型和企业所处生命周期阶段而不同。但一般来讲，从企业持续发展的角度出发，企业家会有一些跨越行业类型和企业生命周期的一般职能行为。

从规范的角度上讲，在现代市场条件下，企业家的根本使命就是带领企业走向持续发展，企业持续发展必须通过创新推进、效率提升和风险规避的统一与共生才能实现，因此，企业家或企业家群体应当同时行使创新推进、效率提升和风险规避的职能，而不仅仅是创新推进职能。

从实证的角度上讲，基于企业持续发展的企业家职能的拓展可以找到众多的理论与经验上的证据。

美国霍尼韦尔国际公司前总裁兼 CEO 拉里·博西迪是世界著名的优秀企业家，他和具有 35 年咨询经验的咨询师拉姆·查兰合著的畅销书《执行：如何完成任务的学问》对流行的企业家职能理论产生了颠覆性影响。博西迪在该书导言的开篇就谈道："我目前在霍尼韦尔的工作就是在这个组织中重新建立起一种已经失去了的执行文化。许多人认为执行是一种过于细节性的工作，企业领导者一般是不屑为之的。而我要在这里明确地指出，这种观点是错误的。事实恰恰相反，执行应当是一名领导者最重要的工作。"博西迪用自己的高层管理实践为他的观点提供了佐证。他在担任联信公司 CEO 职务之始即发现，"人们的计划和他们的行动之间实际上存在着很大的差距。公司里有很多聪明而勤奋的人，但他们的效率却非常低下，而且他们并不看重实际的执行工作"。因此，他"上任之后，立即组织了一个新团队，并带领这支团队全身心地投入公司的日常运营当中"。结果，八年后，"联信公司的营业毛利增加了两倍，几乎达到 15%，产权收益率也从 10% 上升到了 28%，股东实际得到的回报几乎是以前的九倍。秘诀是什么？执行"[①]。两位作者在书中还称杰克·韦尔奇为"我们这个时代最

---

① ［美］拉里·博西迪、拉姆·查兰：《执行：如何完成任务的学问》，刘祥亚译，机械工业出版社 2003 年版，第 1—2 页。

杰出的执行者"。而众所周知，韦尔奇担任 CEO 期间，美国 GE 公司持续地为股东带来了高额回报。

联信公司和 GE 公司 CEO 的管理实践向我们表明，效率提升应是企业家的一个重要职能，因为《执行：如何完成任务的学问》一书传递了一个与传统理论不同的重要信息，即企业高层主管只关注战略制定是错误的，还应是一个亲历亲为的战略执行者。由于企业中能体现企业家职能的创新特别是熊彼特所指的创新更多地表现在战略层面①，因此以企业高层主管实体而存在的企业家的创新职能与高层主管的战略制定者的职能具有很大的重合性，而执行因为更多的是关注效率的问题②，所以博西迪和查兰所指的执行职能与本研究提出的效率提升职能的内涵是相同的。因此，《执行：如何完成任务的学问》一书实际上为企业家赋予了一项与创新推进并驾齐驱的新职能，即效率提升的职能，实现了对企业家职能的一个重要的修正。

从实证的角度，企业家的第三个职能——风险规避从中国近十年来的创新型企业的崩盘实践中不难得出。

中国航空油料集团公司新加坡公司总裁陈久霖无疑是一位充分体现企业家创新职能的企业家，因采取了独特的创新举措使得该公司迅速崛起，然而，当 2004 年 10 月中航油新加坡公司巨亏 5.54 亿美元被披露后，人们才知，在创新的光环下，有着缺乏足够风险意识的投机。因此，企业的成功依赖于创新，但企业的失败则不一定是因为缺乏创新而产生。如果从陈久霖事件还只是看到了风险规避是企业家的主要职能之一的端倪的话，那么，分析近十年来德隆、旭日升、科利华、托普、巨人、秦池、亚细亚等一大批创新型企业"猝死"的共

---

① 据李垣等的研究，熊彼特并不认为追随者（或模仿者）是企业家，只有首创者才是企业家。（见李垣等：《转型时期企业家机制论》，中国人民大学出版社 2002 年版，第 32 页。）因此熊彼特所指的创新更多地体现为战略层面的创新。
② 《执行：如何完成任务的学问》一书贯穿始终的基本是关于效率问题。书中第 16 页谈道："当今时代，每个人都在讨论变革。近些年来，不断有一些变革主义者在鼓吹革命、彻底改造、突破性思维、大胆的目标、量化变革、学习型组织等等之类的理念。我们并不是要反对这些人，但如果无法将想法变成现实的话，再宏伟的理念也是无济于事的。如果不能够得到切实的执行，突破性的思维将是胡思乱想，再多的学习也无法带来实际的价值，人们无法实现自己的目标，所谓革命性的变革也最终只能落得胎死腹中，你的组织最终只能向着更糟糕的方向发展，因为失败会吸干组织中每个人的能量，而不断地失败则会毁了整个组织。"

同原因后，就能清晰地得出结论，在现代市场条件下，风险规避是现代企业面临的主要挑战之一，自然应成为企业家的主要职能之一，因为这些企业无一不是因为市场危机的爆发而折戟沉沙的。

相反，一些持续享誉型企业家虽然通常是以创新型企业家的面目享誉市场，但他们得以持续享誉的诀窍绝非是把创新作为其唯一的职能。深圳华为技术有限公司总裁任正非和海尔集团CEO张瑞敏即为典型案例，他们既是创新型企业家，又是风险规避型企业家。任正非的警句"在这瞬息万变的信息社会，唯有惶者才能生存"和张瑞敏的座右铭"永远战战兢兢，永远如履薄冰"，均充分显示了两位企业家强烈的风险意识，他们在风险管理方面均有被业界奉为经典的系列举措。在多元化战略成为中国众多企业诉求的年代，任正非力排众议致力于使华为公司成为世界领先电信设备供应商的专业化发展战略，张瑞敏则通过采取长期的专业化品牌经营战略，在建立能力和品牌资产的条件下，再进行多元化经营。短期看起来，两个企业家似乎缺乏创新精神，但是正是基于风险规避的诉求，他们采取了与一般企业迥异的业务组合战略。①

通过上面的实证性分析，可以得出结论：在现代市场条件下，企业家不再是只盯住创新的独眼龙型企业家，而是同时盯住创新、效率和风险的三只眼型企业家。

三只眼型企业家具有广泛的实践基础，任正非、张瑞敏、宗庆后、鲁冠球、王石、侯为贵等长寿型企业家无一不是如此，虽然他们享誉市场的是创新家的形象，但使他们的企业长寿的基础其实是三只眼型管理。

下面选择正反两个案例对三只眼型企业家职能模型进行验证。

---

① 华为和海尔采取了与众不同的产业战略，这本身就是一种创新，其他一些企业的所谓产业创新从长远看实际上是"伪创新"，正是这些"伪创新"导致了这些企业的失败。这表明风险规避与创新推进是可以找到统一的路径的，而且有利于实现两者统一的创新才是真正的创新。因此，"企业家不应是高度风险规避型的"观点其实是一个似是而非的观点，因为该观点隐含地表达了创新推进与风险规避彼此是冲突关系的内涵。事实上，一个同时具有强烈创新意识和强烈风险意识的企业家，可能更有利于催生具有普适性的突破性创新的产生和避免"伪创新"的产生。任正非和张瑞敏显然属于同时具有强烈创新意识和强烈风险意识的企业家，这种发散型特征使他们采取了独特的创新举措。

第三节 三只眼型企业家的经典案例——华为总裁任正非

对于企业家应该具有哪些职能的问题的研究，选择华为的总裁任正非是极具典型意义的，因为华为已经取得了20年的持续高速增长，华为前10年主要是企业家式管理，后10年向职业化管理转变，开始转型的标志性举措是1998年《华为基本法》的施行。中国人民大学的专家在制定《华为基本法》时力争达到的主要目的有三个，其中第一个目的就是"将华为公司企业家的意志、直觉、创新精神和敏锐的思想转化为成文的公司宗旨和政策，使之能够明确地、系统地传递给职业管理层，由职业管理层规范地运作"[①]。可见，《华为基本法》一定程度上是华为公司企业家的外化。任正非是华为公司企业家群体中的核心人物，显然，任正非的企业家职能特征直接决定《华为基本法》的形态和功能产出。

由于企业家的职能内生于企业家的追求，所以在探讨任正非的企业家行为时先要弄清任正非的追求。

从任正非在各种公开讲话和文章中反复提到可持续发展可知，任正非的最终追求是华为的持续发展。（提到可持续发展的文章：《华为的冬天》《不做昙花一现的英雄》《北国之春》都是以持续发展为主题。在中国电信调研团的汇报及联通总部与处以上干部座谈会上的发言中，任正非谈到，一个企业怎样才能长治久安，这是古往今来最大的一个问题，包括华为的旗帜能打多久。）《华为基本法》规定了七条核心价值观，其中第一条"华为的追求是在电子信息领域实现顾客的梦想，并依靠点点滴滴、锲而不舍的艰苦追求，使我们成为世界级领先企业"，即充分表达了持续发展的目标追求，第二条更是直接提出了持续发展诉求。任正非在《华为的红旗能打多久》一文中谈的就是这七条。

本章提出的企业家职能三维模型体现了一种均衡思想。可以想见，如果没有均衡管理思想，企业家也很难持久地同时行使三种职能，而任正非恰恰具有鲜明的均衡管理思想。比如，任正非在《华为的冬天》中谈到，要坚持均衡发

[①] 黄卫伟、吴春波主编：《走出混沌》，人民邮电出版社2001年版，第60页。

展，抓短木板；要建立统一的价值评价体系，统一的、均衡的考核体系；推行激励机制时不要有短期行为，要强调可持续发展，既要看到短期贡献，也要看到组织的长期需求。在中国电信调研团的汇报及联通总部与处以上干部座谈会上，任正非谈到，华为通过使客户的利益实现，进行客户、企业、供应商在利益上的分解，各得其所，形成利益共同体；公司的竞争力与当前效益的矛盾……在诸多矛盾中，寻找一种合二为一的利益平衡点；劳动、知识、企业家和资本创造了公司的全部价值。任正非的均衡思想充分体现在《华为基本法》的内容上。比如，第七十四条，通过建立健全管理控制系统和必要的制度，确保公司战略、政策和文化的统一性。在此基础上对各级主管充分授权，造成一种既有目标牵引和利益驱动，又有程序可依和制度保证的活跃、高效和稳定的局面。

众所周知，任正非是典型的联体企业家（既拥有公司的控制性所有权又担任行政主管），华为公司的企业行为基本是任正非的企业家行为的外化。那么，任正非是三只眼型企业家吗？他是如何扮演三只眼型企业家的？

1. 作为极度创新家的任正非

依据创新理论的开创者熊彼特对创新和企业家的定义来判断，任正非展现了强烈的创新家特征。在创新的定位、方向、思路、模式、领域、措施等方面，任正非既有独特的思想，又是强力推动者。

在公司整体定位上，华为诞生不久，任正非就提出"做一个世界级的、领先的电信设备供应商"，并且逢人就传播这个设想，这在当时是如此不可思议，以至于他被人称为"任疯子"。1998年，任正非通过管理大纲《华为基本法》的形式确立了世界一流设备供应商和世界级领先企业的愿景，这为华为后来的职业化管理提供了持续创新的持久牵引力，促进华为不因管理转型和一时成功而丧失创新力。

在技术和产品创新上，为了确保华为不断开发具有自主知识产权的世界领先的核心技术，华为规定每年拿出不低于销售收入的10%和超过40%的员工进行研发，其投入的研发经费比例、数量和研发人员是国内任何一个企业无法比拟的，投入的研发经费占销售额的比例与同行业处于市场领先地位的几个著名跨国公司相似。尽管无法确知这些举措是否直接为任正非提出，但至少都是经过他批准的，因而也体现了任正非对技术创新的高度重视。在研发战略上，任正非在考察了美国 IBM 公司之后，要求华为要向 IBM 等公司学习，技术创新要从"后进者"角色向"先驱者角色"转变，指出"寻找机会，抓住机会，是后进者的名言；创造机会，引导消费，是先驱者的座右铭"。这既体现了任正非的使华为成为"世界级的、领先的电信设备供应商"的愿景，也体现了他的技术创新的市场导向观。针对华为的研发人员一度一味追求技术超前的倾向，任正非强调：技术人员不要对技术宗教般崇拜，要做工程商人；技术是用来卖钱的，能卖出去的技术才有价值；产品发展的路标是客户需求导向，而不是纯粹的技术导向。这一点对企业来讲至关重要，因为企业最终是商业性组织，企业的创新活动必须以企业价值的追加为目标，否则，从企业的目标来讲，这些所谓的创新其实是伪创新。这方面，美国铱星公司提供了前车之鉴。

在管理创新上，任正非亲自推动华为实施了一系列重大创新举措。如聘请中国人民大学的专家制定《华为基本法》，为华为的持续发展制定了一整套政策体系，使华为由企业家式管理逐步转型为职业化管理，这在中国的民营企业发展史上是首创。《华为基本法》后来获得了中国高校人文社会科学优秀成果二等奖，此基本法中包含了任正非的许多创新性思想与观点。制定《华为基本法》的专家发现，华为是一个与众不同的企业，思想丰富、见解独到是该公司领导层的共同特点。比如，任正非非常强调建立职业资格评价体系的重要性，因此，华为于 1996 年聘请美国 HAY 公司帮助建立任职资格评价体系；为了获得管理突围，任正非 1997 年亲自到 IBM 公司考察企业转型的经验，并从该公司引进集成产品开发（IPD）和集成供应链（ISC）体系。

在营销创新上，华为创立了"利益共同体"模式和"席卷式营销"模式，任正非直接提出了"普遍客户"原则，及时确立了国际化经营战略，推动华为在海外市场屡战屡败、屡败屡战。

在创新活动的实施上，任正非确立了"压强原则"，在决定成功的关键技术上和既定的战略生长点上，"以超过主要竞争对手的强度配置资源，极大地集中人力、物力和财力，实现重点突破"，使华为在关键的战略性创新上表现出强大的创新力。

2. 作为强力执行者的任正非

没有执行，何谈效率？执行是实现效率的根本途径。

畅销书作者拉理·博西迪和拉姆·查兰（2002 年）指出："当公司没有兑

现自己承诺的时候，人们通常会把责任都归咎于 CEO 的战略错误。但在大多数情况下，战略本身并不是原因。战略之所以失败，其原因在于它们没有得到很好地执行。很多计划都没有像预期那样得到落实，或者是组织根本没有足够的能力来落实，或者是企业的领导者们对自己所面临的商业形势做出了错误的估计。"他们认为，执行是一套系统化的流程，它包括对方法和目标的严密讨论、质疑、坚持不懈地跟进以及责任的具体落实。它还包括对企业所面临的商业环境做出假设、对组织的能力进行评估、将战略与运营及实施战略的相关人员的结合、对这些人员及其所在的部门进行协调以及将奖励与产出结合。它还包括一些随着环境变化而不断变革前提假设和提高公司执行能力以适应野心勃勃的战略挑战的机制。按照这一描述，对比任正非的管理活动，仅从下面几个证据，我们就可以清晰地看出任正非的强力执行者的形象。

1996 年 2 月，任正非发动了一次震惊当时国内企业界的群众运动——市场部领导集体辞职。由当时的市场部主管孙亚芳（现在的华为董事长）带领 26 个办事处主任同时向公司递交两份报告——一份辞职报告、一份述职报告。由公司视组织改革后的人事需求，决定接受哪一份报告。任正非在会上宣布："我只会在一份报告上签字。"当时竞争对手将此事当作作秀。但是，华为最终真的有 6 名地方办事处主任被置换下来，一批新员工走上了领导岗位，营销系统高达 30% 的人也真的下岗了。这种强力方式，对华为抛弃传统用人观念、树立新型用人观念产生了颠覆性影响。这说明，至少对重大事项，任正非并非那种只是在办公室里指点江山的人，而是亲历亲为的执行者。

据《走出混沌》披露，任正非是一个思维敏捷、极具创新意识的人，经常会有一些突发性的、创新性的观点提出。但随着企业的扩张、人员规模的扩大，企业高层与中基层接触机会减少，他发现自己与中层领导的距离越来越远，自己无法及时了解下属的工作状况和想法，而员工也越来越难以领会他的意图。下面的人天天在悟老板在想什么，觉得老板的话越来越难以听懂，觉得老板在说鸟语；老板则觉得下面的人日益缺乏悟性，"笨得像头猪一样"。由于双方语言不同，缺乏有效的沟通渠道，"鸟"发出的信息无法准确及时地传递到"猪"那里，同样，"猪"的想法也无法及时准确地为"鸟"所知晓，这导致华为在高速成长过程中，老板与员工之间对企业未来、发展前途、价值观的理解出现了偏差，无法达成共识。员工们因理解不了老板的意图而倍感困惑，任正非也因不能被理解而痛苦。为了解决这一困局，1996年，任正非决定制定华为的管理大纲——《华为基本法》，在他与员工之间建立共同的语言系统。显然，这一系统的建立就是要解决华为执行的障碍，旨在提高管理效率。

1998年，面对盲目的研发创新造成大量浪费的情形，华为召开了将呆死料作为奖金奖品发给研发骨干的几千人大会。任正非莅临大会讲话，称之所以搞得这么隆重，就是为了让大家刻骨铭记，一代一代传下去。为此，他还在会上建议"得奖者"把这些废品抱回家去，与亲人共享，以便洗刷心灵，日后改进，再用新的工作成果奉献给亲人。这说明，任正非即便是对于以高不确定性为特征的研发工作，也是十分强调效率水平的。

为了提升公司的效率，任正非亲自引进了一系列世界先进的管理系统，如IPD（集成产品开发）、ISC（集成供应链）、财务的四统一、IT管理等。

3. 作为高度风险规避者的任正非

与流行的企业家理论明显不符的是，任正非与那些流星式企业家最大的不同是他同时还是一个高度风险规避型企业家，实现了创新诉求、效率诉求与风险规避诉求的统一。

任正非曾三次警告冬天的到来。第一次警告冬天发生在2000年。华为在2000财年销售额达152亿元，利润以29亿元人民币位居全国电子百强首位的时候，任正非在著名的《华为的冬天》一文的开头就表白："十年来我天天思考的都是失败，对成功视而不见，也没有什么荣誉感、自豪感，而是危机感。也许是这样才存活了下去。目前情况下，我认为我们公司从上到下，还没有真正认识到危机，那么当危机来临的时刻，我们可能措手不及。"第二次警告冬天发生在2004年。任正非在2004年三季度的内部讲话中，再次声称，华为要注意冬天。在长达13000字的讲话稿中，任正非检讨、审视了华为目前遇到的严峻困难，称这场生死存亡的斗争本质是质量、服务和成本的竞争。第三次警告冬天发生在2008年。在危机意识从2000年开始洗礼了华为八年后，任正非又一次提及"冬天"。他说，要"对经济全球化以及市场竞争的艰难性、残酷性做好充分的心理准备"。并提醒员工，"经济形势可能出现下滑，希望高级干部要有充分心理准备。也许2009年、2010年还会更加困难"。任正非发表这番言论，正值华为的销售额正强劲增长和中国电信市场的形势不错，电信重组正在进行之时，3G牌照很快就要下发，运营商正筹措千亿元规模投资，人们的普遍观点是，通信设备商的春天就要来了。

"用人不疑，疑人不用"曾是一个广为流行的口头禅，甚至一度被认为是思想开放的标志。从一般的逻辑上讲，一个创新意识很强的企业家，应当秉持而不是抛弃这一用人理念。但是，任正非却强调这是封建思想，必须摒弃，应当既要让每个员工自由工作，又要让他们自觉接受监督。从任正非的用人理念，我们可以看出深藏在任正非内心深处的风险意识。

在谈到华为为什么制定《华为基本法》时，任正非指出，华为第一次创业的特点，是靠企业家行为，为了抓住机会，不顾手中资源，奋力牵引，凭着第一、第二代创业者的艰苦奋斗、远见卓识、超人的胆略，使公司从小型发展到粗具规模。第二次创业的目标就是可持续发展，它的特点是要淡化企业家的个人色彩，强化职业化管理，把人格魅力、牵引精神、个人推动力变成一种氛围，使它形成一个场，以推动和引导企业的正确发展。作为亲身领导企业取得巨大创业成功的企业家本人提出以上观点，如果没有经历一次次的风险，如果没有强烈的风险意识，是很难想象的。

1998年，讨论《华为基本法》时，在一些学者反对的情况下，任正非坚持在《华为基本法》第一条中"为了使华为成为世界一流设备供应商"之后，写入"我们将永不进入信息服务业"。如果联系当时多元化理论被广为推崇的背景，再联系后来众多企业掉入多元化陷阱的情形，由此足以看出任正非的洞察力，看出任正非的风险规避型企业家的行为特征。

1998年，面对公司已取得连续多年高速增长、声名鹊起的情形，任正非及时提出"不做昙花一现的英雄"，他指出："在我们的队伍中是否会滋生一些不良的浅薄的习气？华为人的自豪是否会挂在脸上？凭什么自豪？华为人能否持续自豪？持续不断地与困难奋斗之后，会是一场迅猛的发展，这种迅猛的发展，会不会使我们的管理断裂？会不会使意满志得的华为人手忙脚乱，不能系统地处理重大问题，从而导致公司的灭亡？"为此，他指出：华为必须保持合理的成长速度；要做实内涵，通过各级管理体系的不断优化来保持超过竞争对手的速度；扩张必须踩在坚实的基础上，否则是自杀。

2000年，网络股的寒流对世界电信业的袭击尚未殃及中国，国内通信业增长速度仍在20%以上，甚至有人还预言中国IT业会一枝独秀。在这种背景下，任正非断然抛出《华为的冬天》，高调强调危机意识，令人振聋发聩。

2002年,任正非发表《迎接挑战,苦练内功,迎接春天的到来》,提出了过冬的具体方法和措施:注重公司规模,加强普遍客户关系,重视现金流,建立同盟军,大力拓展海外市场等。

任正非的三只眼型企业家行为特征集中体现在《华为基本法》里。对比新疆德隆的崩盘,可窥见任正非倡导、决定并历经三年全程参与《华为基本法》的制定,系统强力推行《华为基本法》,促使华为管理转型的高瞻远瞩。《华为基本法》确立了华为持续发展的整套政策体系,一个不为人知的事实是,《华为基本法》既是一个创新推进法,又是一个效率导向法,更是一个风险规避法。

第四节 创新家的溃败——科利华董事长宋朝弟

以下是关于北京科利华软件集团董事长宋朝弟的案例资料[①]:

1991年,而立之年的宋朝弟创办了科利华电脑有限公司。尽管付出了很多艰辛,但成功来得很快。以下数字和日历记录下了一切:

1993年,宋朝弟和他的伙伴们开发出了自己的第一个软件产品《校长办公系统》。

1994年,宋朝弟入选中央电视台"东方之子"。同年,在北京军事博物馆举行的万人测试活动上,将科利华"大手笔"营销形象第一次展现在世人面前,被评为"普及教育十件大事""中国电脑市场"十佳营销活动,宋朝弟本人被选为《中国电脑教育报》"中国计算机产业十大风云人物"。

1996年,宋朝弟斥资600万元收购晓军电脑公司,在业界引起强烈反响。

1997年,科利华软件集团成立,同年被美国《商业周刊》誉为中国软件市场的"决定性力量"之一。

1998年末,宋朝弟策划《学习的革命》一书的推广活动,发行350万册,创单本书国内发行纪录。

---

① 资料来源:刘福广:《新大败局》,中国社会出版社2005年版,第153—180页。引用时略有删节,但尊重原文。

1999 年，科利华"借壳上市"成功，被誉为民营高科技企业资产重组的经典。

2000 年，全国购书网（www.goshoo.com）开通、全国公路货运信息交易场（www.2188.com）开通；被国家科技部认定为中国首家"B2B 电子商务示范企业"。同年，科利华创造了 3.44 亿元的主营业务收入，净利润达到了 2675 万元，宋朝弟荣获"2000 年香港紫荆花杯杰出企业家成就奖"，被美国《福布斯》评选为中国大陆 50 名首富第十名、IT 界第一名。

科利华软件集团曾经是国内一流的软件企业，由北京科利华教育软件公司、北京科利华电脑公司、北京科利华晓军管理软件公司、北京科利华电子出版物公司（筹）及遍布全国各主要城市和美国洛杉矶的 18 家分公司组成。集团直属机构包括教育研究中心、销售服务中心、信息中心、数据处理中心等，配有专业开发用微机、工作站等近五百套，终端近三百台以及测试设备、录音棚、摄影棚等，建设总投资 3000 万元，工作环境及设备都堪称一流。集团员工中大学以上学历的占 90%，硕士、博士和特、高级教师占 50%。

量子理论

量子这个词本来是物理学上的一个术语，指在微观领域中某些物理量的转变以最小的单位跳跃式进行，而不具有连续性，这个最小的单位就叫量子，即 $EMC2$。$EMC2$ 是爱因斯坦著名的质能转换公式，也是原子弹巨大威力的奥秘所在。该公式说明，微小的质量可以以光速的平方倍放大，产生巨大的能量。

1998 年春天，科利华总裁宋朝弟在中国人民大学、清华大学作了题为《创造十个微软》的专题报告，讲述了科利华的成功之路和为商之道。在这次演讲中，宋朝弟说目前人类正进入一个全新的时代，经济、社会的发展是不连续的、跳跃的和不可测的，如同量子力学中的量子，呈一种波动的趋势。软件生产和软件市场的可跳跃性决定了从事软件事业的人员也必须具有跳跃的思维。这种跳跃点来自一种灵感、一种策划、一种不连贯的契机。目前的市场是一个销售的时代，谁创造了销售，谁就赢得了一切。在他看来销售的竞争就是观念的竞争。

"信息时代,不能再局限于牛顿力学的思维模式,因为 A,所以 B,应当学会用量子思维去创造奇迹。"台上的宋朝弟讲得眉飞色舞,台下的青年学子们也听得如痴如醉。

宋朝弟提出,E 代表企业的业绩,M 代表企业的物质基础,而至关重要的 C 则代表创新的观念(创意)。

IT 行业生产的是精神产品,与传统工业的物质产品有着本质的不同。著名的科学家罗杰·彭罗斯在《皇帝的新脑》中把精神现象归结为量子世界的产物,具有不可测性、非因果性、跳跃性。在这一领域里很多标准和规律不是既定的,是可以由人来规定的,总之,未来是开放的,结果可以多种多样。世界改变了,须有新的世界观来适应。科利华的执行总裁薛建国说:"宋总经过大胆探索,在基本把握信息世界规律的基础上提出了量子理论。尽管谁也不知道未来企业的经营模式,但目前看来我们认为自己的模式基本符合软件行业的实际情况。"量子经营观的核心就是:创新的观念大于一切。

宋朝弟断定,依托稀少的物质载体,创新的观念能爆发出惊人的业绩。这就是知识经济的秘密所在。所以科利华对人的管理都是围绕着如何改变思想、激发全新观念。宋朝弟说:"在观念、思想、方法、行动四个要素中,我们把行动看得最弱,因为在信息社会中,你不需要'动'很多,关键是要在正确观念的指导下,产生一种思想。思想具体化以后,想出一些办法。真正要做,就是几个动作的问题。因此,在我们的企业中,观念的灌输是最重要的前提和基础。观念通了,具体事情好商量。不管多大的工作量,只是人力和时间的问题,总能实现。"

很快,宋朝弟被媒体称为新时代的"企业思想家"。

量子理论之软件王国

追溯科利华的出身,可以毫不怀疑地将它定格为中国教育软件的开拓者。而对宋朝弟,业界普遍的评价是"很会造势",事实上正是宋朝弟天才般的市场能力才造就了科利华在教育软件领域的成功。

20 世纪 90 年代初教育方面的软件并不为大家所看好,而在硬件的价格一直高居万元以上的市场环境下,科利华的软件也标出了上万元的价格。几乎没有人相信科利华能做得下市场,然而宋朝弟却创造了奇迹,他的策略是"买《校长办公系统》软件赠微机",结果3天时间,定价1.8万元的《校长办公系统》卖掉了500套,一下子就挣了500万元。

1994年,科利华开发出CSC电脑家庭教师软件,一套定价1800元,许多业内人士说这个价格消费者接受不了,肯定卖不出去。宋朝弟只是悄悄地笑了笑。不久,他大打了一场令人震惊的销售战。宋朝弟在北京军事博物馆一下子排开500台电脑,请来北京近二万名中学生不断上机使用这个软件,学生们喜欢得不得了,消息很快传播出去。过了学生关,紧接着科利华又开始突破家长关。要实现销售,主动权还在家长手里。大多数家长不懂电脑,不懂软件,给他讲再多软件的优点也没有用,怎么办?不懂软件没有关系,给他们讲最普通的让子女考上大学懂不懂?考不上大学科利华赔你2000元。家长一听就来劲了,要是能考上,别说2000元,就是2万元花着也值,即使考不上也不会赔呀!

一个月时间,软件卖了2万多套,业内人士瞠目结舌。

1995年,科利华推出了从小学到高中的全线教育软件,并采用了直销模式,在每次大型的直销活动中他的软件都能达到上万份的销售。后来的展示会,科利华除了在展示产品上做文章之外,还请来了近百位特、高级教师现身说法,为孩子们讲述信息时代怎样学习。同时承诺,保证及时免费向顾客提供历年有关高考的信息;"CSC电脑家庭教师"初中版可免费换取高中版。又与同创集团合作,在以优惠价购买的电脑上用科利华的软件,用户自然是不亦乐乎。仅在7月9日上午,参观人数就超过两千多人;售出200套"CSC电脑家庭教师";售出约二十台同创电脑。不难看出,支撑这鲜活事实的是成功的市场销售策略,营造良好的市场氛围是科利华销售产品的第一步。这里有一些极具感染力的标语:"CSC帮我上重点,圆我大学梦","CSC电脑家庭教师(初中版)考不上指定高中赔款","CSC家庭教师(高中版)高考落榜赔款"。所有这些解除了孩子们的疑虑,消除了家长们的戒心,再加上现场实践操作,实现了所见即所得、面对面的交流。

1995年之后科利华进入了黄金发展期,在中国教育软件领域,科利华已经被公认为领头羊,宋朝弟个人的市场运作能力也得到了肯定。

1997年,科利华兼并了北京赫赫有名的晓军电脑公司,准备开发管理软件,第一个目标定在北京的餐饮业,北京有近四万家餐饮企业,每天营业额超过 2 万元的有五千多家。从这些数字中宋朝弟敏锐地感觉到了一个大市场，但根据过去其他公司的经验，软件业进军餐饮几乎全部败走麦城。原因就是大多数餐饮老板认为花几万元钱去买电脑和软件不合算。当然宋朝弟也面临同样的情况。他设计开发了 CSC 餐饮管理软件，拿到餐饮行业免费试用时大受欢迎。可到了让老板们花钱时，大家都纷纷摇头。设备加软件一共 5.8 万元，如此高价谁来买单？

宋朝弟的量子理论再次发挥了神奇的力量。他大胆地推出用餐券换电脑的方案。餐饮老板们算了一笔账，用 5.8 万元的餐券支付购买费用，实际等于节省了很多钱，就相当于马上实现了至少 40% 的利润，再说这 5.8 万元的餐券科利华得吃到什么时候？现在既不出钱又有了电脑和软件，还让明天的生意显得红红火火，何乐不为？于是餐饮老板们纷纷用自己店里 5.8 万元的餐券换了科利华的电脑和软件。科利华一下子卖出了五百多套电脑和软件。科利华也收了 3000 万元的餐券。

当然，宋朝弟还得想办法消化这 3000 万元的餐券。事实上这第二步卖餐券就比卖电脑软件容易多了，宋朝弟的政策是餐券按原价的 80% 转让。因为北京有数不清的大公司每年用在吃喝方面的费用不计其数，当时餐饮市场还没有兴起打折的优惠活动，现在科利华的八折优惠摆在眼前，当然不能错过。于是，科利华手中的 3000 万元餐券迅速变成了真金白银。一算账，餐饮企业最少便宜了 40%，购买餐券的公司赚了 20%，而科利华是最大赢家。另外，许多购买科利华餐券的大公司又成了科利华管理软件的潜在客户。

量子理论之《学习的革命》

时光倒流到 1998 年 12 月 8 日晚 19 点 38 分，某知名导演出现在荧屏上，亲自向观众推销一本售价 28 元的书，书的名字叫《学习的革命》，据说这是"中国电视史上第一次有公司为一本书做广告"。这个广告随后在一些电视台连续播出达几个月之久，据说花了 2000 万元广告费；而第二天在报纸上可以看到更有意思的新闻：北京的一家并不出名的软件企业——科利华集团宣布将斥资 1 亿元，在 100 天的时间里将这本书卖出 1000 万册。

日后的一些情况让我们知道科利华《学习的革命》的销售结果还是很好的。尽管没有实现宣称的 1000 万册，但也几乎创造了中国书市单册销量的纪录，最后的结果是印刷 500 万册，发行销售了 350 万册，剩余的成为科利华其他产品的赠品。这个经典案例使科利华获利颇丰并且知名度大增。

整个策划按照"量子理论"分为四个步骤：第一是"我们有个梦想"，第二是"如果这个梦想变成了现实将给我们带来什么好处"，第三是"架设梦想和现实之间的桥梁"，第四是分析"是什么因素阻碍了梦想的实现"。按宋朝弟的话，就是从来都是最后想到困难，因为如果过早想困难，就不会有那么多被激发出的创意和想法。

量子理论之网络精英

早在 1998 年，科利华就已经开始进行涉足网络的思考，在证券交易所上市后发展的重点更进一步转移到网络上。1999 年下半年到 2000 年，公司的整个宣传基调已经从软件开始向网络靠拢，80%以上的精力都投向网络，有一段时间宋朝弟甚至想过要抛弃软件专注做网络，科利华软件大厦也从此改名为网络大厦。

客观地说，科利华在中国的网络、电子商务模式方面的思考是走在业界前沿的，在之前销售《学习的革命》的过程中，他们就发现中国的图书发行市场是一个垄断的行业，有很大的利润空间，宋朝弟想通过电子商务这种模式来冲击这个领域，并设计了 B2B 图书通道，这个理念在当时是非常好的一种创新，这是他最早触网的模式。

宋朝弟对这个模式非常自信，并且他的这种自信也号召了许多书商来与他谈合作，但谈的结果却都以失败而告终，因为科利华的这个 B2B 模式是一个革命性的东西，在出版这个高度垄断的行业，传统的利益集团根本不愿意看到新兴的网络模式来冲击他们的现成利益，另外，这个模式要得以成功实现，需要科利华牵头将上千家出版商、书商等集合起来，这需要很强的实力和很大的勇气，对于民营企业来说只能是一个很天真的理想。

然而宋朝弟并不想完全放弃自己的这个模式，于是推出了一个过渡性的 BBC 模式，成立一个购书网，并为此建设了配送中心。当然后来这个计划没有成功，但并不能否认这是一个不错的计划。

科利华触网的第二个方向是中运网（www.2188.com）。中运网是科利华 1999 年末投资近 2 亿元人民币建立的一个专业的公路货运网站，这个网站的目标是以网络技术和通讯技术为核心，以货运信息服务、标准化运营为纽带，以原有的运输企业为基础，在全国主枢纽和重要枢纽城市建立 100 家中运网地区独家代理中心，用高标准吸收近百万会员司机及其车辆，架起全国道路货运的"高速公路"，形成覆盖到全国三级城市的网络化物流体系。

宋朝弟认为，中运网的建立将给社会和自己的公司带来巨大的经济效益：第一，每年将减少燃油、设备资源无效消耗及其他资源浪费近三百亿人民币；第二，百万名司机入网后将通过全国各地的约四千个中国工商银行网点缴纳保险费、交易服务费、会员押金、寻呼机服务费，"四费合一"的健全结算制度每年将为国家至少增加税费5亿元人民币；第三，如果按预计标准运营，中运网将创造年营业额50~100亿元人民币，利润5~10亿元人民币的辉煌业绩。

这个很高明的配送题材也受到了资本市场的追捧。当时关注这个项目的有许多亚洲和欧美的财团，包括李嘉诚旗下的某机构就一直跟踪这个项目好几个月，几乎是马上就要投钱了，全球的互联网发展却跌入了谷底，投资商们对网络的谨慎态度也让科利华最终错过了李嘉诚公司的这笔投资。

股市革命

股市革命之借壳上市

1998年初，科利华开始考虑接触资本市场，宋朝弟坚信企业要做大就必须上市，而且作为一家软件公司，科利华也希望通过上市打通融资的渠道。然而由于当时我国证券市场的体制制约了民营高科技企业直接上市，科利华考虑采取借壳上市的方式。

于是，宋朝弟在科利华内部明确提出"我们要上市"的口号，并开始了壳资源的寻找工作。

中国股市从1998年10月17日摸到1300点后，就开始连绵不断的阴跌，这波下跌后，一只名叫阿城钢铁的股票引起一些股民的注意，这只黑龙江的股票上市后一直表现不佳，而且中期每股业绩只有2分钱，这次却一直没有随大盘下跌，不知为何当天还突然放量上涨，此后一路放量上冲，连拉涨停板，走势异常强劲。

直到1999年1月28日，阿城钢铁发布了一个提示性公告：股价最近出现异常波动，因为公司正在与北京科利华教育软件集团公司商讨资产重组及股权转让事宜，有关具体事项正在申请报批之中，预计1999年2月上旬将有可能达成协议。至此，人们方如梦初醒。

这次转让中，阿城钢铁能对CSC电脑家庭教师初中版V3.0软件著作权开出5000万元的高价，不仅让人们联想到科利华一掷千金大肆炒作《学习的革命》一书的长远用心。《学习的革命》可谓"一石四鸟"，不仅从《学习的革命》中获得了可观的收益，而且大大提高了公司的知名度，更重要的是随着公司无形资产价值的激增，为科利华在CSC家庭教师初中版V3.0软件著作权的估价中增加了强有力的谈判筹码，同时阿城钢铁的股价也一路平步青云，在投资者心中树立了良好的印象。科利华通过《学习的革命》，进行了"上市的革命"，在"买壳上市"的操作基础上，增加了"借书上市"的新思路，可谓高人一招。

科利华此次"借书上市"，从提升知名度到股权转让、债务安排、无形资产评估、资产重组、二级市场表现各方面都令人称道，重组方案十分"高精尖"，给市场参与各方带来了诸多启示。

1999年4月18日，科利华有关人员庆祝到深夜。次日，仍然沉浸在上市成功后的喜悦之中的科利华总裁宋朝弟在接受记者来访时表示对明天充满信心，"我们要成为中国的微软，所谓中国的微软，就是要在国内股市市值第一"。

宋朝弟给上市后的科利华规划了清晰的目标：以电子商务为龙头、以教育软件为基础，逐步用信息产业的优质资产来置换钢铁行业的不良资产，加大信息产业投入力度，充分利用国家火炬计划项目基地、863计划、两高一优项目和中关村科技园区的政策优势，结合科利华自身的特点，逐步把科利华发展成为国内外享有盛誉的信息产业集团。宋朝弟描绘了一只靓丽的凤凰，而且这只凤凰似乎马上要腾空而起，这自然也就吸引了无数投资者倾情的目光。

由于"斥资1亿元"等让人瞠目的数字，和热炒《学习的革命》所造成的轰动效应，原来知名度并不高的宋朝弟及其科利华集团也在一夜之间成为红遍全国的明星企业家和"有强大资金实力"的企业。

有一位证券市场资深人士评论说："如果还有人担心科利华炒卖《学习

的革命》会亏本的话,那真是太天真了。"没有谁会去追究科利华到底卖出了多少本,甚至连他们自己都不在意。事后,科利华的一位高层人士宣称,所有量化的东西,包括投1亿元,卖1000万册书,都是科利华1998年12月8日开新闻发布会前一天想出的数字。定下1000万册,只是科利华认为这样的数字肯定有冲击力。而董事长宋朝弟更是直言不讳:"科利华前几年就在想尽办法引起别人的注意,上市就更引人注意了。"科利华需要的是公众的注意,这种注意反过来又可以使科利华实现在股市上募集大笔资金的计划。谁说他们没有赚钱,科利华这次赚大了!"炒书与炒股,这一时间上的紧密结合,主角上的高度一致,原来自有其殊途同归之奥妙,这是一种全新的炒作方法,在中国证券市场上还从来不曾有过,与其说是学习的革命,倒不如说是炒股的革命!"

股市革命之反被其累

应该说科利华作为一个民营企业,资产量并不是很大,借阿城钢铁这样一个大盘子的壳是很有勇气的,但科利华在上市后进一步融资面临的困难和最终沦为ST,应该说都和当初对壳考察得不是很清楚有关,从某种程度上看,科利华是被阿城钢铁骗了。

"1998年4月证监会正式批复了股权转让。一个月后,阿钢召开股东大会,我第一次去了阿钢,看着都挺好,正在炼钢,想起看过的电影《炼钢工人》,钢花四溅,挺好。也不懂钢啊,感觉还不错。可是后来才知道,钢厂是在我去的头一天点的火。"宋朝弟满心欢喜入主阿城钢铁,原本是奔着其配股资格去的,进去后才发现,他接手的原来是一个烂摊子,宋朝弟回忆说:"我有项目、有产品,当时从他账目报表上看,配股足够了。我看中了这一点。他们也说,弄好了,下半年就能配股。我就信了。"在操作配股过程中才发现报表里有很多隐含的问题,于是不得不一个一个解决。"首先是大股东欠账4亿元,欠我们上市公司4亿元,这个账面上有,不知道会影响配股。大股东不能欠款,就处理大股东欠款问题,就拿科利华产权、大楼帮他还账……然后再处理,再处理……"

科利华接手阿钢后,曾有近百起官司平地而起。"原来阿钢有很多账,阿钢状况不好了,债主就认为要不回来,拉倒吧,不指望了。但我一进来,他们都活了,都找我来了。在法律上还真没招,一诉就输,稀里糊涂400

万元，稀里糊涂80万元，就这么我们没少掏。我算了一下，有4000万元被掏走了。"宋朝弟很是无奈。

科利华在借壳阿城钢铁之后，几年来为了解决阿城钢铁的遗留问题，没完没了地重组，几乎耗尽科利华的资金和企业资源，已经为这个"壳"所拖累，耽误了企业的发展。而当时最突出的问题就是财务困难、资金紧张。

事后分析，导致科利华处处被动的重要原因就是当年匆匆借了一个不干净的"壳"上市，科利华的一位高层说："别的企业借壳上市圈来几亿元，我们借壳上市的结果是亏了1亿元。"科利华当初借壳上市的时候，仅仅支付了3400万元，在当时看起来是一个非常成功的案例，现在看来，草率和急于求成反而让科利华付出了更大的代价。

股市革命之特别处理

2002年4月29日，在2001年年报公布截止日的前一天，科利华迟来的业绩预警在证券市场上引爆了一颗地雷：公司称，由于执行新的《企业会计制度》而导致企业计提及减值数额加大，公司预计年度利润同比将下降50%以上。上市公司以种种理由推迟预警和预亏公告并不少见，但像科利华这样晚的却实在少有，而就在科利华业绩预警的前几天，科利华的股票还在上涨。唯一合理的解释就是，主力在出逃。

随着第二天年报正式露面，又一颗地雷被引爆：科利华2001年每股收益仅有0.057元，较去年同期下滑了74.3%，而且该数据并不为会计师事务所认可。由于公司财务状况被视为异常，公司股票将被实行特别处理，由"科利华"变为"ST龙科"。

信永中和会计师事务所出具的审计报告指出科利华的问题是："公司的母公司和各子公司缺乏可以信赖的内部控制制度。存货管理、资金使用缺乏必要的内部控制，生产、采购、库房、销售与财务间责任不清且缺乏监督。内控制度的缺乏致使我们无法取得充分、适当的审计证据对公司整体的收入、成本及其相关项目的真实性、合规性予以确认。"审计报告中还对科利华年报中几笔过亿元的应收预付款项、存货的会计处理提出异议。

科利华曾经是业界的一个神话。但也仅仅是神话，因为任何的神话背后必然隐藏着许多夸大的成分。而现在，当这些被夸大的成分被一个一个曝光的时候，神话也就开始走向破灭的边缘了。

危机爆发

财务危机

当科利华沦落为ST时，有媒体是这样评述的，"由于科利华在过去三年间未能实现再融资（配股或增发），因而已可以认定科利华借壳上市颇有'赔了夫人又折兵'的意味——当年付出现金3400万元，换回一堆钢铁包袱"。

2003年4月29日，科利华发布了其2002年年报。数字显示，2002年主营业务收入一共才7708万元，而净利润亏损却高达1.15亿元，同比暴跌达613%，亏损额居然远远高出其全年的主营业务收入。

有媒体曾经这样报道，"事实上，科利华当前在持续经营上正面临严峻的考验，已经处于资不抵债的边缘，这种情况已经持续了相当长的一段时间"。早在2000年5月，就有人写了这样的文章《股市黑幕——有人指称科利华造假账涉嫌诈骗》，并附上一封自称为科利华员工发来的电子邮件。文章认为，科利华"实际上处于财务崩溃边缘，却利用各种非法手段制造假象"。

业务危机

有媒体报道，原本400人的员工队伍，截至2003年夏天，仍在科利华坚守岗位的不足1/3。"来的人也都在准备简历，为下一步作打算。""基本上半年多以来大多数人都是在闲着，没有什么具体的任务。"按照科利华的规定，三天连续缺勤即被认为是自动离职，但似乎已经没有人再关心这一规定。

从2000年开始，科利华开始对外改称自己为一家网络公司，而不再是一家软件公司。但是，对互联网业务的介入真正拉开了科利华衰败的序幕。

在重点转向互联网之后，公司的利润以及融来的资金都被投到"购书网""中运网"、科利华网校等项目上了。现在，除了与教育沾边的网校项目仍在维持，创立时大张旗鼓的"购书网"和"中运网"都已名存实亡。据知情人士透露，科利华赔在上面的投资至少有四亿元。而这些不产生效益的投资也成了科利华新的债款，而且因为还不起，这一数额驴打滚似的每年递增。

网校的远程教育项目原本被寄予厚望,科利华也投入了相当大的力量和资金,但是据了解的情况来看,注册用户少得可怜。科利华显然不想放弃这一颇具潜力的项目,一直在扩大建设。但是,要想推广开来,就要进一步投入资金。以当时科利华几近弹尽粮绝的状况来看,网校很可能也会半途而废。

在 2002 年开发"奥运纪念光盘"之后,本来被抱以厚望的该产品却因为内容版权问题遭遇封锁,致使大量已经刻录印刷好的产品成了积压废品。这件事使得科利华又亏了一笔。

教育危机

奖学金纠纷

从 1995 年 8 月起,科利华每年从使用"科利华电脑家庭教师"软件的所有用户学生中,评选若干名在全国普通高等学校统一招生考试中考取大学本科以上高等院校的优秀学生,分别给予奖励。每年评选特等奖 10 名,各获奖学金 8000 元;一等奖 100 名,各获奖学金 4000 元;二等奖若干名,奖学金总额 178 万元;获奖者将同时获得荣誉证书或有关活动奖励证书。

可后来就有媒体披露了一些情况。例如,有学生和家长反映,他们购买了"科利华电脑家庭教师"高中版软件,并按规定寄回用户服务卡。也在考取大学之后按科利华相关规定寄去了高考录取通知书复印件、《科利华奖学金高考成绩审核表》等手续,可奖学金却迟迟没收到。

退款问题

据一些学生和家长反映,科利华曾在销售"科利华家庭学习提升系统"学习光盘时口头承诺,购买软件的学生若考不上重点高中或大学,可以解除合同并拿回货款。然而公司的合同上只写着考不上,公司可以提供"科利华家庭学习提升系统"软件,并没有说可以解除合同并退款。因此,科利华认为按照合同,未考上重点高中的学生只能等到三年以后才能拿回货款。诸如此类的退款问题纠纷不断。

初三中考试验班

2002 年,科利华与北京私立君谊试验中学合作,向社会招收初三学生,办起了"2003 年科利华初三中考试验班"。

在招生简章中，科利华做出承诺："2003年保证您的孩子取得满意的中考成绩，升入重点中学！"

招生简章上介绍，该试验班教师组成包括北大附中、清华附中等学校的高级教师以及高考命题专家、教育学博士；教学模式为"名师知识整理、方法传授＋每周特别应试训练＋电脑强化知识记忆训练＋每月潜能激发训练"；每人配备一台笔记本电脑用于课堂训练……

后来共有64名学生报名参加了2003年科利华初三中考试验班。根据学生家长与科利华公司当初签订的协议，这64名学生被分为A、B、C三档，其目标分别为市重点高中、区重点高中和普通高中。A、B两档的学费为2.8万元，C档的学费为1.8万元；各档学生的全年住校费为3600元。

以A档学生为例，科利华在招生简章中承诺：中考成绩超过北京市重点高中录取线20分以上者，奖励1万元，未达到市重点录取线的退还全部学费。

就这样，这64个学生和他们的家长抱着美好的愿望，开始了在"2003年科利华初三中考试验班"的学习。

2003年7月，中考成绩揭晓，区重点高中的分数线在300分以上，这64名孩子的中考成绩第一名仅为313分，绝大多数在300分以下，其中有13个在200分以下。

由于在"2003年科利华初三中考试验班"就读的孩子未取得理想的成绩，与科利华就退款问题产生纠纷，2003年8月29日，50名学生家长共同将科利华公司告上海淀法院，要求科利华双倍返还家长所缴纳的学费和住宿费。

2003年10月，一审法院判决科利华败诉，要求科利华双倍返还家长所缴纳的学费和住宿费。科利华不服，提出上诉。

2004年4月28日，北京市第一中级人民法院作出终审，维持原判。

从宋朝弟的案例可以非常明显地得出以下几点明确的结论：

第一，宋朝弟的许多思想、观念及其领导下的科利华的经营模式等，的确极具创新性，尽管宋朝弟及其领导的公司失败了，但其价值是不能完全否定的，已经成为其他企业的知识财富，同时，其失败的教训促使其他企业家和企业避免犯同样的错误。因此，作为创新家的企业家宋朝弟实际上推动了宏观经济的发展，但是，他自己和他自己的企业却失败了。这说明，创新对宏观经济持续发展是充要条件，而对微观企业个体的持续发展仅仅是必要条件，仅盯着创新的独眼龙型企业家最终必定导致企业家自身及其所在企业的失败。因此，从微观企业管理的角度上看，把企业家仅仅界定为创新家，是企业家理论上的一个误区。

第二，宋朝弟之所以能够走上神坛，靠的是创新，而走下神坛，是因为他只重视创新，忽视了企业成长安全问题，使各种可能的风险因素演变成了难以一时化解的重大危机。如果他同时是一个风险规避型企业家，就有可能对战略行动、战略路径、战略执行做出调整乃至做出新的选择，至少可以避免掉进并购阿城钢铁的陷阱，从而有可能避免财务危机，使企业的发展能够得以持续。因此，由于宋朝弟不是一个风险规避型企业家，亦即不是一个三只眼型企业家，所以他失败了。

第三，从本案例所提供的信息来看，还无法断定宋朝弟是一个有效的执行者，虽然他在创新举措的推进上是强有力的。从他对量子理论的诠释来看，他把执行看得过于简单，这或许是科利华在并购阿城钢铁的决策过程中，没有采取尽职调查等严格的工作流程就仓促决策，掉进并购的陷阱的原因。

总之，宋朝弟无论在思维上、观念上还是行动上，都只是一个独眼龙型，最多是一个两只眼型企业家，同时，由于宋朝弟在科利华的强势地位，导致整个科利华只是一个创新型企业。这是典型的创新家的悲剧和创新论的尴尬。宋朝弟是典型的经济学中的企业家，宏观经济整体的持续发展所需要的企业家，但不是微观企业个体的持续发展所需要的企业家。

第十一章　企业持续发展的逻辑前提：管理定则的回归与管理心智的转变

管理者实施持续发展型管理的前提，是首先避免企业的"低级"失败，建立体现发展持续性诉求的管理心智。在管理日益时尚化的今天，企业一方面容易在"赶时髦"中丢弃商业基本法则，掉进"低级"失败的陷阱；另一方面难以把握哪些时尚反映了管理逻辑与范式的变化，进而据此及时地调整管理心智。本章要回答的问题是：在超级竞争条件下，为了获取企业发展的持续性，哪些管理定则应该坚守，哪些管理心智应该改变和如何改变？

本章通过对20世纪90年代中国十个"明星"企业失败的分析，提炼出八个要避免"低级"失败就必须坚守的管理定则，以及通过综合分析获得的，必须转变和建立的十个管理心智。八个管理定则分别是："没有利益，就没有生存的意义"；基础管理是构筑企业大厦的地基；诚信其实是企业最靠得住的战略；要造名，更要造实；市场生态是企业的生死场；市场需求是企业的"衣食父母"；没有"金刚钻"，慎揽"瓷器活"；要激情，还要理性。十个心智转变分别是：从"求生存"的心智转向"求发展"的心智，求发展，不求生存；从"做大"的心智转向"做强"的心智；从时尚的核心理念转向内在的核心理念；从"企业家"的心智转向"制度"的心智；从表象的竞争转向深度的竞争；从单一的竞争优势转向异质、复合和连续的竞争优势；从"对立"的创新与控制转向"统一"的创新与控制；对付风险从风险承担导向转向竞争力导向；战略与细节都决定企业的成败，不再"孰轻孰重"；从"有形资产"的心智转向"无形资产"的心智。

第十一章 企业持续发展的逻辑前提：管理定则的回归与管理心智的转变

纵观20世纪90年代以来中国一个个优秀企业的倒下，可以发现，尽管它们曾经创造辉煌和奇迹，但深究起来，它们大多最终败在违反了商业基本规律，是"低级"失败。要想实现企业持续发展，没有远大目标不行，没有魄力不行，没有创新不行，不注意采纳先进的管理理论与方法不行，但是，这些都必须建立在遵循商业基本规律之上，必须建立在把握不同市场条件下企业持续发展型管理的范式特征之上。在管理时尚日益盛行的今天，对商业基本规律的坚守也日益重要，对于像中国这样的转型国家的企业尤其如此。同时，中国是经济社会快速转型的国家，企业管理的逻辑、范式和管理者的管理心智都要跟着快速转型。在超级竞争条件下，管理者必须从传统的管理心智中跳将出来，按新的企业管理的逻辑与范式建立新的管理心智。

第一节 避免"低级"失败的八个管理定则[①]

要使企业的发展获得持续性，首先要尽量减少企业的"低级"失败，这要求在追逐管理时尚的同时坚守一些商业基本法则。

托尔斯泰曾有名言："幸福的家庭都是一样的，不幸的家庭各有各的不幸。"对企业来说，则应反过来讲，失败的企业都是一样的，成功的企业各有各的成功。失败总是那么简单，成功总是如此复杂。企业的管理存在一些基本的定律，即便是只违反了这些基本定律中的一条，企业也迟早会失败，企业的失败往往都是因为违背了这些基本定律中的一条或几条。但是，即使遵循了所有这些基本定律，企业也未必一定能成功，因为企业成功只有必要条件，没有充分条件。那么，企业的基本定律有哪些呢？这可从一些著名企业的兴衰中寻找一些答案。

定则一："没有利益，就没有生存的意义"

济南三株实业有限公司[②]失败后，总裁吴柄新在首届中国企业成功与失败

[①] 这里涉及的一批"流星"式企业都曾创造辉煌或奇迹，名噪一时。这一节的内容曾以篇名"破了定律企业必败——中国十大失败企业的反思"最早发表于2002年7月5日《中国经济时报》。自该文发表至今，该文已被无法统计的期刊、报纸、网站全文转载，但很多的转载没有标明文章原创作者和转载来源，甚至出现了内容完全相同但作者不同的情形。

[②] 济南三株实业有限公司1994年成立，三年内其三株口服液销售额即达到80亿元，创造了中国产品销售的奇迹。1998年初因"八瓶三株"事件，销量急剧下降，很快停业。

案例综合分析会后发表了一份数百字的《吴柄新自白书》，第一句话就是："没有利益，就没有生存的意义。"企业的根本利益是什么？利润。可惜的是，三株虽然认识到了利润的价值，却错误地选择了一种竭泽而渔的实现方式，以一个极端冷酷的、狂热的功利主义者的角色，采取对竞争对手的无情打击和带有阴谋色彩的颠覆，在产品上夸大无度，结果既导致了自身的困境，又冲击了中国保健品产业的健康发展，使企业失去了盈利的产业基础。

郑州亚细亚集团股份有限公司①采取的则是一种截然不同的所谓"战略家风范"的方式。企业经营顺利时，热衷于场面热闹、宣传轰动，却对能赚多少钱看得很淡，认为这是"战略家风范，不争蝇头小利"，结果是营业额一个亿一个亿地往上蹿，而利润却从没有超过 1000 万元。这种"战略家风范"式的管理风格，在后来企业出现困境时成了最致命的缺陷。

瀛海威②则是又一种情形。企业因过早地进入了一个"错误"的行业，根本不知道何处可产生利润，连"第一桶金"都挖不到，结果因无法给股东起码的投资回报，"踌躇满志"的创始人张树新被迫去职，企业也随之从人们的记忆中消失。

学过经济学的人都知道，企业利润最大化目标是新古典经济学的基本观点。尽管人们从社会、伦理、生态等角度出发，对企业利润最大化目标提出了种种质疑，但不可否认的是，利润一般是企业生成的初始动力，也是企业实现其他非经济目标的前提。因此，企业必须以获取最大化利润为根本目标。不过，由于企业是社会经济生态圈中的一员，企业的最大化利润目标只有通过合理利润或满意利润的方式才能实现。不以利润最大化为目标以及不通过合理的方式来实现利润，企业自然不可能持续发展。

定则二：基础管理是构筑企业大厦的地基

亚细亚开业九年竟没有进行过一次全面彻底的审计，外单位向公司借款 800 万元，只需跟总裁王遂舟打声口头招呼即可，不需办任何手续。三株发展到鼎盛期时，机构重叠，人浮于事，互相扯皮，甚至出现一部电话三个人管，各分

---

① 郑州亚细亚商场 1989 年 5 月开业，1990 年营业额达到 1.86 亿元，一跃而名列全国大型商场第 35 位，此后三年，亚细亚的营业额年均递增 30% 以上。

② 1995 年北京瀛海威科技公司创立，成为中国最早的网络企业之一，1998 年公司 15 名中高层管理人员集体宣布辞职，1999 年被大股东兴发集团接管。

支机构对总部大量造假的现象。飞龙在财务上缺乏详细的管理规章，只管财务不管实际，使得占用、挪用和私分公司货款的现象比比皆是。由于基础管理不牢靠，这些企业缺乏必要的自稳机制和免疫机制，如同建立在沙滩上的房子，一有外来冲击，企业就应声而倒。

基础管理对于企业的重要性，可以用海尔集团的"抗斜坡球"理论来说明。海尔的"抗斜坡球"理论告诉我们，企业好比是一个沿着斜坡往上滚动的球，市场竞争和企业内部职工中可能出现的惰性形成对球体向下的内外两种压力。如果没有一个向上的大于这种压力的推力，球就一定会往下滑。对于企业来讲，这个向上的推力就是强化基础管理。为此，海尔要求职工"日事日毕，日清日高"，全面地对每人每天所做的每件事进行控制和清理。海尔之所以能持续地取得巨大的成功，在快速发展的同时避免了"猝死"的命运，这种强化基础管理的管理模式功不可没。

定则三：诚信其实是企业最靠得住的战略

山东秦池酒厂①的川酒勾兑、三株的虚假广告、飞龙②的虚假伟哥、南德③的虚张声势，最终使他们走上了不归路。

据2000年美国出版的名为《百万富翁的智慧》一书介绍，对美国1300万富翁的调查结果表明，成功的秘诀在于诚实、有自我的约束力、善于与人相处、勤奋和有贤内助。诚实被摆在了第一位。

诚信作用的大小取决于企业的发展战略和社会信用的发达程度。如果企业只想"过把瘾就死"，那么诚信就可以抛在一边。但是如果企业要谋求持续发

---

① 秦池酒厂于1990年成立，1996年以3.2亿元成为广告标王，1997年因一则"秦池白酒是用川酒勾兑"的系列新闻报道，销售急剧下滑。1998年，总裁姬长孔调离，2000年，"秦池"商标被拍卖。

② 飞龙即沈阳飞龙集团，1990年，姜伟到注册资本只有75万元、职工60人的小厂飞龙任厂长，一年后开始轰炸式的广告投放，1992年利润飙升至6000万元，1994年获全国杰出青年企业家、中国十大杰出青年和中国改革风云人物三大桂冠。之后屡屡受挫，公司每况愈下。1998年飞龙抢注"伟哥"字样商标，声称早于美国辉瑞公司研制出中国第一个治疗男性勃起障碍的药品"伟哥开泰"，1999年该药上市首月销售即达到6000万元，同年该药被定为劣药遭依法查处。2000年姜伟退出飞龙。

③ 南德即南德（集团）股份有限公司，其总裁牟其中因在1989年用一批罐头、皮衣等商品成功交换四架前苏联图-154飞机，从中大赚一笔而声名大噪。1995年《福布斯》将其列入全球富豪榜，位居中国大陆第四位。2000年牟其中因诈骗罪被判无期徒刑。

展，诚信则是维持长期市场穿透力的基本前提。在信用不举的社会里，诚信的作用比较有限，甚至讲诚信的企业可能要吃点眼前亏，但即便是这样，客户为了减少交易成本，仍会对诚信给予特别的关注，对讲诚信的企业情有独钟。

没有诚信，企业根本不可能建立市场资本，而市场资本是企业持续发展的平台。

定则四：要造名，更要造实

秦池因为当了央视广告标王，名气很快如日中天，出现了巨大的产品市场需求，但因其没有足够的生产能力，一则"秦池白酒是用川酒勾兑的"系列新闻报道就轻易地将秦池击倒了。

南德的牟其中更是造名高手，先后提出"一度"理论、"平稳分蘖"理论、"智慧文化"理论，甚至提出投资建设北方香港、炸开喜马拉雅山、投资控股"国际卫星-8号"等，使得南德在中国的天空一度"光芒夺目"。可悲的是，除了"罐头换飞机"外，南德还做过什么盈利项目就不得而知了，结果是企业关门，总裁入狱。

笔者在改革开放初期曾读过一篇名为《策划是金》的文章，文中有这样一句话至今仍记忆犹新：有了策划，粪土变黄金；没有策划，黄金变粪土。应当说，在当时人们还没有普遍认识到市场营销的意义时，文章是有一定积极意义的。但无疑，文章过于夸大了策划的作用，扭曲了名与实的关系，忽视了策划对企业持续发展可能产生的不利影响。

企业到底如何把握造名与造实的辩证关系呢？这要取决于企业的战略目标。如果企业只是想"挖第一桶金"的话，仅有造名也许就够了。但如果要追求持续发展，脱离造实的造名就是自毁长城。因为造名会造成过大的市场预期，当企业不能提供与名气相称的产品和服务时，就不能产生持久的市场忠诚度；当企业一旦出现一点信誉风险时，客户就会有极度上当受骗的感觉，市场就会地动山摇。

定则五：市场生态是企业的生死场

瀛海威尽管创新力很强，但因对联机服务实行收费制，使用了一套与市场上流行的互联网TCP/IP不同的通信流程，使自己成为独立于市场食物链的孤岛，无法利用已形成的市场需求。

第十一章　企业持续发展的逻辑前提：管理定则的回归与管理心智的转变

秦池、巨人①、三株、飞龙与新闻媒体的关系，可以说是他们先把媒体给"营销"了，最终他们却反被媒体"营销"，因为他们成功与失败的背后都是媒体起着引爆和推波助澜的作用。

巨人、三株、飞龙"不按常理出牌的经营方式"虽然创造了令人仰望的速度神话，但最终毁掉的是企业赖以生存的产业基础。

巨人由于没有利用企业发展鼎盛期的便利条件与金融机构建立互利关系，结果在企业出现财务危机时竟然筹措不到可以扭转局面的"区区 1000 万元"，以至于史玉柱仰天悲叹："什么叫一分钱难倒英雄汉，这就是。"

巨人因为诋毁竞争者（娃哈哈集团），被迫以召开新闻发布会的方式公开向竞争者道歉，这成为巨人滑坡的一个转折点。

市场生态是什么？就是企业与供应商、客户、竞争者、金融机构、社区、政府、媒体等建立的市场食物链关系，企业与他们之间不仅仅是竞争关系，而且还是一种依存关系、合作关系。脱离或破坏市场食物链的行为，必然影响企业持续发展，令其自食其果。

定则六：市场需求是企业的"衣食父母"

瀛海威在总裁张树新的带领下称得上是一个理想主义的企业。但是，企业的性质决定了企业首先是现实主义的，因为企业是为利润而生成、为利润而发展且有了利润才有可能发展的。②

企业的利润最终来自市场需求，因而研究、发现、细分和满足市场需求就成为市场营销学的核心，营销也成为现代企业管理的重心。瀛海威失败的一个重要原因就在于每一个重大的经营举措缺乏严格的市场分析，没有清晰可见的目标市场，结果是企业经营仅仅为 IT 业的发展做出了巨大的社会性贡献，却不能把这种贡献转化为企业的内在化收益。

当然，市场需求有时是可以创造的。但是，这与产业的特征、技术的垄断

---

① 巨人即珠海巨人集团，1991 年创立，1992 年公司开发的汉卡销售量跃居全国同类产品之首，总裁史玉柱被评为"广东省十大优秀科技企业家"。1993 年成为中国第二大民营高科技企业。1994 年史玉柱当选"中国十大改革风云人物"。1995 年史玉柱列《福布斯》大陆富豪榜第八位。1997 年，因巨人大厦项目的失败，巨人陷入破产境地，名存实亡。

② 尽管利润是企业的根本目标，但它不能被直接界定为公司的使命和愿景。

性等有关，对于瀛海威从事的网络业来讲，业务的拓展有赖于社会基础设施的改进，有赖于市场食物链的建立。瀛海威由于"生得太早"，社会基础设施的不完善制约了市场需求的形成，加上瀛海威没有融于已形成的市场食物链中，既不能利用现有市场食物链所形成的市场需求，又难以形成独立的市场需求，丧钟自然为它而鸣。

定则七：没有"金刚钻"，慎揽"瓷器活"

从某种程度上讲，企业失败的原因也可以说是因为企业的扩张超越了企业能力边界而造成的。由于超越了能力边界，企业根本无法被有效掌控，超常发展使企业变成了脱缰的野马。比如，三株在创立的短短三年时间内，就在全国各地注册了600个子公司，成立了2000个办事处，促销人员超过15万，总部根本无法消除员工违规行为的大量发生，一线人员为了扩大销售进行夸大宣传和虚假宣传。亚细亚在创办四年时间内先后开办了15家大型连锁百货分店，在自有资本不足4000万元的条件下，进行近20亿元的超级扩张，这些分店均是开业之日即亏损之时。巨人同时涉足电脑、生物保健制药和房地产三个毫无关联的产业，在对房地产缺乏经验的情况下，把巨人大厦从38层改为70层，结局是"一分钱难倒英雄汉"，因资金链断裂而崩盘。

企业的能力是企业决策的基础，决定于企业的资源、知识、技能、体制等。企业的能力有些可以通过市场交换而迅速获得，而有些能力，比如，核心能力，则不能作为交易对象从市场获取[①]，通常要靠企业通过长期的努力创造。在企业的能力中，核心能力具有特别的重要性，是企业获得持续竞争优势的源泉，如果企业不具备新业务领域的核心能力，在市场竞争中必然败北。

定则八：要激情，还要理性

瀛海威的张树新、巨人的史玉柱、亚细亚的王遂舟都堪称激情式企业家。瀛海威为炒作新闻热点，可以不考虑市场规律；巨人集团将38层改为70层，一次性向市场推出电脑、保健品、药品三大系列30个新产品；亚细亚几近疯狂的《1994—1999年发展规划》，都无一不充分显示了这些企业家的创业激情。

对企业来讲，激情与理性是一对双刃剑，对企业的心智模式能产生决定性

---

① 但核心能力可以通过公司并购的方式获得。

影响，从而影响企业可持续发展。一方面，激情是宝贵的财富，没有激情，企业就会失去商机，失去原创动力；另一方面，仅有激情又是不够的，激情必须上升为理性，否则，激情就可能不是成功而是陷阱；激情与理性在企业发展的不同阶段地位各异。创业时，激情弥足珍贵；创业取得巨大成功时，企业上下通常激情高涨，高估自己，头脑发热，理性就是一剂清醒剂，难能可贵。企业要获得持续发展，任何激情式冲动都必须回归理性。通常的做法是，大胆想象，小心求证。

第二节 瞄准"持续性"诉求的十个心智转变

企业任何质量的发展都是经营管理的结果，采取什么范式的管理就会出现什么样的企业发展。要实现企业持续发展，就必须实施持续发展型管理。在现代市场条件下，以持续发展为目标的管理首先必须正确地把握和遵循相应的管理范式。综合国内外的研究成果，结合我们多年的研究，针对中国企业的管理实际，这里重点论述需要建立的以企业发展的持续性为诉求的十个管理心智，同时，它要求我们冲破一个个相应地被公理般认可的传统心智。

心智一：从"求生存"的心智转向"求发展"的心智，求发展，不求生存

"企业只有先生存下来了，才能寻求发展"，这是长期以来人们普遍的心智，也是一句口头禅。然而，这一逻辑在卖方市场有效，在超级竞争条件下则可能是一个陷阱。如果按这一逻辑进行经营管理，企业不仅不能获得发展，连生存也会落空。原因是，在竞争不激烈的条件下，企业能否生存相当程度上取决于企业自身，其他的企业短期内不会威胁到自己的生存，因而企业不发展也有生存的可能，自然可以先求生存再求发展。然而，在现代市场，企业面临的是超级竞争，企业的生存与发展通常必须通过持续地与竞争者的竞争来实现。如果企业不积极地提高素质、增强活力、提升竞争力、拓展空间，即寻求发展，企业赖以生存的市场资源就会逐步被竞争者掠去，生存的机会就会越来越小。

著名企业作家柯林斯（Jim Collins）谈到的两个企业——斯科特纸业公司和金佰利&克拉克公司可以为这种逻辑的正确与否提供注解。在造纸业，斯科特曾是领头企业，面对宝洁公司在造纸业的进入和发展，斯科特不是设法反击，而是希望通过让出主要市场、躲到次类商品经营中、避免遭到入侵"怪兽"伤害的方式以求生存。然而，金佰利＆克拉克公司却不同，它把宝洁公司的进入与竞争当作一笔财富，为能与最好的公司一争高下而兴奋不已，视其为使自己更加优秀和强大的一次机遇。结局是，金佰利＆克拉克实现了跨越，而斯科特却退出了行业领先地位。不难看出，斯科特的逻辑是生存优先，而金佰利＆克拉克则是优先考虑发展。

在夹缝中成长起来的一大批优秀的中国企业也否定了这一逻辑的正确性。深圳华为技术有限公司是一家民营企业，其进入的是技术密集型、资金密集型的通讯设备制造业。进入之初就面临国有企业的垄断和跨国公司的竞争，按生存优先的逻辑，实力弱小的华为进入通讯设备制造业伊始就是一个错误，它根本就不会有生存的机会。然而，华为通过在研发和营销上的"压强"战略与创新，不断地走出困境，超越竞争对手，最终成为国内领先企业和跨国公司。海尔集团、联想集团等莫不是在不断的发展中得以生存和壮大的。

心智二：从"做大"的心智转向"做强"的心智

"做大"的心智是卖方市场的心智，"做强"的心智是买方市场的心智。在卖方市场，大一般就会强，做大是目标、是路径、是策略；在买方市场，大不一定强，做强才能做大，不强就一定失败。

海尔集团在多元化成为企业普遍实践的 20 世纪 80 年代，推行 OEC 精细化管理，用了七年时间只做冰箱一种产品，在成功树立了名牌地位后，海尔才逐步开始多元化战略和国际化战略，迄今已经获得了长达 25 年的持续发展，成为中国最大的家电生产企业。深圳华为技术有限公司通过"永不进入信息服务业"，"依靠点点滴滴、锲而不舍地艰苦追求"，致力于"使华为成为世界一流的设备供应商"，已经获得了长达二十余年的持续发展，成为我国电信行业年销售额 160 亿美元的龙头企业。而深圳万科企业股份有限公司在创业初期盲目追求做大，进入众多产业领域，后来被迫进行产业平台的战略调整，专攻房地产业，虽然万科今天是一个非常优秀的企业，但它是一个较海尔和华为小得多的企业。如果没有当年的盲目做大，今天的万科可能比现在大得多。TCL 认为"强不一定大，但不大一定不强"，由于它急于成为世界上最大的彩电生产企业，所以出现了并购世界上最大彩电生产企业之一法国汤姆逊公司的重大失败，结果是企业不仅没有变大,更没有变强,反而变小了。

超级竞争条件下,企业组织规模、产值等的由小变大有时不能作为持续发展的一个可靠性指标,现在蓬勃兴起的归核化战略和虚拟经营战略使传统意义上的规模的价值呈下降的趋势。归核化战略和虚拟经营战略看起来使自己直接拥有的资产规模或者人员数量减少了,但可以整合利用的外部资源的规模及整合效率、企业经营的效率和企业的盈利能力却增强了。

所谓做强是指企业的内涵素质提高;所谓做大,是指企业外延规模扩大。由于内涵素质决定着外延规模扩大的边界和效果,因而只有做强后才能稳妥地做大;否则,会出现大而弱的境况,反而不能持续地做大。但是做大也不是完全被动的,做大有时也会促进做强。企业在做强与做大之间进行抉择时,要进行边际分析和长期判断,做到协同匹配,以强生大,以大促强。

心智三:从时尚的核心理念转向内在的核心理念

核心理念即公司的使命,由核心价值观和核心目的组成。管理时尚是当前管理领域最时髦的东西,但确定核心理念不能跟着管理时尚跑,而要发自创业家和企业家的内心。

柯林斯和波拉斯(Jerry I. Porras)通过长期的跟踪研究发现,那些能够持续成功的公司,都保持着稳定不变的核心价值观和核心目的,尽管它们的经营战略和实践活动总是不断地适应着变化的外部世界。这种在不断发展的过程中又能保持其核心不变的动力,正是使一些公司成为精英企业的原因。核心理念是一种在企业成长、分权、全球扩张、实行产品多元化、开发工作场所多元化的过程中把组织聚合起来的黏合剂。

由于核心理念具有以上独特的作用,因此对核心理念有着特殊的要求,而且,必须采取特殊的方式来获得好的核心理念以及发挥它的作用。(1)核心理念必须真实和发自内心,只有这样,企业才能有长期遵从核心理念的内在驱动力,才不会轻易改变核心理念而引起公司总体战略的摇摆和重大调整。核心理念是发现的,而不是创造的。确定核心理念时,关键是抓住自己真正信仰的东西,而不是照搬其他公司的价值观,也不是外面世界认为应该是理念的东西,以及外面正在流行的东西。① 核心理念宣示的一定是内心真实的想法,存在于肺腑里、铭刻在骨头里的信息,没有"人工调料",百分之百的纯真。(2) 核心理念必须始终放在政策、策略和目标之前,统领企业的一切管理措施、经营行为和经营管理的各个环节。(3) 不管市场如何变化,企业面临什么困境,公司高层管理人员变动多么频繁,甚至当市场机会与核心理念不一致时,企业一般也要坚持核心理念不动摇。(4) 核心理念必须通过企业的正式制度和非正式制度来体现和落实,成为全体员工一致认同的观念和行为方式,从而使企业成为具有灵魂的有机体。

心智四:从"企业家"的心智转向"制度"的心智

"企业家"的心智是增长或发展的心智,"制度"的心智是持续发展的心智。从企业持续发展的要求来看,是企业家选择了制度,是制度选择和造就了企业家。

企业家对企业发展的重要性是不言而喻的,但是,企业家对追求持续发展的企业来讲则是一把双刃剑。因为企业家的更替而导致企业衰退甚至"猝死"的悲剧在市场上并不鲜见。对持续发展的企业来讲,企业家是制度内生的,制度提供了企业家的选择机制。有了好的企业家选择机制,企业就能选择好的企业家,从而使企业的发展得以持续。韦尔奇被誉为"世界第一 CEO",但他并非是 GE 历史上业绩最好的 CEO,GE 历史上的每一位 CEO 之所以都十分优秀,是因为 GE 有好的 CEO 选择机制。惠普的 CEO 菲奥莉拉是其前任主动让贤并推荐的,这是因为期股制使其前任不得不这么做,因为其前任相信,菲奥莉拉能使惠普获得更好的发展,可以使自己的股票认购期权获得更大增值。海尔被认为是中国成功企业的代表,但是历史地看,放在全国范围来看,海尔的成功又是偶然的,其偶然性就在于海尔幸运地拥有张瑞敏这位优秀企业家。而全国又有多少企业因为没有得到优秀企业家而失败。海尔和张瑞敏今后面临的挑战是能否摆脱张瑞敏的影子,能否构筑一个自我演进的制度化平台,能否将"张瑞敏的海尔"变成"海尔的张瑞敏"。

---

① 因为时尚的东西往往生命周期较短,在较快的时间内,人们就会认为"那是过时的东西",就不会从内心尊崇它,从而使核心理念形同虚设,这是使命管理最忌讳的。

心智五：从表象的竞争转向深度的竞争

企业之间的竞争是在不同层面上进行的，最容易看见也是最容易模仿的竞争是广告、价格等的竞争，较难以看到和模仿的是核心能力的竞争，而隐藏得最深、最不容易看到和模仿的竞争是企业洞察力的竞争，后者依次是前者的基础，决定前者的状况。所谓洞察力，是指能看到别人看不到的战略机会与挑战的能力，是见微知著、明察秋毫、一叶知秋的能力。当其他企业正在为某个显市场而如火如荼地竞争时，持续发展的企业已开始为新的隐市场或其他企业尚未窥见的某个战略转折点的到来做准备，从而能使自己比竞争对手领先一步或半步。在现代市场竞争中，领先一步或半步给企业带来的优势常常是巨大的，难以为追随者所逾越。企业在长期发展的过程中，不可避免地会遇到起初不易察觉的、能带来产业突变的突破性新技术，会遇到市场竞争的五种力量①和市场规则等市场环境的重大潜在变化，企业能否洞察它们对企业发展的潜在影响，及时地识别企业可能的战略转折点，将直接决定企业未来的发展状况。

心智六：从单一的竞争优势转向异质、复合和连续的竞争优势

单一来源的竞争优势很难是持续的竞争优势，持续竞争优势一定是异质、复合和连续的竞争优势。

企业的持续发展与企业竞争优势的动态变化即使不是同步的，至少也是密切相关的。提斯曾指出："今天在社会科学领域很可能没有什么比破解企业和国家竞争优势之谜更具有野心的项目了。"持续发展的企业在市场上总是表现出明显的竞争优势，似乎有的企业真的存在某种特殊的持续竞争优势。然而，这只是一种表象，外显的持续竞争优势实际上是通过竞争优势的异质化、复合化和连续化获得的。如果竞争优势不是异质的，那么竞争对手就容易模仿，或者通过市场交易就能获得，从而竞争优势就会失去。但是，一个竞争优势的持续性总是有限的，靠一个战略形成的竞争优势并不能维持久远，因而企业必须不断有新的战略来接替已释放出新的竞争优势，形成连续的竞争优势链。企业还必须在横向从多个方面谋求异质的竞争优势来源，使竞争优势更加独特、更加坚固，减少竞争优势链断裂的可能。

---

① 指在位竞争者、潜在竞争者、购买者、供应者、替代品提供者的竞争力量。

现有的理论一般认为持续竞争优势来源于企业的核心能力。但是，普拉哈拉得和哈默尔提出的核心能力只反映了企业的生产属性，并没有反映企业的规制属性，而企业没有规制就无法实现生产，而且核心能力还有可能变成核心僵化。因此，充分体现规制属性的制度要素也是企业竞争优势重要的经常性决定因素。在竞争优势的管理中，制度也应置于核心要素地位，这一点在西方现有的竞争优势理论体系中并没有予以特别重视，然而对中国企业尤具现实意义。现有竞争优势来源理论中最具影响的产业分析理论和核心能力理论不是对立的替代关系而是互补关系，两者结合正好包含了内生的和外生的竞争优势来源。传统理论中的制度规制通常限于企业内部，而现实中企业的市场目标就是控制市场利益相关者的行为，即要产生外部规制力。它是确保企业获得资源和实现市场交换的机制，也就是市场权力。市场权力决定了企业在市场中的地位、企业所拥有的市场机会及获取和有效利用市场资源的能力、防范和化解市场风险与危机的能力，进而决定了不同的企业市场行为和市场绩效。市场权力体现的是一种对市场的价值承诺，因而是一种规制属性，但是一种隐性外部规制。市场权力的存在使企业能够实现持续的市场交换，这是企业存在的基础，是竞争优势的市场显现。因此，可持续竞争优势的分析框架应包括外部规制力——市场权力。正是涵盖生产与规制两个属性和内生与外生相结合的市场权力、制度平台、核心能力和产业平台四个核心要素间的分层作用、协同作用和缺位支撑，使持续发展的企业总是表现出竞争优势。

心智七：从对立的创新与控制转向统一的创新与控制

一般的思维是，如果要多一些创新，就必须少一些控制，把两者视为对立关系。在管理上两者之间确实存在"跷跷板"关系，但是，从持续发展的要求来看，两者都不可偏废，必须实现统一与共生。

在现代市场，企业不创新就是等死，因此，追求持续发展的企业应以创新为导向。但是，企业在推崇创新的同时，须注意三个问题：（1）创新对宏观经济整体发展和微观企业个体发展的推动机制是有区别的。由于创新活动和创新具有外部性，创新活动和创新均是宏观经济发展的充要条件，而尽管创新是企业发展的充要条件，但创新活动只是微观企业发展的必要条件而不是充分条件，创新活动有可能带来企业的衰退甚至失败，创新活动不一定能成为创新（创新是指获得了价值追加的创新活动），因而微观企业存在因创新活动而可能带来的自身失败的问题。（2）创新不可能撇开具体的经营管理活动来实现。从管理的角度讲，即企业创新是如何通过具体的经营管理来实现的问题。这一问题基于如下事实：企业通晓创新的极端重要性，但是有些企业就是没有创新精神，如一些国有企业；有的企业极具创新性，甚至开展了轰轰烈烈的创新活动，企业却还是失败了甚至是加速了失败，如新疆德隆集团、美国铱星公司、安然公司、济南三株公司、珠海巨人集团等；有的企业创新活动总是要靠外力的推动，离开了外力创新活动就停止了，如张瑞敏认为，海尔仍存在这种现象。（3）创新只是解决企业的价值创造问题，效率提升和风险规避同样是现代企业面临的两个日益重要的基本问题。现在是微利和不确定性凸显的时代，效率直接决定日益关键的成本最小化，风险规避直接决定企业的基本安全度。面对这三个问题，现代企业就不得不重新认识和高度关注不为当前理论界和企业界重视甚至被贬低的企业控制问题，因为控制是造成这三个问题的深层机理和解决这三个问题的必由路径。因此，企业在追求创新力的同时，还需追求控制力的提升，努力促使创新力与控制力均持续地处于使企业既获得竞争优势又使成本最小化、风险最小化的状态，即创新力与控制力的动态效率统一，而不是此长彼消。创新与控制是耦合互动的共生关系，创新是控制的产出，控制是创新的生产，企业要通过控制重构实现控制的转型升级，让企业的控制系统同时发挥创新推进、风险规避和效率提升三大功能，而不仅仅是后两种功能。企业要通过文化、按生产要素权重的产权安排、市场导向战略、战略中心型组织模式、基于知识效率传导的流程、学习等要素构成的控制系统为创新提供持续动力、平台和保障，以获得创新力的提升，同时要通过企业和员工行为与战略的边界控制系统和品牌、知识产权、渠道、战略联盟、市场占有率等外部控制系统来规避风险，通过正式的诊断控制即传统的法约尔控制系统来获得效率提升。

心智八：对付风险从风险承担导向转向竞争力导向

在超级竞争条件下，对待风险的办法恰恰不能以风险承担为导向，而要以竞争力为导向。

谁出资谁就承担风险，谁承担风险谁就拥有企业所有权，这是长期以来人们进行企业制度研究与设计所普遍遵循的逻辑前提。由此又可衍生出一个新的逻辑：拥有所有权的是承担风险的，承担风险的是出资的。然而，在现代市场，这一以风险承担为导向的逻辑却会带来一个悖论：不是风险的降低，而是风险的增加。以风险承担为导向的制度安排，会造成如下后果：（1）使那些必须依靠知识资本发挥关键作用的企业的竞争力降低。风险承担者按照传统的理论是物质资本所有者，在制度安排以风险承担为导向的企业里，物质资本所有者获得企业所有权，知识资本所有者被排斥在所有权安排之外而不能获得相应的产权激励，从而企业失去了起关键作用的竞争力决定因素的支持，竞争力就会降低。而在现代市场，缺乏竞争力，企业就不会有生存与发展的机会，从而风险就会更大甚至只剩下了风险。（2）企业如果以风险承担为导向，那么其战略行为就会趋于保守，这样的企业势必缺乏创新力，从而使企业的竞争力降低，企业的风险就变大了。（3）风险承担导向的逻辑与企业存在的目的相悖。企业存在的目的是通过生产来创造价值，在现代市场，这意味着企业从诞生的那一天起就要主动迎接竞争，而不是以风险规避为逻辑前提，否则，就没有必要兴办企业了。（4）随着市场转型，企业的风险来源发生了重大变化，即使从风险规避的角度讲，制度安排也不应当是以风险承担为导向，而应以竞争力提升为导向，用竞争力消灭风险。因为现代企业面临激烈的市场竞争，企业的风险主要来源于竞争力的大小，因而以竞争力为导向后，虽然表面上不是以风险承担为导向，却可以收到降低风险的效果，降低承担风险的机会。

以竞争力为导向的管理诉求，意味着谁拥有企业的所有权是以生产要素对竞争力的权重或者贡献为依据。这样，不同行业中的企业和不同发展阶段的企业可根据内外条件的变化，根据生产要素对竞争力贡献的权重变化进行动态调整，使企业获得持续竞争力。同时，以竞争力为导向，企业就会富于创新精神，资源就会朝着有利于竞争力提升的方向配置，从而企业的竞争力获得提升。因此，新经济条件下，正确的管理逻辑是：谁对竞争力的贡献大，谁拥有更多企业所有权；谁拥有企业所有权，谁承担企业风险。

变风险承担导向为竞争力导向，还可使一个为学术界激烈争论的重大企业理论问题迎刃而解。近年来，对于什么是最优企业所有权安排问题，经济学界提出了三种看似迥异的理论观点：资本雇佣劳动论，劳动雇佣资本论，利益相关者共同治理论。为什么出现巨大分歧？原因是它们的逻辑前提和分析视角不同。资本雇佣劳动论的逻辑前提是风险承担，劳动雇佣资本论是从所有权安排的形成机制上分析的，利益相关者共同治理论的分析视角则是竞争力。如果以竞争力的提升为逻辑前提和分析视角，三种观点就能实现统一，即对于不同行业中的企业和不同成长阶段的企业，影响竞争力的各种生产要素的权重是不同的，从而资本雇佣劳动、劳动雇佣资本和利益相关者共同治理都有可能成为最优的企业所有权安排，但不存在跨越不同行业和企业不同成长阶段的统一的最优所有权安排。对于传统经济时代的企业、低附加值行业中的企业，资本雇佣劳动可能是一种最优企业所有权安排；对于现代市场中的知识密集型企业，最优企业所有权安排则应是劳动雇佣资本，或者劳动与资本共同拥有企业所有权；如果综合考虑企业竞争力因素和所有权安排通过博弈而形成的机制，企业则倾向于采取利益相关者共同治理的所有权安排，而共同治理中的具体所有权分配则是以生产要素对竞争力的权重作为博弈的均衡点进行的，从而是以竞争力为导向的。

心智九：战略与细节都决定企业的成败，不再论孰轻孰重

"战略与细节谁决定企业的成败"是卖方市场的心智，"战略与细节都决定企业的成败"是买方市场的心智。

战略关注"做正确的事"，细节关注"把正确的事做好"。在卖方市场，一般只需关注"把正确的事做好"，细节决定成败，而在买方市场，只有既"做正确的事"，又"把正确的事做好"，企业才能持续成功，因而，战略与细节都决定企业的成败，两者孰轻孰重或谁真正决定企业成败的问题不再是真命题，变成了伪命题。说"战略决定企业的成败"是对的，说"细节决定企业的成败"也是对的，但说"战略才决定企业的成败，细节主义缓期执行"则是谬论，是市场炒作。①

战略研究与管理的一个基本逻辑假设就是企业的持续发展，否则，战略管理不可能建立具有普适性的逻辑框架。现代企业面临的内外环境日益动荡，因而战略管理日益重要。做现代企业、搞现代经营管理首先须有战略家的眼光、气派和谋略，要从大处着眼。正如海尔的 CEO 张瑞敏所说："企业发展过程实际上就是战略转移的阶段性连接，旧的战略不断地、不失时机地被新的战略替代，这样才能使企业不断达到新的高度，赢得长期持续发展。"海尔的成功也正

---

① 近年来，在汪中求的著作《细节决定成败》成为畅销书后，与细节有关的书大量充斥书市，于是市场上马上又出现了许多反细节主义的书，比如，一本书的书名就叫《战略决定成败——细节主义缓期执行》。

在于能够根据内外部环境的变化不失时机地以新的战略替代旧战略，顺利实现不同阶段上的战略转移。但是，有效战略的产生和战略的有效执行则是来源于细节，来源于从小处着手。所谓小处着手，就是张瑞敏指出的："什么叫做不简单？能够把简单的事天天做好就是不简单。什么叫做不容易？大家公认的非常容易的事情，非常认真地做好它，就是不容易。"就是彼得斯（Tomas Peters）和沃特曼（Robert H. Waterman）所揭示的：把寻常的事做得不寻常的好，企业就会了不起。细节同样决定企业的成败。

心智十：从"有形资产"的心智转向"无形资产"的心智

"有形资产"的心智是卖方市场的心智，"无形资产"的心智是买方市场的心智。办企业就是为了有形资产的最大化增值，但是在买方市场，单纯追求有形资产的经营会阻止有形资产的增长，而重视无形资产的经营却会带来有形资产的持续增长。

无形资产通常包括四类：市场资产、人才资产、知识产权和基础结构资产。现代市场竞争是控制力的竞争，而使企业真正获得控制能力的关键性资源是无形资产。无形资产是时空要素兼备的多维资源。时间上，无形资产是既能把握今天又可控制未来的资产；空间上，无形资产的有关要素可以不断扩展权力空间，获得国外的相关产权达到远程控制和占领海外市场的目的。无形资产虽然无形，却可以激活有形资产，带来有形的财富。无形资产是可持续发展的资源，现代化的企业经营就是发挥无形资产要素在时间上的持久性和在空间上的延展性功能，从而实现持续经营。

一个持续发展的企业必定是异质性程度比较高的企业，而企业的异质性主要来源于无形资产，因为无形资产是难以模仿和复制的，是不能随意买卖的，有的甚至是无法买卖的。一个持续发展的企业，其无形资产的价值通常远大于有形资产的价值。据国际权威的资产评估机构调查估计，一个企业的无形资产的价值可以是有形资产的4—5倍，一个企业可能拥有的无形资产多达几十项。因此，重视无形资产的管理是现代企业管理的必然趋势，更是持续发展型企业管理的重要特征之一。

参考文献

一、中文文献

[1] 陈维政、张丽华、忻榕：《转型时期中国企业文化研究》，大连理工大学出版社2005年版。

[2] 程东生、刘丽丽：《华为经营管理智慧》，当代中国出版社2005年版。

[3] 程东生、刘丽丽：《华为真相》，当代中国出版社2004年版。

[4] 邓德海、周健：《制造奇迹》，江西人民出版社2004年版。

[5] 邓德海、子月、王淳丰：《格兰仕商道》，广东经济出版社2006年版。

[6] 管理故事与哲理丛书编委会：《海尔的故事与哲理》，青岛出版社2005年版。

[7] 胡泳：《张瑞敏如是说》，浙江人民出版社2003年版。

[8] 黄卫伟、吴春波主编：《走出混沌》，人民邮电出版社2001年版。

[9] 姜汝祥：《差距》，机械工业出版社2003年版。

[10] 李垣、刘益、张完定、宋宇：《转型时期企业家机制论》，中国人民大学出版社2002年版。

[11] 李占祥主编：《矛盾管理学——企业可持续成长之路》，经济管理出版社2000年版。

[12] 刘福广：《新大败局》，中国社会出版社2005年版。

[13] 刘守英主编：《战略：45位战略家谈如何建立核心竞争力》，中国发展出版社2002年版。

[14] 彭星闾等：《创新力与控制力统一——企业持续发展的新思维》，中国商务出版社2007年版。

[15] 汤圣平：《走出华为》，中国社会科学出版社2004年版。

[16] 唐立久、张旭：《解构德隆》，浙江人民出版社2005年版。

[17] 王建民：《企业管理创新理论与实务》，中国人民大学出版社 2003 年版。

[18] 吴晓波：《大败局》，浙江人民出版社 2001 年版。

[19] 吴晓波：《大败局（Ⅱ）》，浙江人民出版社 2007 年版。

[20] 肖海林：《企业可持续发展：理论基础、生成机制与管理框架》，中国财政经济出版社 2003 年版。

[21] 杨春学编著：《以变求新》，辽宁出版社 1997 年版。

[22] 杨其静：《企业家的企业理论》，中国人民大学出版社 2005 年版。

[23] 杨瑞龙：《企业共同治理的经济学分析》，经济科学出版社 2001 年版。

[24] 张德主编：《企业文化建设》，清华大学出版社 2003 年版。

[25] 张维迎：《企业的企业家——契约理论》，上海三联书店 1995 年版。

[26] 赵龙：《德隆真相》，中国长安出版社 2005 年版。

[27] ［英］R. 威尔逊：《实用成本控制指南》，苏通等译，北京大学出版社 1988 年版。

[28] ［英］德·迪尔洛夫：《主张——驾驭世界最伟大的商业思想》，逸文译，陕西师范大学出版社 2003 年版。

[29] ［英］斯图尔特·克雷纳：《管理百年》，邱琼等译，海南出版社 2003 年版。

[30] ［德］H. 哈肯：《协同学引论》，徐锡申等译，原子能出版社 1984 年版。

[31] ［韩］钱·金、［美］勒妮·莫博涅：《蓝海战略》，吉宓译，商务印书馆 2005 年版。

[32] ［荷］约翰·C. 奥瑞克等：《企业基因重组》，高远洋等译，电子工业出版社 2003 年版。

[33] ［美］D. C. 诺斯、R. 托马斯：《西方世界的兴起》，后以平等译，华夏出版社 1989 年版。

[34] ［美］安迪·格鲁夫：《只有偏执狂才能生存》，安然译，中信出版社、辽宁教育出版社 2002 年版。

[35] ［美］保罗·萨缪尔森、威廉·诺德豪斯：《经济学》，萧琛等译，华夏出版社、麦格劳·希尔出版公司 1999 年版。

[36] ［美］彼得·F. 德鲁克等：《公司绩效测评》，李焰等译，中国人民大学出版社、哈佛大学出版社 1999 年版。

[37] ［美］彼得·杜拉克：《21 世纪的管理挑战》，刘毓玲译，生活·读书·新知三联书店 2000 年版。

[38] ［美］彼得·圣吉：《第五项修炼——学习型组织的艺术与实务》，郭进隆译，

上海三联书店 1998 年版。

[39] [美] 戴维·J. 科利斯等：《公司战略》，中国人民大学出版社、哈佛大学出版社 2001 年版。

[40] [美] 戴维·贝赞可、戴维·德雷诺夫、马可·尚利：《公司战略经济学》，武亚军译，北京大学出版社 1999 年版。

[41] [美] 丹尼斯·郎：《权力论》，陆震纶、郑明哲译，中国社会科学出版社 2001 年版。

[42] [美] 赫伯特·A. 西蒙：《管理行为》，詹正茂译，机械工业出版社 2004 年版。

[43] [美] 吉姆·科林斯：《从优秀到卓越》，俞利军译，中信出版社 2002 年版。

[44] [美] 杰弗瑞·克雷默：《杰克·韦尔奇领导艺术词典》，罗晓军等译，中国财政经济出版社 2001 年版。

[45] [美] 杰克·韦尔奇、约翰·拜恩：《杰克·韦尔奇自传》，曹彦博等译，中信出版社 2001 年版。

[46] [美] 拉里·博西迪、拉姆·查兰：《转型》，曹建海译，中信出版社 2005 年版。

[47] [美] 拉里·博西迪、拉姆·查兰：《执行——如何完成任务的学问》，刘祥亚译，机械工业出版社 2003 年版。

[48] [美] 理查德·L. 达夫特：《组织理论与设计精要》，李维安等译，机械工业出版社 1999 年版。

[49] [美] 理查德·帕斯卡尔、安东尼·阿索斯：《日本企业管理艺术》，张小东、周全译，新疆人民出版社 1988 年版。

[50] [美] 罗伯特·K. 殷：《案例研究：设计与方法》，重庆大学出版社 2004 年版。

[51] [美] 罗伯特·S. 卡普兰、戴维·P. 诺顿：《综合计分卡》，王丙飞等译，新华出版社 2002 年版。

[52] [美] 罗伯特·西蒙斯：《控制》，鲜红霞等译，机械工业出版社 2004 年版。

[53] [美] 迈克尔·D. 波顿：《我眼中的中国第一首席执行官》，文岗译，民主与建设出版社 2002 年版。

[54] [美] 迈克尔·波特：《竞争优势》，陈小悦译，华夏出版社 1997 年版。

[55] [美] 迈克尔·波特：《竞争战略》，陈小悦译，华夏出版社 2005 年版。

[56] [美] 琼·玛格丽特、南·斯通：《什么是管理》，李钊平译，电子工业出版社 2003 年版。

[57] [美] 塞思·戈丁：《公司进化》，李茂林等译，中信出版社、辽宁教育出版社

2003年版。

[58] [美] 斯蒂芬·M. 夏彼洛:《永续创新》,高颖等译,电子工业出版社2003年版。

[59] [美] 托马斯·彼得斯、罗伯特·沃特曼:《追求卓越——美国优秀企业的管理圣经》,戴春平等译,中央编译出版社2000年版。

[60] [美] 伊查克·爱迪思:《企业生命周期》,赵睿译,华夏出版社2004年版。

[61] [美] 约翰·P. 科特等:《变革》,李原等译,中国人民大学出版社、哈佛大学出版社1999年版。

[62] [美] 约瑟夫·A. 熊彼特:《经济发展理论——对于利润、资本、信贷、利息和经济周期的考察》,何畏等译,商务印书馆1990年版。

[63] [美] 詹姆斯·柯林斯、杰里·I. 波拉斯:《基业长青》,真如译,中信出版社2002年版。

[64] 李海舰、聂辉华:《企业的竞争优势来源及其战略选择》,载《中国工业经济》,2002年第9期。

[65] 王圆圆、袁泽沛、张巧丽:《管理时尚传播过程研究》,载《中国工业经济》,2005年第9期。

[66] 肖海林:《传统逻辑的现代谬误》,载《企业管理》,2004年第11期。

[67] 肖海林:《管理心智的十大转变》,载《企业管理》,2008年第7期。

[68] 肖海林、彭星闾:《企业可持续竞争优势四面体结构模型及成长管理》,载《中国工业经济》,2003年第7期。

[69] 肖海林、彭星闾、王方华:《企业持续发展的生成机理模型:基于海尔案例的分析》,载《管理世界》,2004年第8期。

[70] 肖海林:《企业的市场权力——营销战略的新视角》,载《市场营销导刊》,2003年第4期。

[71] 肖海林:《企业管理:主题演进与范式流变》,载《经济理论与经济管理》,2006年第11期。

[72] 肖海林:《企业可持续发展新论》,载《当代财经》,2004年第7期。

[73] 肖海林:《企业生命周期理论辨析》,载《学术论坛》,2003年第1期。

[74] 肖海林:《企业衰退成因的战略性思考》,载《商业研究》,2002年第11期。

[75] 肖海林、王方华:《长青企业:经济学视角的分析》,载《学术月刊》,2004年第11期。

[76] 肖海林、王方华:《企业增长、企业发展与企业可持续发展》,载《中南财经政

法大学学报》，2004 年第 4 期。

[77] 肖海林、王方华：《韦尔奇时代 GE 的产业平台战略》，载《经济管理》，2004 年第 13 期。

[78] 肖海林、闻学：《超级竞争条件下企业整体管理的基本维度与共生型控制模式：一个描述性案例研究》，载《管理世界》，2006 年第 12 期。

[79] 肖海林、闻学：《企业的生死定律》，载《企业管理》，2003 年第 3 期。

[80] 肖海林：《以竞争力为导向的企业所有权安排》，载《学术月刊》，2006 年第 9 期。

[81] 肖海林：《有控制的创新》，载《企业管理》，2007 年第 5 期。

[82] 肖海林：《做三只眼型企业家》，载《企业管理》，2006 年第 12 期。

[83] 许可、徐二明：《企业资源学派与能力学派的回顾与比较》，载《经济管理》，2002 年第 2 期。

[84] 许庆瑞等：《全面创新管理（TIM）：企业创新管理的新趋势》，载《科研管理》，2003 年第 5 期。

[85] 杨瑞龙、周业安：《一个关于企业所有权安排的规范性分析框架及其理论含义》，载《经济研究》，1997 年第 1 期。

[86] 张瑞敏：《海尔离成功还有多远》，载《企业管理》，2003 年第 12 期。

[87] 张曙临：《品牌价值的实质与来源》，载《湖南师范大学社会科学学报》，2000 年第 2 期。

[88] 张维迎：《所有制、治理结构与委托——代理关系》，载《经济研究》，1996 年第 9 期。

[89] 周鹏、张志宏：《利益相关者间的谈判与企业治理结构》，载《经济研究》，2002 年第 6 期。

[90] 周其仁：《市场里的企业：一个人力资本与非人力资本的特别和约》，载《经济研究》，1996 年第 6 期。

二、英文文献

[1] C. Freeman, Technology Policy and Economic Performance: Lessons from Japan. Pinter Pub Ltd, 1987.

[2] C. Handy, The Age of Unreason. Century Business Books, London, 1989.

[3] E. H. Schein, The Corporate Culture Survival Guide: Sense and Nonsense about Cultue Change. John Wiley & Sons, Inc., 1999.

[4] G. S. Day, The Market Driven Organization, Understanding, Attracting, and Keeping Valuable Customers. Simon& Schuster, Inc., 1999.

[5] J. Argenti, Corporate Collapse: The Cases and Symptoms. McGraw-Hill, 1976.

[6] J. R. Alres, The Prediction of Small Business Failure Utilizing Financial and Nonfinancial Data. Ph. D Dissertation, University of Massachusettes, 1978.

[7] J. W. Margaret, Leading for Innovation & Organizing for Results. Jossey-bass, 2001.

[8] K. Ohmae, The Mind of the Strategist. McGraw-Hill, Inc., 1982.

[9] M. Hammer and J. Champy, Reengineering the Corporation. Harper Businee, 1993.

[10] N. Robert Anthony and Vijay Govindarajan. Management Control Systems New York: The McGraw-Hill Companies Inc., 2004 (11th).

[11] O. Hart, C. Firm, Contract and Financial Structure. Oxford University Press, 1995.

[12] R. A. D'Aveni, Hypercompetition. New York: The Free Press, 1994: 13-14.

[13] R. A. D'Aveni, Hypercompetition. New York: The Free Press, 1994: 103-104.

[14] R. Morris, Early Warning Indicators of Corporate Failure: A Critical Review of Previous Research and Further Empirical Evidengce. Ashgate Publishing Ltd., 1997.

[15] R. Siomns, Levers of Control, How Managers Use Innovative Control Systems to Drive Strategic Renewl, Boston: Harvard Business School Press, 1995.

[16] R. S. Kaplan, and Norton David P. The Balaced Scorecard: Translating Strategy into Action. Harvard business School Press, Boston, MA, 1996.

[17] S. Crainer, The Management Century, Jossey Bas, Inc. and Hoboken: A John Wiley & Sons Inc., 2002.

[18] S. Shapiro, Innovation: A Blueprint for Surviving and Thriving in an Age of Change. New York: The McGraw-Hill Compantes Inc., 2002.

[19] B. Wernrfelt, A Resourses-Based View of the Firm. *Strategic Management Journal*, 1984, 5 (2): 171-180.

[20] C. Kim and R. Mauborgne, Value Innovation: The Strtegic Logic of High Growth. *Harvard Business Review*, 1997.

[21] C. K. Prahalad and G. Hamel, The Core Competence of the Corporation. *Harvard Business Review*, 1990, 68 (3): 79-91.

[22] D. Leonard-Barton, Core Capabilities and Core Rigidities: a Paradox in Managing New-product Development. *Strategic Management Journal*, 1992, 13.

[23] E. Abrahamson, Management Fashion. *Academy of Management Review*, 1996, 1

(1): 254-285.

[24] G. Hofstede and B. Neuijen, (eds), Measuring Organizational Culture: A Qualitative and Quantitive Study across Twenty Cases. *Administrative Science Quarterly*, 1990, 35: 286-317.

[25] G. Hofstede and M. H. Bond, The Confucius Connection: from Cultural Roots to Economic Growth. *Organizational Dynamics*. 1988, 16 (4): 4-21.

[26] G. O. William. Markets, Bureaucracies, and Clans. *Administrative Science Quarterly*, 1979 (25): 129-141.

[27] J. R. Baker, Tightening the Iron Cage: Concertive Self-Managing Teams. *Administrative Science Quarterly*, 1993 (38): 408-37.

[28] Kim, Chan and Mauborgne R. Strategy, Value Innovation, and the Knowledge Economy. *Sloan Management Review*, 1999 (3): 41-54.

[29] L. Lang and R. Stultz, Tobin's Q, Corporate Diversification, and Firm Performance. *Journal of Political Economy*, 1994 (102): 1248-1280.

[30] M. Iansiti and J. West, Technology Integration: Turning Great Research into Great Products. *Harvard Business Review*, 1997, 75 (3): 69-80.

[31] M. Kwak, 2002, Maximizing Value through Diversification. *MIT Sloan Management*, 2002, 43 (2): 28-38.

[32] M. Mayer and R. Whittington, Diversification in Context: A Cross-national and Cross-temporal Extension. *Strategic Management Journal*, 2003, 22: 1-23.

[33] R. Coase, *The Nature of the Firm.* Economic. 1937, 4: 386-405.

[34] R. E. Hoskisson M. A. HItt, Antecedents and Performance Outcomes of Diversification: A Review and Critique of Theoretical Perspectives. *Journal of management*, 16: 498.

[35] R. Leifer and P. K. Mills, An Information Processing Approach for Deciding upon Control Reducing Control Loss in Emerging Organizations, *Journal of Management*, 1996, 22 (1): 113-137.

[36] S. Chatterjee and B. Wernerfelt, The Link between Resources and Type of Diversification: Theory and Evidence, *Strategic Management Journal*, 1991, 12 (1): 33-48.

[37] S. Cheung, The Contractual Nature of the Firm. *Journal of Law and Economics*, 1983, 26: 1-21.

[38] S. Sharma, and V. Mahajan, Early Warning Indicators of Business Failure. *Journal of Marketing*, 1980 (9): 80-89.

[39] W. C. Kim and R. Mauborgne, Creating New Market Space. *Harvard Business Review*, 1999 (1): 83-93.

[40] W. E. Deming, Out of the Crisis, Cambriclge, MA: MIT center for Advanced Engineering Study, 1982.

[41] W. P. Wan and R. E. Hoskisson, Home Country Environments, Corporate Diversification Strategies and Firm Performance. *Academy of Management Journal*, 2003, 46: 27-45.

再版后记

在政府部门和企业工作了14年之后，2001年我又重返大学校园，开始了企业管理学术生涯，实现从所谓的"实战派"向所谓的"学院派"的转变。由于长期从事战略情报研究、战略规划和企业中高层管理等实战性工作，面对管理日益时尚化和管理学尴尬频发的局面，我选择了从企业管理的实践需求出发，对一些既是热门当中的又是导致热门产生的冷问题和现在较冷未来会热起来的企业管理问题进行"喧嚣背后的冷思考"，努力追求研究成果的可靠性和价值稳定性，而不是盲目地去追赶管理时髦。本书的研究应该体现了这些要求。

本书得以出版和再版，我必须向我的两位老师表达特别的谢意。一位是我的博士生导师彭星闾教授。彭老师是1990年经国务院批准的我国首位市场营销学博士生导师，为我国营销学科的发展做出了开拓性贡献。他老人家与我第一次见面时就明确地要求我，要堂堂正正做人、开拓创新治学。正是在彭老师的严格要求和悉心指导下，我的研究企业持续发展问题的博士学位论文有幸获得了湖北省优秀博士学位论文奖。彭老师不仅关心我的学术成长，而且关心我的个人发展。在我提前一年完成博士论文写作后，彭老师亲自找学校主管校长沟通，使我有幸成为学校历史上（1986年获博士学位授予权）首位提前一年毕业的博士生。在人才市场快速转型的当下，对于我这个年龄偏大的学生来讲，提前一年带来的就可能是冰火两重天的差异。可以说，是彭老师使我成功地实现了职业转型，给我后半生的发展奠定了基础。我对恩师的谢意，是一个"谢"字无法承载的。恩师于2019年驾鹤西去，谨以此书的再版向恩师表达深切的怀念！

另一位是我的博士后合作导师王方华教授。王老师是中国管理学界一位叱咤风云的人物。在进博士后流动站之前和之后，王老师两次向我提到出站考核标准，即两年期间必须同时做到申报成功一项省部级以上课题、在核心以上期刊发表七篇论文，其中A类顶尖期刊一篇、B类权威期刊两篇，而这A类的期刊，国内只有《中国社会科学》《经济研究》《管理世界》和《管理科学学报》。我深感压力巨大！王老师应该是我所见到的最为繁忙的人士之一，他的办公室门前常常有多人排队等候与之见面，即便如此，他总是能应我的要求抽出时间与我讨论博士后研究的有关问题。王老师的学术功底非常深厚，思维敏捷，学术洞察力极强，使我的研究能得以顺利推进。正是王老师的严格要求和有效指导，我不仅顺利出站了，而且中期考核、末期考核和出站报告专家评议均为优秀。对王老师的谢意，同样是一个"谢"字无法承载的。王老师退休后创办了中国管理50人论坛，继续不遗余力地推进中国管理学的发展，谨以此书的再版向王老师表示敬意！

本书的研究历经七年，很多老师曾提供宝贵的指导、帮助或鼓励，他们是华中科技大学的张培刚教授、蔡希贤教授，武汉大学的谭崇台教授、甘碧群教授，中南财经政法大学的余鑫炎教授、万后芬教授、张新国教授，上海交通大学的陈继祥教授、唐元虎教授、张朋柱教授，上海财经大学的晁钢令教授，复旦大学的黄沛教授，对外经济贸易大学的林汉川教授，中国人民大学的谷克鉴教授。同时，我的妻子——中南财经政法大学的闻学教授，对本书的形成也做出了多方面的贡献。我再一次向他们表示诚挚的谢意！

本书的研究先后在《管理世界》发表长篇论文2篇、《中国工业经济》发表长篇论文1篇、CSSCI源期刊发表论文17篇，被《新华文摘》和中国人民大学复印报刊资料同时转载论文2篇。本书以下成果系本人在学界首先提出：企业管理主题转变论；现代企业的黏性管理论；长青企业的特殊资本构成及其缪尔达尔循环论；企业持续发展生成机理的LCT模型；企业整体管理的三个基本维度论及相应的三维全面管理（全面创新管理、全面效率管理与全面风险管理）的统一与共生论、三叶草型企业论、三叶草型管理论、三叶草型控制论、三叶草型企业文化论、三只眼型企业家论；成功的多元化是归核化、专业化和多元化的统一与共生论，以及"市场环境、企业能力和原有战略组合"的最优业务组合决定论；以产业平台、制度平台、核心能力和市场权力为核心要素的持续竞争优势四面体成长管理论；企业最优所有权安排的竞争力导向论，创新行为对宏观经济整体发展与微观企业个体发展的价值差异论，求发展不求生存的心智转变论。考虑到本书的部分内容已出现在过去本人发表的论文中，有的成果已成为其他学者相关著作或论文的理论框架，有的内容被其他作者大量引用而不标明文献出处，特此说明。

尽管本书的研究曾得到很多老师的指导，多次修改，但由于书中讨论的几乎都是十分重要的管理学命题，学界的争论大多较为激烈，因此难免出现错误和偏颇。书中的任何不足甚至错误均由本人负责。

肖海林

获奖：

本书获北京市第十二届哲学社会科学优秀成果二等奖

著名专家和企业家推荐语：

各章讨论的均是十分重要的管理学命题，是一部理论上有创新、学术上有建树，能对众多传统管理理论、心智和思维形成冲击力的高水平管理学著作。

——中国工程院院士、中国社科院学部委员李京文

瞄准现代市场的基本特征，成功揭示出现代企业管理的公理化规范，系统性地对那些直接相关的重要管理命题下的传统理论、思维、心智进行矫正，或进行新的理论建构，揭示了相关理论的现代形态。

——中国社科院原副院长、学部委员、中国企业管理研究会原会长陈佳贵

具有很好的实践针对性，提出了一系列观点，总体上都极具新意、富于启迪，而且这些理论观点能够形成内在逻辑与主线清晰的全新理论体系，我高度认同，值得在企业界推广。

——海尔集团董事局主席兼CEO张瑞敏